Volker Wagner

GESCHICHTE DER
BERLINER JUDEN

Seite 2: Die Geschichte der Berliner Juden ist nicht nur eine Geschichte von Höhen und Tiefen, sondern auch eine Geschichte
mit Zukunft: Im Jahr 2007 wurde die Synagoge in der Rykestraße wiedereröffnet.

Die Berliner Juden – eine Geschichte mit Brüchen

„Die Juden in Deutschland oder die jüdischen Deutschen betrachten sich nicht nur als Religionsgemeinschaft, es gibt bei den Juden auch die Volkszugehörigkeit. Auch der amerikanische oder der australische Jude sind Teil des jüdischen Volkes. Ohne die Vision vom eigenen Volk Israel hätte das Judentum die 2000 Jahre Diaspora nicht überleben können.“

Ignatz Bubis (1927–99),
Vorsitzender des Zentralrats der Juden in Deutschland 1992–99,
auf die Frage, wie er das Judentum persönlich definiere

Im Neubau des Berliner Jüdischen Museums, entworfen von Daniel Libeskind, drückt sich die Geschichte der Berliner Juden in Architektur aus: Kontinuitäten, Verwerfungen, Brüche und Leerstellen prägten den Gang der Juden durch die Berliner Jahrhunderte.

Die Definition von Ignatz Bubis beschreibt das gesamte Spannungsfeld zwischen der nichtjüdischen Mehrheitsgesellschaft und den Juden in Deutschland im Allgemeinen und in Berlin im Besonderen. Wer waren und wer sind die Juden, und wie haben sie sich religiös, sozial und gesellschaftlich verortet? Waren sie anders oder wurden sie nur anders gesehen?

In diesen Fragen steckt das ganze Dilemma von Abgrenzung und Ausgrenzung sowie gleichzeitig von Annäherung und Akkulturation.

Anfänglich verstanden sich die Juden als eigene „Nation“. Juden in Deutschland gehörten zum „erwählten Volk“. Das Festhalten daran sicherte ihnen – wie Bubis es treffend beschreibt – ihr historisch-religiöses Überleben in der Diaspora. Der Begriff der „Nation“ oder der Begriff vom „Volk“ war kein staatsrechtlicher Begriff, sondern bezog sich auf die Religionszugehörigkeit. So war es, bis der Philosoph Moses Mendelssohn das Parkett der deutschen Geschichte betrat.

Mendelssohn und damit die Stadt Berlin bedeuteten für die Juden eine Zäsur. Mendelssohn und andere große jüdische wie nichtjüdische Denker warben in der Zeit der Aufklärung, der Haskala, in der zweiten Hälfte des 18. Jahrhunderts für die Annäherung der Religionsgemeinschaften und für die Überwindung von Vorurteilen und Missverständnissen. Die Annäherung blieb nicht widerspruchsfrei. Einerseits ließen sich Juden taufen und verrieten aus orthodoxer jüdischer Weltanschauung die Ziele und Inhalte des Judentums. Andererseits wurde innerhalb des Judentums die Überwindung des strengen Regelwerks als Befreiung erlebt. Auch aufgeklärte Nichtjuden erlebten die Annäherung als positiven Schub, der vor allem im 19. Jahrhundert kulturelle Früchte trug. Dennoch blieb für viele Nichtjuden ein Jude immer ein Jude – ein Konkurrent, einer, der anders ist. Ablehnung und Missachtung nahmen dabei viele Formen an.

Berlin stand im positiven wie im negativen Sinne im Brennpunkt der jüdischen Geschichte der Welt. Wie in keiner anderen Stadt war es gelungen, einen Assimilierungsprozess zu befördern, der mit den großen preußischen Reformern vom und zum Stein und von Hardenberg verknüpft ist. Das preußische Emanzipationsedikt von 1812 erklärte in Preußen lebende Juden zu Staatsbürgern und suchte weltweit seinesgleichen. Berlin legte in nachnapoleonischer Zeit ein staatsrechtliches und kulturelles Gesetzespaket vor, das die Stadt im Zeitalter des Bürgertums und der industriellen Revolution weit nach vorn brachte.

Die Erfolgsgeschichte Berlins – bis 1933 eine der mächtigsten Industrie- und wichtigsten Kulturstädte der Welt – ist ohne die Partizipation der Juden gar nicht zu erzählen. Obwohl ihr Anteil an der Gesamtbevölkerung Berlins 1812 bis 1933 nur bei zwei bis maximal knapp fünf Prozent lag, so waren doch die Repräsentanten der jüdischen Welt – ungeachtet, ob sie gottesfürchtig und gläubig waren oder nicht – in allen gesellschaftlichen Gebieten erfolgreich. Jüdische Unternehmer, Kaufhausmagnaten, Theater- und Filmleute, Professoren, Wissenschaftler, Maler und Künstler, Schriftsteller, Anwälte und Ärzte, Rabbiner und Lehrer prägten unverwechselbar das Gesicht der aufstrebenden Kaiserstadt und Weltmetropole Berlin. Mit dem Namen Adolf Hitler fand diese rasante Entwicklung ein jähes und katastrophales Ende.

Die Stadt, die ökonomische und kulturelle Geschichte geschrieben hatte, zeigte der Welt nun ein anderes, hässliches Gesicht. Neben anderen wurden am 10. Mai 1933 Bücher jüdischer Intellektueller auf dem Opernplatz verbrannt. In der Reichspogromnacht zum 10. November 1938 standen Synagogen, jüdische Geschäfte, Wohnungen und Versammlungsräume in Flammen. Es ging mehr zu Bruch als nur Kristall. Der Anfang vom Ende war getan. 1945 war jüdisches Leben in weiten Teilen Europas erloschen. Sechs Millionen Angehörige der ältesten monotheistischen Religion waren innerhalb von nur sechs Jahren ermordet worden. Auschwitz steht als Synonym für die Vernichtung eines Volkes.

In diesem Buch geht es nicht so sehr um die Geschichte der Jüdischen Gemeinde zu Berlin. Großartige Gesamtdarstellungen eines Julius Schoeps und anderer verdienter Historiker behandeln das Thema zur Genüge. Vielmehr erzählt das Buch von Juden in Berlin. Es zeigt, wie vielfältig und konstruktiv sie in ihrer Stadt gewirkt hatten und noch wirken, wie schwierig und zerstörerisch das Miteinander zwischen Nichtjuden und Juden dennoch war.

Eingedenk der Verantwortung vor der gebrochenen Geschichte des 20. Jahrhunderts mit den bekannten verheerenden Folgen soll dieses Buch dazu einladen, in Frieden miteinander zu leben und zur Entwicklung der Stadt beizutragen, ungeachtet des Glaubens, den man hat.

1. KAPITEL

Ansiedlung und Vertreibung
VON DEN ANFÄNGEN BIS 1671

Auf deutschem Boden sind bereits seit der Zeit der Karolinger im 8. Jahrhundert Juden kontinuierlich nachweisbar. In Köln, Trier und Regensburg lebten Juden, wohin sie aus Südfrankreich und Italien eingewandert waren. In erster Linie waren Juden als Agenten und Kaufleute tätig, die den fränkischen Herrschern und dem Adel über die tradierten Handelsstraßen zwischen Orient und Okzident begehrte Luxusgüter wie Seide und Gewürze beschafften. Auch bei den Gründungen der Städte Magdeburg, Prag und Halle wirkten Juden mit. Mehr noch: Unter der Regentschaft Kaiser Heinrichs IV. (1050–1106) waren die Juden in den für sie überaus bedeutenden Städten Speyer und Worms gleichberechtigt.

Zum Ende des 11. Jahrhunderts verschlechterte sich ihre rechtliche und soziale Stellung jedoch grundlegend. In dieser Zeit – der erste Kreuzzug ins Heilige Land begann 1096 – wurde den Juden eine Kollektivschuld am Tod von Jesus Christus gegeben. Es ist nicht unwahrscheinlich, dass sich nun Juden von Rhein und Mosel vor diesem Hintergrund auf den Weg nach Osten machten, um neue Lebensräume und Arbeitsmöglichkeiten zu erschließen.

Die Lage der Juden in Europa verschärfte sich zu Beginn des 13. Jahrhunderts weiter. Die Kirche beanspruchte für sich, die einzig legitime Religion zu sein. Das 4. Laterankonzil, das von Papst Innozenz III. für 1215 einberufen worden war, legte die Vormachtstellung des Papstes fest und fasste auch für die Juden in Europa weitreichende Beschlüsse. „Schwerer und unmäßiger Wucher" war für die Angehörigen des mosaischen Glaubens nun verboten. Das bedeutete allerdings nicht, dass sie nun grundsätzlich aus dem Geld- und Wechselhandel gedrängt worden wären. Im Gegenteil: Schon auf dem 3. Laterankonzil 1179 war es nämlich Christen untersagt worden, Geld- und Zinshandel zu betreiben. Christen – so wurde argumentiert – verstießen grundsätzlich gegen das Gebot der Barmherzigkeit, wenn sie mit Geldgeschäfte tätigten. Damit konnten und mussten die Juden den Geldhandel übernehmen, der auch in der mittelalterlichen und frühneuzeitlichen Wirtschaftswelt notwendig war. Der haltlose Vorwurf, dass Juden die christliche Welt generell in Geld- und Handelssachen übervorteilen würden, hat also eine mittelalterliche Wurzel – bis heute prägt dies das Bild der Juden.

Das Konzil von 1215 legte weiterhin fest, dass Juden fortan keine christlichen Bediensteten mehr haben durften und dass sie sich durch besondere Kleidung kenntlich zu machen hätten: Jüdische Männer mussten fortan einen spitzen Hut und einen Umhang tragen. Die Konversion zum katholischen Glauben war möglich, ein Übertritt zum jüdischen Glauben jedoch verboten.

Jüdisches Leben in Spandau

Bereits wenige Jahre nach dem 4. Laterankonzil ist jüdisches Leben in Spandau nachweisbar. Schon im frühen 13. Jahrhundert bereisten offenbar jüdisch-arabische Händler Fernhandelswege, die auch über Spandau führten.

Die erste überlieferte Urkunde, die über die Anwesenheit von sesshaften Juden Auskunft gibt, stammt aus dem Jahr 1307. Die jüdische Gemeinde von Spandau war im 13. und 14. Jahrhundert die bedeutendste zwischen Magdeburg und Breslau – bedeutender als die jüdische Ansiedlung in der nahe

Mikwe aus dem 12. Jahrhundert im spanischen Besalú. Nur wenige mittelalterliche Mikwen haben sich in Europa erhalten.

gelegenen Doppelstadt Berlin-Cölln. Ablesbar wird der Status nicht zuletzt daran, dass die Gemeinde einen eigenen jüdischen Begräbnisplatz hatte, den sogenannten Kiewer, der seit 1324 nachweisbar ist. Es gab auch eine Synagoge und ein rituelles Tauchbad, eine Mikwe.

Der Kiewer bestand bis 1510 und wurde dann im Zuge der Judenverfolgungen eingeebnet. Die hierbei entfernten Grabsteine fanden beim Bau der Spandauer Zitadelle Verwendung. Hier entdeckte man zwischen 1955 und 1958 66 jüdische Grabsteine wieder. Der Großteil stammt aus der ersten Hälfte des 14. Jahrhunderts, der älteste Grabstein datiert sogar in das Jahr 1244.

Da die Berliner Juden bis zum 16. Jahrhundert keinen eigenen Friedhof hatten und sich deshalb im etwa 15 Kilometer entfernt gelegenen Spandau begraben ließen, kann heute nicht mehr genau rekonstruiert werden, wie viele Juden im 13. und 14. Jahrhundert in Spandau lebten. Zeitweilig könnten der Spandauer Gemeinde mehr als 150 Personen angehört haben. Vielleicht wurden die Begräbnisplätze für Berliner und Spandauer Juden 1430 getrennt – dies jedoch ist nicht völlig gesichert.

In der Spandauer Jüdenstraße existierte mindestens seit 1342 eine Synagoge als jüdisches Schulhaus. Die Straße selbst ist seit dem 16. Jahrhundert sicher nachweisbar, verschiedenen Quellen zufolge wurde sie um 1400 angelegt. Die Jüdenstraße hatte über Jahrhunderte ihren Namen behalten, ehe sie 1938 in Kinkelstraße umbenannt wurde. Erst 2002 erhielt die Jüdenstraße wieder ihren alten Namen zurück.

Jüdisches Leben in Cölln und Berlin

Im frühen 13. Jahrhundert entstand im Kreuzungsbereich zweier wichtiger Handelsstraßen am engsten Übergang der Spree die Doppelstadt Berlin-Cölln: Von Süden nach Norden führte der Handelsweg von Leipzig zur Ostsee, von Westen von Magdeburg bis ins östliche Lebus und darüber hinaus. Wie bei der Gründung von Spandau und Köpenick war die günstige Wasserlage für die ersten Siedler entscheidend. Und wieder sind dabei offenbar Juden aus dem Westen mit den zumeist rheinischen Kaufleuten eingewandert. Urkundliche Belege und Quellen sind allerdings nicht erhalten. Über das jüdische Leben im mittelalterlichen Berlin kann deshalb heute nur spekuliert werden.

Cölln auf der Westseite der Spree ist älter als die Schwesterstadt Berlin. Historiker haben nachgewiesen, dass es sich – anders als bei Spandau und Köpenick – nicht um eine ursprünglich slawische, sondern um eine deutsche Siedlung gehandelt hat. Ausgangspunkt für die Siedlung Cölln war die katholische Petrikirche aus der Zeit um 1235, dem Schutzpatron der Fischer geweiht. Es ist nicht bekannt, ob im Alt-Cöllner Gebiet Juden siedelten.

Für das östlich gelegene Berlin bildete die Spree die West- und die Südgrenze. Die Stadtmauer im Osten ist in der heutigen Waisenstraße teilweise noch erhalten. Sie verlief nach Norden bis zum heutigen Alexanderplatz und dann entlang der heutigen S-Bahn-Strecke bis zum Bahnhof Hackescher Markt und anschließend entlang der Burgstraße nach Süden.

Das Nikolaiviertel mit der nach dem Zweiten Weltkrieg wiederaufgebauten Nikolaikirche, geweiht dem katholischen Schutzpatron der Kaufleute, wird heute im Allgemeinen als Wiege der Stadt wahrgenommen. Abgesehen vom älteren Cölln wird aber auch der Molkenmarkt als Keimzelle des heutigen Berlin genannt – das heute nicht mehr bebaute Areal vor dem 1911 fertiggestellten Alten Stadthaus. Ein Teil dieses historischen Areals ist mit der viel befahrenen Grunerstraße zwischen Leipziger Straße und Alexanderplatz überbaut.

Genau hier begann die Gründungsgeschichte der Juden in Berlin. Um 1200 gab es natürlich noch keine exakten Meldedaten. Es ist nicht überliefert, wie viele Juden sich hier zu Beginn der Berliner Stadtgeschichte niedergelassen haben. Noch kann man nicht von einer Gemeinschaft oder von größeren sozialen und familiären Strukturen sprechen. Die Jüden- oder Judenstraße im mittelalterlichen Kerngebiet ist jedenfalls allein kein Beweis für ein ausgeprägtes jüdisches Leben in Berlin. Sie wurde im 13. Jahrhundert angelegt und ist eine der ältesten Straßen der heutigen Bundeshauptstadt. Die mittelalterliche Straßenführung der Jüdenstraße ist heute noch fast durchgängig vorhanden. Sowohl der nahezu vollständige Verlust der dichten innerstädtischen Bebauung durch Bombenkrieg und Wiederaufbau als auch der Ausbau der kreuzenden breiten Grunerstraße führten aber dazu, dass sich heutzutage kaum jemand mehr an diese alte Berliner Straße erinnert.

Die Juden- oder Jüdenstraße führte in den Jüdenhof. Der Große Jüdenhof war ein Häusergeviert mit einem Hof von etwa 20 mal 20 Metern, wo offenbar Berliner Juden in Gemeinschaft miteinander lebten. Archäologische Grabungen, die im Jahr 2012 vorerst abgeschlossen wurden, führten zu der Vermutung, dass es in diesem Geviert eine Synagoge oder eine Mikwe gegeben haben könnte. Die beiden ehemaligen Grundstücke Jüdenhof 9 und 10, die größer parzelliert waren als die übrigen, erhärten diese These.

Für gläubige Juden war es zwar geboten, aber nicht verpflichtend, in einer räumlich abgegrenzten jüdischen Gemeinschaft zu leben. Juden in Berlin wurden zu dieser Zeit seitens der christlichen Obrigkeit nicht gezwungen, ein solch begrenztes Wohnviertel nutzen zu müssen. Es gab in der fast 800-jährigen Geschichte Berlins – abgesehen von der Zeit des Nationalsozialismus im 20. Jahrhundert – kein streng definiertes jüdisches Getto. Namensgeber dieses eher negativ assoziierten Begriffs ist eine kleine Insel vor Venedig. Die Venezianer hatten die in der Lagunenstadt lebenden Juden dazu verpflichtet, auf der Insel zu siedeln. Diese siedlungspolitische Trennung gab über Jahrhunderte den jüdischen Kolonien und Vierteln in den europäischen Städten den Namen. Traurige Berühmtheit erlangte der Begriff in der Zeit des Nationalsozialismus. Gettos waren im Zweiten Weltkrieg Sammlungsorte in vor allem osteuropäi-

Die Lithografie von Wilhelm Wachtel aus der Mappe „Abschied vom Golus" (1936) zeigt eine enge, mittelalterliche Gasse, in der ein älterer Mann mit dem seit dem 13. Jahrhundert vielerorts als Kennzeichen für Juden vorgeschriebenen Gelben Ring schutzsuchend an eine Tür klopft, da er am Ende der Gasse von zwei dunklen Gestalten verfolgt wird.

schen Städten, die als Vorstufe zu den Konzentrations- und Vernichtungslagern galten. Vor dem Hintergrund der Schoah im 20. Jahrhundert werden die jüdischen Siedlungsgemeinschaften und Kolonien oftmals als von der christlichen Obrigkeit verordnete, räumlich abgetrennte Zwangsgemeinschaften verstanden. Dem ist aber keineswegs so.

In der christlichen Welt ist der Begriff des „eruv" oftmals unbekannt. Nach der allgemeinen jüdischen Lehre Halacha (hebräisch „Gehen", „Wandeln") ist es verboten, am Sabbat zu kochen, zu reisen und Gegenstände zu tragen. Deshalb bestimmten Juden oftmals mithilfe einer symbolisch gezogenen Grenze ein Gebiet – den „eruv" –, innerhalb dessen die nach der Halacha verbotenen Tätigkeiten ausgeübt werden konnten. Es gibt allerdings keinen Hinweis darauf, dass es in Berlin je einen solchen im streng orthodoxen Sinne unerlässlichen „eruv" gegeben hat.

Erste urkundliche Erwähnungen

Die Handels- und Warenwelt des Mittelalters unterlag strengen Regeln. Handwerker waren in Zünften organisiert, die ihre Interessen wahrten. Der „Sachsenspiegel", verfasst von Eike von Repgow zwischen 1220 und 1235, ist eines der ältesten Rechtsbücher des Mittelalters. Grundsätzlich war darin den Juden freier Handel erlaubt. Allerdings wurde diese Freizügigkeit des Handels immer wieder lokal behindert oder verboten. So war es christlichen Tuchmachern in Berlin kurzzeitig verboten, Garn bei jüdischen Händlern einzukaufen. Der Rat der Stadt hatte diesen christlich-jüdischen Handel am 28. Oktober 1295 untersagt. Dieses Dokument ist der erste urkundliche Beleg für die Anwesenheit von Juden in Berlin.

Nach einer Urkunde aus dem Jahr 1317 verzichtete Markgraf Woldemar auf die Ausübung der Gerichtsbarkeit über die Juden in Brandenburg. Das wichtige Privileg wurde nunmehr auf die Stadt Berlin-Cölln, den Stadtrichter, übertragen. Darüber hinaus sind für die folgenden Jahrzehnte einige Urkunden erhalten, die den Geldhandel zwischen Juden und Christen zum Gegenstand haben. 1319 verfügte die Landesherrlichkeit, dass sowohl Christen als auch Juden bei Übertretung des festgesetzten Zinssatzes wie auch bei Verletzung des landesherrlichen Münzrechts mit dem Feuertod bestraft würden. Schließlich wurde Juden in einem Münzvertrag von 1322 der Ankauf von Silber nicht gestattet.

Nach dem Tod des letzten askanischen Markgrafen Woldemar 1319 und seines unmündigen Kindes nur ein Jahr später geriet die Mark Brandenburg in eine sehr instabile politische Lage. 1323 belehnte König Ludwig der Bayer aus dem Haus der Wittelsbacher – in stetigem Konflikt mit dem Heiligen Stuhl – seinen erst achtjährigen Sohn Ludwig den Brandenburger mit der Mark. Ludwig der Bayer suchte den Ausgleich zwischen Juden und Christen, nicht zuletzt deshalb, um die instabile politische Lage wenigstens auf ökonomisch sicherem Fundament neu zu sondieren.

Gegen den Widerstand der Kirche und vor allem der breiten Bevölkerung wurden Juden – nicht wenige von ihnen waren jetzt auch vermögend geworden – von Ludwig in persönlichen landesherrlichen Schutz genommen. Beide Seiten profitierten davon, jedoch wurden die Juden von den christlichen Märkern zunehmend argwöhnisch beäugt.

Der schwarze Tod

Innerhalb von sechs Jahren raffte die Pest zwischen 1347 und 1353 fast ein Drittel der Bevölkerung Europas dahin. Mit dem Massensterben zog in die brandenburgischen Städte auch der Hass ein. Die Schuldfrage war schnell geklärt: Juden hätten Brunnen vergiftet und damit die Seuche ausgelöst. Allein in Straßburg wurden 2000 Juden öffentlich verbrannt und ihr Besitz vollständig eingezogen. Es ist nicht überliefert, was genau zeitgleich in Berlin geschah. Offenbar verliefen die antijüdischen Maßnahmen hier weniger dramatisch. Ludwig der Bayer versuchte noch 1349, den Juden Schutz zu erteilen. Für 1350 ist überliefert, dass der Jude Meyer vertrieben und sein Grundbesitz Christen übereignet wurde. Wo sich dieser Besitz genau befand, ist nicht bekannt. Da in dieser Schenkungsurkunde vom 21. Oktober 1350 auch die Synagoge namentlich erwähnt wird, muss davon ausgegangen werden, dass es sich bei dem Grundstück um einen Teil des Jüdenhofes am heutigen Molkenmarkt handelte.

Juden wurden für zahlreiche Übel verantwortlich gemacht; sie wurden vertrieben oder erlitten den Feuertod. Holzschnitt von Michael Wolgemut aus der „Schedelschen" Weltchronik, 1493

Vermutlich wurden die Juden 1349 infolge der Pest sämtlich aus Berlin vertrieben, konnten aber spätestens 1351 zurückkehren. Über dieses erste Pogrom in der Berliner Geschichte ist nichts Genaues bekannt. Die Rückkehr der Juden nach Berlin hatte aber eine interessante Folge: Auf markgräflichen Befehl hin nahm nunmehr auch die Schwesterstadt Cölln erstmals Juden in ihrem Stadtgebiet auf. Am 6. Juli 1354 siedelten sich sechs jüdische Familien und ein jüdischer Lehrer an. Ihre genauen Wohnstätten sind nicht bekannt, es ist jedoch nicht unwahrscheinlich, dass sie sich – wie in Berlin – in der Nähe des Marktplatzes niederließen. Der Cöllnische Fischmarkt mit dem Rathaus lag unmittelbar an der Petrikirche, also an der heutigen Gertraudenstraße.

Juden unterstanden nun erneut dem direkten Schutz des Landesherren, was zu einem Jahrhundert eher friedlichen Zusammenlebens von Christen und Juden in Berlin führte. Daran änderte auch der Eintritt der Hohenzollern in die Geschichte der Stadt 1415 nichts. Diese Fürstenfamilie, die bis 1918 wesentlich die deutsche Politik mitbestimmen sollte, bediente sich wie alle Herrscherdynastien der Juden als Geldgeber und -verleiher. Mehr noch: Der erste brandenburgische Kurfürst aus dem Hause Hohenzollern hielt in seinem ersten Regierungsjahr schriftlich dazu an, verarmten Juden beizustehen.

Vertrieben, zurückgeholt, vertrieben, zurückgeholt

1443 wurde auf einem Konzil in Basel beschlossen, dass Christen wieder Geld- und Wechselgeschäfte tätigen durften. Seit 1179 war das verboten gewesen. Die gesonderte Rechtsstellung der Juden im Geldhandel bestand nun nicht mehr.

Kurz darauf, im Dezember 1446, kam es zu einem erneuten größeren Pogrom gegen die Juden in Berlin. Kurfürst Friedrich II. „Eisenzahn" ließ alle Juden aus Berlin und Cölln ausweisen und ihr Vermögen einziehen. Wie kam es zu dieser drastischen Maßnahme? Man kann vermuten, dass somit die bestehenden Rechtsverträge in der Wirtschaft gewaltsam aufgehoben wurden und Landesherrlichkeit wie auch die Städte und einzelne Bürger ihrer Kreditsorgen entledigt waren – keine Ausnahmeerscheinung in der Geschichte des Spätmittelalters. Schon wenige Monate später durften die Juden wieder zurückkehren, Eisenzahn stellte ihnen auf drei Jahre befristete Schutzbriefe aus. Der Kurfürst erhoffte sich von der Rückkehr der Juden erneute wirtschaftliche Vorteile. Das war vergleichsweise milde: 1448 wies die Stadt Konstanz ihre Juden infolge eines sogenannten Ritualmordprozesses für 400 Jahre aus.

In Berlin dagegen konnten Juden sogar das Bürgerrecht gegen eine Geldzahlung erwerben. Damit waren sie der städtischen Gerichtsbarkeit unterstellt und in wesentlichen öffentlichen Angelegenheiten rechtlich gleichgestellt. Am Anfang der Aufzeichnungen des ältesten Berliner Bürger-

buches von 1453 ist dokumentiert, dass sieben Berliner Juden eingebürgert wurden, bis 1475 folgten 15 weitere Eintragungen. Danach brechen die Aufzeichnungen jüdischer Einbürgerung ohne erkennbare Begründung ab. Das Bürgerbuch wurde insgesamt bis 1700 geführt.

Zum Ende des 15. Jahrhunderts verschlechterte sich die Lage der Juden in Deutschland wieder erheblich, auch in Brandenburg und in Berlin. In Brandenburg gerieten die Juden in das Zentrum der Auseinandersetzungen zwischen dem Landesherren und verschiedenen politischen Gruppen. Die märkischen Ritter opponierten gegen das Haus Hohenzollern und bestritten seine Führungsrolle. Nun gerieten all jene in den Fokus des Streits, die den Hohenzollern dienlich waren, also auch die Juden. Wer ihre Geldgeber angriff, schwächte die Hohenzollern selbst. Das war ja auch deshalb möglich, da das Privileg zum alleinigen Geldhandel der Juden aufgehoben war.

Der Stich von Joseph Nicolas Robert-Fleury von 1848 zeigt das Leid der jüdischen Bevölkerung, die aus ihrem Viertel vertrieben wird.

Die deutschen Fürsten verhielten sich eher wohlwollend gegenüber den Juden, in den unteren Bevölkerungsschichten hingegen brachen sich Misstrauen und offene Feindschaft wieder Bahn. Überall in Deutschland hielt sich das Gerücht, Juden würden Christenkinder entführen und rituell ermorden. 1492 war es in Mecklenburg, ein Jahr darauf in Magdeburg nach Anschuldigungen dieser Art zu Pogromen gekommen.

Ein weiteres Dokument über Berliner Juden datiert auf das Jahr 1505. In einer Handschrift über die Einnahmen der Stadt Berlin sind die Mietzinsen verzeichnet, die Berliner Juden an die Stadtkasse zu zahlen hatten. Als Adressen sind die Jüdenstraße und der Jüdenhof angegeben. Allerdings war von den insgesamt sechs aufgeführten Häusern nur eines in jüdischem Besitz. Wie viele Juden in dieser Zeit in Berlin lebten, ist nicht bekannt.

Im Sommer 1510 wurde ein Prozess gegen mindestens 51 Juden aus der gesamten Mark Brandenburg eröffnet. Ihnen wurde zur Last gelegt, Hostien geschändet und christliche Kinder verschleppt, gemartert und getötet zu haben, obwohl die zeitgenössischen Quellen keinerlei Auskunft darüber geben, dass zu diesem Zeitpunkt überhaupt Kinder vermisst gewesen waren.

Die Juden wurden als Gruppe – laut singend und betend – durch die Stadt nach Osten getrieben, wo sie am Hochgericht an der Frankfurter Straße (der heutigen Karl-Marx-Allee) zum Teil bei lebendigem Leib

Pogrome gegen die Juden gingen im Mittelalter meist mit Polemiken und kruden Vorurteilen einher: Ein Holzschnitt aus einem Flugblatt gegen die Juden von 1511 klagt Berliner Juden der Hostienschändung an.

verbrannt wurden, wenn sie nicht schon zuvor zu Tode gefoltert worden waren. Ein einzelner Delinquent mit Namen Moses oder Petrus ist der Überlieferung zufolge als Augenheilkundler begnadigt worden und ins Graue Kloster der Franziskaner eingetreten, sonst ist über die namenlos gebliebenen Opfer nichts bekannt. Überlebende märkische Juden wurden wiederum vertrieben.

Etwa drei Jahrzehnte später durften Juden unter Kurfürst Joachim II. (reg. 1535–71) abermals in die Mark und nach Berlin zurückkehren. Joachim, der in Brandenburg die Reformation einführte, war von der Aussage Philipp Melanchthons beeindruckt, der den Hostienschänderprozess als Justizverbrechen bezeichnet hatte. Außerdem zahlten die Juden 42 000 Reichstaler für ihre Rückkehr – nach heutiger Kaufkraft ungefähr 1,5 Millionen Euro.

Lippold Ben Chluchim

Die mittelalterliche und frühneuzeitliche Geschichte der Juden in Berlin kennt noch keine Gemeindestrukturen, keine sozialen und ökonomischen Netzwerke und keine ausgeprägten Familienstrukturen. Für die Zeit vor 1671 sind bis auf ganz wenige Ausnahmen keine näheren biografischen Lebensläufe in Berlin lebender Juden bekannt. In die Geschichte haben sich nur die Hoffaktoren eingeschrieben, also jene Juden, die den Landesherren in Geld- und Kreditgeschäften zu Diensten standen und dic ihre weitreichenden Beziehungen in den orientalisch-arabischen Raum für den Handel von Luxusgütern nutzen konnten.

Im 16. Jahrhundert war der Hofjude Lippold – neben seinem Vorgänger Michel aus Derenburg – der bedeutendste Vertreter der Juden in Berlin. Lippold wurde 1530 als Sohn des jüdischen Kaufmanns (Judel) Chluchim in Prag geboren. Um 1550 war Chluchim mit seinen Söhnen Ben und Pinkas nach Berlin gekommen. Eine Wohnung hatte man im alten jüdischen Viertel in der Stralauer Straße bezogen. Nach dem Tod seines jüdischen Vorgängers Michel hatte Lippold schnell das Vertrauen des Kurfürsten gewonnen, der ihn am 24. Januar 1556 zum Kämmerer und Hoffaktor ernannte. Damit war Lippold oberster Verwalter in allen Finanzangelegenheiten und wichtigster Kreditgeber des Herrschers geworden.

Zu den Aufgaben Lippolds zählte es zu überwachen, dass weder Juwelen noch Edelmetalle – gleich von wem – außer Landes geschafft wurden. Ab 1567 war er zuständig für die kurfürstliche Münze. Er koordinierte die Silberlieferungen an die Münze, die auf seine Veranlassung in die Poststraße 4 verlegt worden war. Heute befindet sich auf demselben Grundstück eines der letzten Geschäftshäuser des Nikolaiviertels, die aus der Zeit vor dem Zweiten Weltkrieg stammen, nämlich das bis 1897 errichtete Kurfürstenhaus.

Am 25. Juli 1564 wurde den Berliner Juden ein neuer Schutz- bzw. Geleitbrief ausgestellt. Lippold übte als Vorsteher aller Brandenburger Juden auch die Gerichtsbarkeit über sie aus. Tribute und Strafgelder, die über die Juden verhängt worden waren, hatte Lippold zugunsten der kurfürstlichen Schatulle einzutreiben. Mit diesen Geldern sorgte Lippold für die Finanzierung der alchemistischen Liebhabereien und der Liebschaften Joachims II. Bis zu seiner Verhaftung münzte Lippold 37 581 Gulden, die mit dem Davidstern gekennzeichnet waren. Um den kurfürstlichen Haushalt zu entlasten, ließ er minderwertige Münzen prägen, während hochwertiges Edelmetall über Zwangsabgaben in die Landeskasse kam. Als Kreditgeber soll Lippold bei den Mitgliedern des Berliner Hofes bis zu 50 Prozent Zinsen eingefordert haben.

Am 3. Januar 1571 verstarb der hochverschuldete Kurfürst. Unmittelbar danach wurde Lippold der Unterschlagung und ungerechtfertigten Bereicherung beschuldigt. Nachdem diese Vorwürfe von einem Gericht für haltlos erklärt worden waren, verdächtigte man ihn der Zauberei und des Mordes an seinem kurfürstlichen Gönner. Unter Folter wurde ihm ein Geständnis abgepresst. Kurz vor seiner Hinrichtung widerrief Lippold sein Geständnis, aber nach neuer und härterer Folter wurde er schließlich am 28. Januar 1573 auf dem Neuen Markt direkt vor der Marienkirche geköpft und geviertelt. Sein Kopf wurde öffentlich auf einem Pfahl am Georgentor – unweit vom Alexanderplatz – aufgespießt und zur Schau gestellt.

Der Münzmeister Lippold Ben Chluchim wurde wegen angeblicher Zauberei 1573 in Berlin hingerichtet, zeitgenössischer Kupferstich.

Die Witwe Lippolds konnte auf keine Gnade hoffen und verließ Berlin. Trotz einer Intervention Kaiser Maximilians wurde das Familienvermögen durch den Berliner Hof eingezogen. Mit der Vertreibung der Familie Lippold wurden in den folgenden Tagen alle Juden aus Berlin und der Mark Brandenburg ausgewiesen. Für fast einhundert Jahre blieb das Kurfürstentum ohne Bewohner mosaischen Glaubens.

Berlin ohne Juden - für fast 100 Jahre

Der Streit um wesentliche Glaubensfragen löste im Zeitalter der Renaissance und im Zuge der Reformation vor allem in den deutschen Landen erhebliche Konflikte aus, die in den Dreißigjährigen Krieg (1618–48) mündeten. Diese weltgeschichtlich bedeutenden Ereignisse rückten die Beschäftigung mit der jüdischen Welt in den Hintergrund.

Schon zu Beginn des 16. Jahrhunderts waren die Hohenzollern in Berlin in den Sog des Glaubensstreits geraten. Der 1484 geborene Kurfürst Joachim I. hatte 1502 die dänische Königstochter Elisabeth geheiratet, die ohne sein Wissen und ohne seine Zustimmung im Jahre 1527 zum lutherischen Glauben übergetreten war und im Jahr darauf vor der Wut ihres katholischen Gatten aus Brandenburg geflohen war. Auf dem Sterbebett 1535 verlangte Joachim I. von seinen beiden Söhnen, unbedingt am alten katholischen Glauben festzuhalten. Das war für Joachim II. eine schwere Hypothek, da der lutherische Glaube bereits in der gesamten Mark und in Berlin Fuß fassen konnte. Nachdem Reformbemühungen für die katholische Kirche in Brandenburg gescheitert waren, trat er doch am 1. November 1539 zum neuen Glauben über.

Die vielleicht wichtigste Frage in dieser Zeit stand ganz außerhalb der jüdischen Geschichte und Kultur: Es ging darum, wie das Abendmahl als Kernbestandteil eines Gottesdienstes zu zelebrieren sei. Die Katholiken vertraten die Lehre der Transsubstantiation: Brot und Wein werden wahrhaft Fleisch und Blut Christi. Die evangelische Kirche vertrat zwei andere Lehren: Der lutherische Glaube ging davon aus, dass Christus in Brot und Wein bereits gegenwärtig sei und nicht erst durch Wandlung dazu werde. Die reformierte Kirche wiederum war der Ansicht, dass Brot und Wein nur symbolisch für Jesus Christus stehen. Dieser Streit hatte die jahrhundertealte Lehre der römisch-katholischen Kirche in ihren Grundfesten erschüttert.

Das Haus Hohenzollern hatte nach der Vertreibung der Juden ganz andere religionspolitische Schwierigkeiten. Noch 1577 versuchte der Kurfürst Johann Georg, alle Berliner Pfarrer und Schulmeister auf den lutherischen Glauben einzuschwören. Das machte an der Spree eine Annäherung an die Reformierten nahezu unmöglich. Andererseits stand der Streit zwischen Lutheranern und Reformierten den machtpolitischen Bestrebungen und territorialen Vergrößerungsbemühungen der Hohenzollern in der ersten Hälfte des 17. Jahrhunderts im Weg. Und dazu kam noch die Tatsache, dass die katholische Gegenreformation nicht untätig geblieben war.

Im Laufe des Herbstes 1613 setzte innerhalb Berlins wieder ein heftiger Religionsstreit unter den Protestanten ein. Im Zuge des Erbfolgekrieges um die Herzogtümer Jülich, Kleve und Berg kam mit den neuen westlichen Besitzungen auch der reformierte Glaube in Berlin an. Der Kurfürst Johann Sigismund trat im Weihnachtsgottesdienst 1613 mit dem engeren Hof zum reformierten Glauben über und löste damit – bei den Berlinern und auch bei der Kurfürstin – heftige Gegenwehr aus. Der Übertritt Johann Sigismunds folgte aber nicht nur politischem Kalkül, sondern geschah offenbar auch aus innerer Überzeugung. Die lutherischen Kirchen, namentlich auch die Cöllner Petrikirche, sollten vom nicht mehr akzeptierten Bilderschmuck gesäubert werden. Nunmehr kam es in Berlin – das ohnehin kein jüdisches Leben hatte – nicht zu Übergriffen auf jüdische Einrichtungen, sondern zu Tumulten, Plünderungen und tätlichen Angriffen vor und in christlichen Gotteshäusern.

1618 wurde Berlin dann in die Katastrophe des Dreißigjährigen Krieges hineingerissen. Der seit 1619 regierende Kurfürst Georg Wilhelm, Vater des späteren Großen Kurfürsten Friedrich Wilhelm, hatte seit

Dieser Firstziegel aus dem frühen 15. Jahrhundert befand sich am Grünen Turm in Ravensburg. Der Kopf mit dem gelben spitzen „Judenhut" sollte als Abwehr- und Verspottungszeichen gesehen werden.

Der Große Kurfürst, Porträtbüste um 1680, holte neue Landeskinder nach Berlin und Brandenburg, darunter Juden, die sich ab 1671 wieder dort ansiedelten.

1627 seine Residenz in Königsberg, wodurch Berlin seine Bedeutung als Residenz verlor. Zudem wüteten infolge des Krieges zwischen 1626 und 1638 mehrere Pestepidemien in der Stadt. Hinzu kamen die direkten Kriegsfolgen. Die Doppelstadt an der Spree wurde in den 1630er-Jahren mehrfach von kaiserlichen und schwedischen Truppen geplündert. Der einzige Trost mochte dabei gewesen sein, dass die mittelalterliche Kernstadt – abgesehen von den Cöllnischen Vorstädten – weitgehend baulich verschont geblieben war. Dennoch bot sie ein trostloses Bild: Teile der Stadt waren niedergebrannt, das höfische Leben war weitgehend zum Erliegen gekommen. Insgesamt war die Bevölkerung bis 1648 um 30 Prozent, von 10 000 auf 7000 Einwohner, zurückgegangen. Mit dem Westfälischen Frieden – 1648 in Münster und in Osnabrück geschlossen – war Berlin an einem historischen Tiefpunkt in seiner Geschichte angelangt. Die Bevölkerungsverluste waren zwar nicht so dramatisch wie in der Mark Brandenburg, aber doch erheblich. Eine wirtschaftliche Gesundung mit der verbliebenen Bevölkerung schien kaum möglich. Der junge Kurfürst Friedrich Wilhelm trat mit dem Beginn seiner Regentschaft 1640 ein schweres Erbe an. Er stand vor einer Vielzahl schwieriger Aufgaben. Das Kurfürstentum Brandenburg hatte dennoch trotz der massiven Kriegsfolgen von der Verschiebung im europäischen Mächtesystem profitiert. Berlin wandelte sich zwischen 1648 und 1701 von einem regionalen Mittelpunkt zu einer königlichen Hauptstadt von europäischem Rang. Zunächst einmal galt es, die Doppelstadt vor zukünftigen kriegerischen Auseinandersetzungen zu schützen. Berlin wurde neu befestigt. Zudem sollte die kurfürstliche Residenzstadt rekultiviert werden. Das Schloss und die umliegenden Liegenschaften des Hofes wurden repariert, renoviert und erweitert.

Eine zielgerichtete Ansiedlungs- und Bevölkerungspolitik sorgte für die Besiedlung des Umlandes: mehr Landeskinder, mehr wirtschaftliche Prosperität. Mit den Maßnahmen der sogenannten Peuplierungspolitik versuchte Friedrich Wilhelm, den Bevölkerungsrückgang auszugleichen und sein Land wirtschaftlich wieder gesunden zu lassen. Der Wiederaufbau der Stadt, die Sicherung und Erweiterung des Manufakturwesens und des Handwerks, die architektonische Umsetzung der neu angelegten barocken Vorstädte und die Wiederherstellung höfisch-repräsentativer Kultur zum äußeren Zeichen der gewonnenen Machtstellung erforderten den Zuzug von Immigranten aus dem gesamten europäischen Ausland, darunter Juden, die im Jahre 1671 erstmals wieder in Berlin und Brandenburg Fuß fassen durften.

Kurfürst Joachim II. (Gemälde um 1555 von Lucas Cranach d. J.) holte 1542 wieder Juden in die Mark, darunter Michel aus Derenburg, zwischen 1543 und 1549 kurfürstlicher Hofjude.

Michel aus Derenburg

Michel stammte aus der jüdischen Gemeinde Derenburg bei Halberstadt und war in Mitteldeutschland als Geldverleiher tätig. Näheres zu seiner Geburt und zu seinem frühen Leben ist nicht überliefert. In Hannover hatte er zwischenzeitlich Hausbesitz. Michel hatte nachweisbar Geschäftskontakte in Böhmen, in Wien, in Franken, der Oberpfalz und Schlesien. 1535 nahm sogar König Ferdinand I. bei Michel ein Darlehen auf.

Michel wurde in finanzielle Unregelmäßigkeiten verstrickt, sodass es ihm sehr gelegen kam, dass der hochverschuldete und prachtliebende Kurfürst Joachim II. 1542 wieder Juden in der Mark Brandenburg und in Berlin zugelassen hatte. Zwischen 1543 und 1549 war Michel kurfürstlicher Hofjude. In Berlin schenkte ihm der Kurfürst am Kornmarkt ein Haus, wenig später erwarb Michel ein weiteres in Frankfurt/Oder.

Auf einer Reise von Lebus nach Berlin wurde Michel am 23. April 1549 überfallen und nach Sachsen entführt. Die Entführung scheiterte, die Täter wurden am 17. Mai 1549 hingerichtet. Am selben Tag stürzte Michel in seinem Berliner Haus die Treppe hinunter und starb. Schnell machten Gerüchte die Runde, dass Hinrichtung und Sturz am selben Tage kein Zufall gewesen sein können, sondern auf höhere Mächte zurückzuführen seien. Der Kurfürst sah eine gute Gelegenheit, sich seiner Schulden gegenüber dem verstorbenen Gläubiger zu entledigen. Im April 1551 wurde die Familie aus Berlin ausgewiesen, von einem finanziellen Ausgleich ist nichts bekannt. Allerdings tätigte die Witwe Michels in den Jahren 1558 und 1559 erneute Geldgeschäfte mit Joachim II.

Tradition und Aufbruch

Johann Caspar
Lavater und
Gotthold Ephraim
Lessing bei Moses
Mendelssohn, dem
Vater der jüdischen
Aufklärung, Ge-
mälde von Moritz
Daniel Oppenheim
1856

Im Oktober 1685 widerrief der französische König Ludwig XIV. das Edikt von Nantes aus dem Jahre 1598. Damit verloren die Hugenotten genannten calvinistischen Protestanten in Frankreich alle Bürgerrechte. Zu Hunderttausenden verließen sie ihre katholische Heimat. Dem noch immer unter den Folgen des Dreißigjährigen Krieges leidenden Brandenburg-Preußen kamen die Glaubensflüchtlinge gelegen: Mit dem Edikt von Potsdam ermöglichte der Große Kurfürst nicht nur ab 1685 die Aufnahme der Hugenotten, sondern lud sie gezielt ein.

Der Ansiedlungspolitik der Hugenotten war bereits im Jahre 1671 die Wiederaufnahme von Juden in Berlin und in der gesamten Mark Brandenburg vorausgegangen. Nach einem kurfürstlichen Erlass wanderten etwa 50 jüdische Familien ein, die ein Jahr zuvor vom strenggläubigen Kaiser Leopold I. aus Österreich vertrieben worden waren. Da es sich bei ihnen um in der Regel gut ausgebildete und vermögende Juden handelte, versuchte der brandenburgische Herrscher, dieses „Humankapital" zur Unterstützung seiner Wirtschaft zu nutzen – wie später auch die Hugenotten. Dabei handelte Friedrich Wilhelm weniger aus Menschenfreundlichkeit als vielmehr in dem Bestreben, den landeseigenen „Handel und Wandel" zu befördern.

Neue Landeskinder für den Kurfürsten

Um 1700 sind schon 117 jüdische Familien amtlich registriert. Das entsprach etwa zwei Prozent der Gesamtbevölkerung Berlins im Jahr der Gründung des Königreichs Preußen 1701. Neben den wohlhabenden österreichischen Juden, die unter kurfürstlichem Schutz nach Brandenburg kamen, waren zeitgleich und unkontrolliert 47 Familien ohne Privileg aus dem Osten Europas eingewandert. Sie hatten im Gegensatz zu den Wiener Juden keine Protektion zu erwarten. Zeitgenössische Quellen berichten davon, dass die osteuropäischen Glaubensbrüder bei den arrivierten wohlhabenden Juden nicht immer wohlgelitten waren. Einzelne Vergehen in der Jüdischen Gemeinde konnten allen Berliner Juden angelastet werden. Daraus resultierten Misstöne, denn die eine Gruppe wollte nicht für die andere verantwortlich gemacht werden.

Die alteingesessene Berliner Bevölkerung war wenig erbaut über die jüdischen Einwanderer. Sie witterte unliebsame Konkurrenz: Den Juden war es gestattet, mit Tuchen, Wolle und Kleidung zu handeln. Niedrige Preise machten den alteingesessenen christlichen Händlern zu schaffen. Ihre international vernetzte jüdische Konkurrenz handelte oft mit größeren Mengen, das senkte die Stückkosten. Der kurfürstliche Schutzbrief regelte für die eingewanderten Juden ein zunächst auf 20 Jahre festgesetztes Bleiberecht. In welchem Umfang den Neuankömmlingen Handel gestattet war, ging aus dem Dokument nicht hervor.

Der erlaubten Haupttätigkeit, also Geld- und Zinsgeschäften, war der Handel mit gebrauchten Waren und Trödel angegliedert. Antisemitischer Stimmung war dabei immer dann Raum gegeben, wenn es um sogenannten Wucher ging oder die Worte „Diebstahl" und „Hehlerei" die Runde machten, wenn Juden gebrauchte und benutzte Waren veräußern wollten. Außerhalb dieser fest umschriebenen Handelsberei-

che waren Juden kaum tätig. Die wenigen, die akademische Berufe wie Lehrer oder Handwerksberufe wie Schneider ausübten, taten dies vermutlich nur innerhalb der jüdischen Gemeinde.

Mit der Wiederbegründung jüdischen Lebens ab 1671 war es den ersten jüdischen Familien nur erlaubt, in privaten Synagogen zusammenzukommen. Über Rabbiner in der Gemeinde weiß man heute nichts Genaues. Bereits vor 1700 sind innerhalb der jüdischen Gemeinde ein Schulmeister (1688) sowie Kantoren, Totengräber und Krankenwärter bekannt. Auch ist seit 1673 ein Schlächter registriert, der bei der Viehschlachtung die notwendigen Rituale einhielt.

Jüdisches Leben zieht wieder ein

Wie sah es mit den jüdischen Wohn- und Kulturstätten der bis 1671 vertriebenen Juden aus? Im Mittelalter waren die wenigen jüdischen Familien traditionell im näheren räumlichen Umfeld der heute noch vorhandenen Klosterstraße beheimatet. Für mehr als drei Jahrhunderte gab es hier den Großen und den Kleinen Jüdenhof. Nach der Vertreibung der Juden 1573 wurden die Synagoge und die Mikwe zerstört. Im 16. und 17. Jahrhundert ersetzte man die mittelalterlichen Häuser rund um den Jüdenhof durch neuere Bauten. Es ist bemerkenswert, dass die Juden nach nahezu 100-jähriger Abwesenheit in denselben Stadtraum um den Molkenmarkt zurückkehrten. Die Gründe dafür sind heute nicht mehr festzustellen. Ganz offensichtlich hatten die einwandernden Juden Kenntnis von der tradierten jüdischen Stadtgegend, ohne dass dieselbe noch konkrete Merkmale jüdischen Lebens aufwies. Bereits 1672 war es den Juden gelungen, einen Begräbnisplatz zu erwerben. Dieser befand sich in der Großen Hamburger Straße und wurde bis 1827 genutzt. Aus Platzgründen wurde danach der zweite Jüdische Friedhof an der Schönhauser Allee angelegt.

Wenige Monate vor der Gründung des Königreichs Preußen im Jahre 1701 hatten christliche Berliner Kaufleute den späteren König Friedrich I. gedrängt, die jüdische Konkurrenz erneut einzudämmen. Die Berliner hatten Erfolg: Der damalige Kurfürst erließ 1700 ein Edikt, das den Handel der Juden nicht nur eindämmte, sondern ihnen auch den Häuserkauf verbot. Das Bleiberecht für die Juden bezog sich auf den jeweiligen Familienvorstand und den ältesten Sohn. Gegen weitere Zahlungen konnten bis zu zwei weitere Söhne Bleiberecht erhalten, die anderen mussten die Stadt verlassen. Diese Regelung endete erst mit dem Regierungsantritt Friedrich Wilhelms I., der als „Soldatenkönig" in die preußische Geschichte eingehen sollte, im Jahre 1713. Nun entspannte sich das Leben für die Juden. 1714 bestätigte der junge König das Aufnahmeedikt seines Großvaters: Nun durften die Juden wieder Häuser kaufen und Handel treiben. Allerdings bestand weiterhin eine räumliche Bindung der Juden an ihre Heimatgemeinde, was zu einer sozialen Verfestigung der Mitglieder innerhalb einer Gemeinde führte. Dieser verordnete Gemeindezwang wurde in den erweiterten Juden-Edikten von 1730 und 1750 bestätigt. Er kann aber nicht mit einer Gettoisierung gleichgesetzt werden, denn die Ansiedlung in einem Getto bedeutete eine räumlich viel stärkere Eingrenzung. Obwohl die Juden räumliche Nähe zueinander suchten, gab es keine genau abgesteckten Stadträume, in denen es ihnen ausschließlich erlaubt gewesen wäre zu siedeln.

1712 begann der Bau der ersten öffentlichen Synagoge in der neuzeitlichen Stadtgeschichte Berlins. Das damals als „Große Synagoge" bezeichnete jüdische Gotteshaus stand in der Heidereutergasse 4 zwischen dem heutigen Hackeschen Markt und der Altberliner Marienkirche. Ein Reinigungsbad, die Mikwe, und eine Talmud-Tora-Schule, das Beth Hamidrasch, vervollständigten das barocke Gemeindezentrum.

Zur Bauausführung der Synagoge konnten die Juden den damals sehr prominenten Zimmermann Michael Kemmeter gewinnen, einen Protestanten. Wegen seiner bahnbrechenden Dach- und Holzkonstruktionen gerühmt, wirkte Kemmeter auch an evangelischen Kirchenbauten wie der Deutschen Kirche auf dem Gendarmenmarkt oder der Parochialkirche in der Klosterstraße mit. Zur Einweihung

Innenansicht der „Priviligirten Juden Synagoge in der Königlichen Residentz Berlin welche erbaut worden Anno 1714", Kupferstich um 1714 von A. B. Goblin nach einer Zeichnung von Anna Maria Werner

des jüdischen Gotteshauses im Jahr 1714 war sogar der König erschienen. Die Synagoge brannte im Zweiten Weltkrieg aus und wurde – wiewohl wiederaufbaufähig – gesprengt, um Platz für die neue Markthalle zu schaffen.

Die Politik des preußischen Herrscherhauses gegenüber den Juden blieb sprunghaft. 1724 ließ der König alle Juden ausweisen, die nicht mit einem Geleit- bzw. Schutzbrief ausgestattet waren. So wollte er sich aller wirtschaftlich schwächeren Juden entledigen, die dem preußischen Staat nicht nützlich waren. In den 1730er-Jahren wurde den Juden eine Vielzahl von zusätzlichen Steuern auferlegt. 1737 wurde die Regelung wieder eingeführt, dass Juden keine Immobilien erwerben oder beleihen dürfen. Wieder reduzierte die Krone die jüdische Bevölkerung: Im gleichen Jahr wurde die ärmere Hälfte der Berliner Juden kurzerhand abgeschoben. Wer bleiben durfte, bekam verloren geglaubte Rechte wieder zugestanden. Der Erwerb von Häusern durch Juden war wieder möglich, die Ausweitung gewerblichen Unternehmertums wurde wieder befördert.

Friedrich der Große und die Aufklärung in Berlin

Mit dem Regierungsantritt Friedrichs II. 1740 blieben die Verhältnisse stabil, ehe 1750 die nächste staatliche Restriktion verordnet wurde. Das „Revidierte General-Privilegium" bildete bis 1812 die gesetzliche Grundlage für das Leben der Juden jenseits der Elbe. Wiewohl erneut zusätzliche Steuern und Abgaben die Juden in Berlin weiter belasteten und benachteiligten, konnten sie dennoch insgesamt in überproportionalem Maße am wirtschaftlichen Aufschwung Preußens partizipieren.

Der Siebenjährige Krieg (1757–63) bedeutete für den Fiskus des Königreichs nahezu den Ruin. Friedrich II. suchte nach weiteren Einnahmequellen, um der Staatsverschuldung entgegenzuwirken. Zwischen 1769 und 1788 mussten Juden in allen Landesteilen Preußens nach einer von Friedrich II. am 21. März 1769 in Potsdam erlassenen Kabinettsorder zu Hochzeiten Porzellan der Königlichen Porzellanmanufaktur (KPM) erwerben, damit so die heimische Produktion der KPM gesichert sei. Die Kaufsumme von 300 bis 500 Reichstalern für Porzellan gleich welcher Art war exorbitant hoch. Zu jener Zeit lag das Jahresgehalt eines Manufakturarbeiters bei etwa 150 Reichstalern. Friedrich provozierte bei fehlender wirtschaftlicher Leistungsfähigkeit der Juden die Ausweisung der betreffenden Familie aus Preußen. Etwa 1400 jüdische Ehen konnten nur nach dem Kauf von „Juden-Porzellan" geschlossen werden. Erst Friedrich Wilhelm II., der Nachfolger Friedrichs II., schaffte den Zwang 1788 ab.

Regelmäßige Zahlungen mussten Juden unter Friedrich II. auch aus verschiedenen anderen Gründen leisten, so etwa wenn sie eine Konzession zur Niederlassung oder zur Aufnahme eines Gewerbes beantragen oder Hausbesitz erwerben wollten.

Trotz aller dieser Diskriminierungen wollten sich die Juden in die christliche Gesellschaft integrieren und sich in ihr emanzipieren. Die Juden in Berlin sollten in besonderem Maße an der europäischen Aufklärung teilnehmen.

Die Zeitgenossen verstanden unter dem fest umrissenen Terminus „Aufklärung" das „natürliche Licht" bzw. das „Licht der Vernunft". Damit verbanden sie die Hinwendung zu den Naturwissenschaften und formulierten das Ziel von religiöser Toleranz. Die Trennung von Theologie und Philosophie war dabei eine Grundvoraussetzung. Die Protagonisten des europäischen Zeitalters der Aufklärung von 1650 bis etwa 1800 suchten nach klaren Erkenntnissen oder Einsichten, um Vorurteile und Aberglauben zu bekämpfen. Universelle Instanz war nicht länger der Glauben, sondern die Vernunft.

Berlin war eines der wichtigsten Zentren der europäischen Aufklärung. Von der Spree aus wurde ein neues Bild von Religion, ein neues Humanitätsideal formuliert. Die Abkehr von starren Dogmen, die Suche nach einer neuen Wahrheit von Gott, Freiheit und Unsterblichkeit und vor allem der Aufruf, aktiv die Gesellschaft mitzugestalten und sie nicht länger passiv zu akzeptieren, wurden von bedeutenden Gelehrten befördert. Dazu zählten Friedrich Nicolai und Gotthold Ephraim Lessing.

Nicolai wurde 1733 in Berlin als Sohn eines Buchhändlers geboren. Nach der Übernahme des väterlichen Geschäfts wurde Nicolai einer der wichtigsten Verleger im 18. Jahrhundert, der es sich zum Ziel gesetzt hatte, die Ideen der Aufklärung zu verbreiten und der traditionellen Kirche entgegenzuwirken. Wichtigstes Organ war die zwischen 1765 und 1806 edierte Zeitschrift der (Neuen) Allgemeinen Deutschen Bibliothek.

Der aus protestantischem Hause stammende Schriftsteller Gotthold Ephraim Lessing (1729–81) lebte mit Unterbrechungen von 1748 bis 1758 in Berlin. Mit der „Ringparabel" in „Nathan der Weise" trat Lessing auf unvergleichliche Weise für religiöse Toleranz ein. Die Durchsetzung religiöser Toleranz war eines der Hauptziele der europäischen Aufklärung. Im Charakter Nathans spiegelt sich die Persönlichkeit von Moses Mendelssohn (1729–86). Dieser war untrennbar mit den Namen Nicolai und Lessing verknüpft.

Die Aufklärung verstand sich als ein geistiger Reformprozess, der aus der Grundhaltung der christlichen Religion und ihren Werten heraus entstanden war. Gleichzeitig aber beförderten jüdische Gelehrte wie Mendelssohn die Öffnung der bis dahin streng religiösen, räumlich und gesellschaftlich abgetrennten Welt der Juden. Mendelssohn gilt dabei als der geistige Vater der jüdischen Aufklärung. Zum ersten Mal partizipierte ein Jude von „außen" an den Zielen der Aufklärung. Der – heute weniger bekannte – parallel verlaufene Prozess der Aufklärung durch jüdische Gelehrte wie Mendelssohn ging als Haskala in die europäische Geistesgeschichte ein. Moses Mendelssohn gelang es, jüdische Kultur und Religion als ein Teil der deutschen Kultur zu definieren und zu integrieren. Da alle Menschen für ihn gleich waren, plädierte er für die Gleichheit der Religionen und drang dabei auf die Aufgabe von starren Dogmen. Er ersuchte die christliche Gesellschaft, Vorurteile gegenüber den Juden zu überwinden, ermunterte aber gleichzeitig auch die Juden, sich geistig und kulturell zu öffnen und aus ihrer abgezirkelten Lebenswelt auszubrechen.

Geschirr aus dem Besitz der Familie Lewin. Laut Familienlegende handelte es sich um „Juden-Porzellan", das Juden unter Friedrich II. von der Königlichen Porzellanmanufaktur Berlin zwangsweise erwerben mussten. Sehr wahrscheinlich stammt das Service jedoch aus einer Anschaffung zur Hochzeit von Betty und Siegfried Lewin 1898.

Erste Seite des Generalschutz-privilegs von Friedrich II. 1764 für Juda Veit Singer und seine sechs Kinder. Die namentlich erwähnten fünf Söhne gründeten 1780 das Bankhaus Gebrüder Veit. Simon Veit, der viertälteste Sohn, heiratete Dorothea Mendelssohn, Tochter von Moses Mendelssohn.

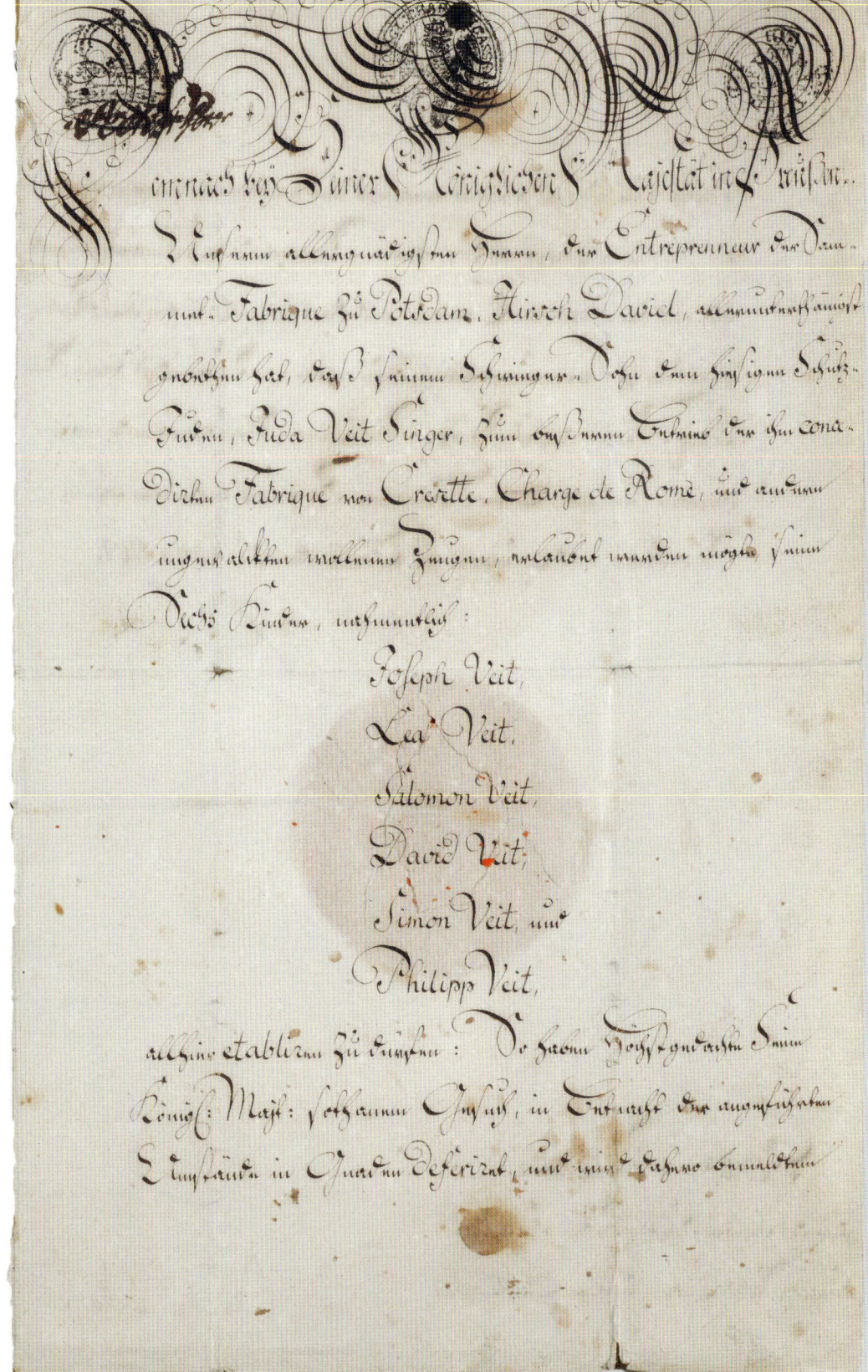

Das jüdische Pendant – die Haskala

Die Haskala (hebräisch „sekel", die Vernunft) kann als jüdischer Gegenentwurf zur europäischen Aufklärung verstanden werden. Sie hatte zum Ziel, dass Juden ihr geistig-religiös fest umrissenes Weltbild lockerten. Eingang in Kultur und Alltag sollten jetzt auch nichtjüdische Wertvorstellungen und Bildungsinhalte finden. Der Zugang zu den Universitäten, das Studium der „weltlichen Wissenschaften" und vor allem die Abkehr von der ausschließlichen Verwendung des Hebräischen waren die Kernziele der Reformer. Damit wollten die jüdischen Protagonisten nicht allein die räumlichen Mauern des „eruv" durchbrechen, sondern sie drängten auf die Überwindung der geistigen und religiösen Schranken.

Moses Mendelssohn gab dabei die Richtung vor. Er übersetzte von 1780 bis 1783 den Pentateuch (griechische Bezeichnung für die Tora, die fünf Bücher Mose) ins Deutsche, um den Juden die deutsche Sprache näherzubringen. Konservative Juden, die der Öffnung ihrer Religion kritisch bis ablehnend gegenüberstanden, fürchteten einen Bedeutungsverlust der Bibel, der Tradition des Talmud und auch der hebräischen Sprache. Die Haskala hingegen verneinte nicht die altjüdischen Traditionen und Werte, sondern sie strebte durch die Öffnung der jüdischen Welt nach Ergänzung. Die jüdische Aufklärung steht somit für den Beginn des Modernisierungsprozesses, der die kulturelle Verbindung zwischen Christentum und Judentum stärkte.

In seinen zahlreichen Schriften wirbt Mendelssohn für Toleranz zwischen den Religionen. Fragen nach der Unsterblichkeit und dem Dasein Gottes stehen im Mittelpunkt. Die Akademie der Wissenschaften verlieh ihm 1764 einen Preis für seine Abhandlung „Evidenz der metaphysischen Wissenschaften". 1769 geriet Mendelssohn in eine philosophische Auseinandersetzung mit dem Züricher Diakon Johann Caspar Lavater. Lavater verlangte von Mendelssohn, das Christentum zu widerlegen oder – wenn er es nicht könne – es anzunehmen. Der Disput bestärkte Mendelssohn, weiter und nachhaltig die Emanzipation der Juden voranzubringen. 1783 legte er die Schrift „Jerusalem oder über religiöse Macht und Judentum" vor, in der er Glauben und Vernunft innerhalb des Judentums miteinander zu verknüpfen versucht.

Die Erfolgsgeschichte der beginnenden Emanzipation der Juden ist eng verbunden mit Christian Wilhelm von Dohm (1751–1820). Dohm entstammte einem protestantischen Pfarrershaushalt im ostwestfälischen Lemgo. 1779 erhielt er zunächst eine Stelle als Archivar in Berlin, später als Diplomat. Korrespondenz führte er mit denselben Gelehrten der Zeit, mit denen sich auch Moses Mendelssohn gedanklich austauschte. Mendelssohn ermunterte Dohm in Berlin zu einer juristischen Abhandlung „Über die bürgerliche Verbesserung der Juden". Das 1781–83 erschienene Werk wird im „Jüdischen Lexikon" von 1927, dem Standardwerk zur jüdischen Geschichte, als „Bibel der Emanzipation" bezeichnet. Dohm legte dar, dass die im Allgemeinen den Juden zugeschriebenen negativen Eigenschaften nicht Ausdruck ihrer eigenen Kultur und Religion seien, sondern dass die rechtlichen Beschränkungen, die die Juden benachteiligten und stigmatisierten, dem feindlichen, antisemitischen Bild Vorschub geleistet hatten. Deshalb plädierte Dohm für eine rechtliche Gleichstellung der Juden.

Diese prächtige silberne Schabbat-Lampe von 1783 wurde von Hendrik Dauw geschaffen und ist charakteristisch für die Periode des Umbruchs im späten 18. Jahrhundert, in der sowohl Kerzen als auch Öllampen in Gebrauch waren. Bei dieser Lampe handelt es sich um ein typisch niederländisches Modell.

Durch die allmähliche Öffnung der jüdischen Lebenswelten erhielt Berlin erhebliche positive Impulse. Die stark im jüdischen Glauben verankerte Pflicht, karitativ und sozial zu Ehren Gottes tätig zu sein und Gutes vor allem gegenüber den Benachteiligten, Armen, Kranken und Waisen zu bewirken, setzte eine Entwicklung frei, die zu einer Vielzahl von Neugründungen und Erweiterungen sozialer Einrichtungen im friderizianischen Berlin führte. Die dabei fortentwickelten und neu gegründeten Krankenhäuser, Schulen etc. bestehen zum Teil noch heute. Der Vorläufer des heutigen Jüdischen Krankenhauses entstand zum Beispiel in dieser Zeit.

Medizinische Versorgung

Der Große Kurfürst hatte am 12. November 1685 eine Medizinalordnung erlassen. Dadurch wurde zum ersten Mal in der Geschichte Berlins die medizinische Versorgung geregelt und organisiert. Elf Jahre später wurde eine Honorarordnung für medizinische Leistungen erlassen, die in ihrem Wesen bis heute praktiziert wird. Zudem führte man 1725 unter dem Soldatenkönig die fachärztliche Kontrolle der Mediziner ein. Dazu zählte auch der Berufsstand der Hebammen. Zwei Jahre später wurde an der Charité – 1710 ursprünglich als Pesthaus gegründet – die erste Hebammenschule eingerichtet. Die erste jüdische Hebamme, Bathsaba Präger, ist 1744 urkundlich verzeichnet.

Die erste jüdische medizinische Versorgungsanstalt (Chewra Bikur Cholim) entstand 1756 in der Oranienburger Straße 7/8 in bewusster Nähe zum Jüdischen Friedhof in der Großen Hamburger Straße, der 1727 angelegt worden war. Die jüdische Begräbnistradition erforderte es, dass Verstorbene unmittelbar nach Eintritt des Todes zu bestatten waren, sodass Krankenanstalt und Friedhof nah beieinander liegen mussten. Das Jüdische Krankenhaus, das für zunächst zwölf Patienten ausgelegt war, wurde von Benjamin de Lemos (1711–89) geleitet. Der aus einer Familie sephardischer Portugiesen abstammende Arzt war der Vater der Schriftstellerin Henriette Herz. Lemos' Schwiegersohn Marcus Herz wurde sein Nachfolger im Jüdischen Krankenhaus.

Im Krankenhaus unweit vom Hackeschen Markt wurden in den 1790er-Jahren bereits bis zu 400 Patienten behandelt, von der „Kleinen Charité" war die Rede. Da im Sinne der religiösen Verpflichtung der Juden alle Kranken, unabhängig von ihrer Konfession, behandelt wurden, hatte sich die Einrichtung vor allem bei den mittellosen Schichten als Anlaufstelle herumgesprochen. Finanzielle Schwierigkeiten der Einrichtung waren die Folge. Dennoch war die Sterberate im Vergleich zu den anderen Krankenanstalten unterdurchschnittlich gering, das Haus genoss einen guten Ruf.

Stadtansicht von
Berlin im 18. Jahr-
hundert, v. l. n. r.:
Zeughaus, Schloss,
Turm der alten
Domkirche, St. Ni-
kolai, St. Marien,
Heilig-Geist-Hospi-
tal, Parochialkirche,
Klosterkirche

Im Verlauf des 19. Jahrhunderts erfuhr Berlin eine revolutionäre Entwicklung des Medizinalwesens. Die Repräsentantenversammlung der Jüdischen Gemeinde beschloss den Ankauf eines größeren Grundstücks in der Auguststraße. Pläne für ein Jüdisches Krankenhaus gleich hinter dem projektierten Neubau für die Neue Synagoge in der Oranienburger Straße wurden zeitgleich vom Architekten Eduard Knoblauch entwickelt. Das modernste Krankenhaus Berlins wurde am 3. September 1861 eröffnet. Sehr fortschrittlich waren die sanitären Anlagen. Auf jeder Etage waren vier Wasserklosetts installiert, transportable Badewannen wurden zur Pflege von nicht transportfähigen Patienten genutzt. Das denkmalgeschützte Gebäude in der Auguststraße 14–16 hat Krieg und Gewaltherrschaft nahezu unbeschädigt überstanden. Pläne für die Zukunft sehen vor, hier ein Institut für Jüdische Studien der Humboldt-Universität einzurichten.

Titelblatt des
„Lesebuchs für
jüdische Kinder"
von David Fried-
länder, 1779

Lesebuch
für
Jüdische Kinder.

חברת
חינוך
נערים

Zum Besten der jüdischen Freyschule.

Berlin
in Commißion bey Christian Friedrich Voß und Sohn
1779.

Jüdische Lehrstätten und Schulen

Mit der Aufnahme von 50 wohlhabenden jüdischen Familien aus Wien wünschte der Große Kurfürst ein einvernehmliches Miteinander von Christen und Juden. Die geistliche Versorgung dieser wenigen privilegierten Juden, die noch keine geschlossene Gemeinde darstellten, sollte in privaten Häusern erfolgen. Öffentliche jüdische Bet- und Schulhäuser durften noch nicht errichtet werden.

Mit dem Verbot der Etablierung öffentlicher jüdischer Einrichtungen sollte Berlin für unerwünschte „Betteljuden", die aus dem Osten Europas weiter und wenig kontrollierbar einwanderten, weniger attraktiv werden. Mit seinem Edikt von 1714 versuchte der junge König Friedrich Wilhelm I., eine Einwanderung von Juden zu reglementieren.

Die im selben Jahr eröffnete Synagoge in der Heidereutergasse 4 bildete nicht nur das erste wahrnehmbare räumliche Zentrum einer sich nunmehr verfestigenden jüdischen Gemeinschaft. Die privilegierten und geschützten Juden durften hier ihre erste private Talmud-Tora-Schule eröffnen. Eine Reihe von weiteren privaten Talmudschulen war zwischen der Spandauer Straße, Heidereutergasse und der Rosenstraße konzentriert.

Gegen Ende des 18. Jahrhunderts, im Zeitalter der Aufklärung, sah die Situation ganz anders aus: In der 1778 gegründeten „Freyschule für jüdische Knaben" wurden nicht länger allein Kenntnisse über traditionelles jüdisches Schrifttum vermittelt, sondern erstmals auch nichtjüdische Bildungsinhalte gelehrt. Gründungsväter der Jüdischen Freischule, die ihren Sitz ab 1803 in der Klosterstraße 35 hatte, waren der Seidenfabrikant David Friedländer (1750–1834) und der Hofbankier Isaak Daniel Itzig (1750–1806). Moses Mendelssohn war ebenso an der Gründung der Schule beteiligt. Das Bildungsprogramm mit anfänglich 65 Zöglingen war der Haskala verpflichtet. Das revolutionär Neue dieser ersten öffentlichen jüdischen Schule war auch ihre räumliche Situation als solche. Im traditionellen Sinne wurden nämlich bis zum Ende des 18. Jahrhunderts die jüdischen Jungen in den Räumlichkeiten der Lehrer ausgebildet. Schulhäuser gab es bis dahin noch nicht, der Unterricht fand in einzelnen Zimmern statt. Daher bezeichnet das hebräische Wort für „Zimmer" – „cheder" – traditionell und religiös geprägte Schulen im Judentum. Aus der Jüdischen Freischule war 1826 die Knabenschule der Jüdischen Gemeinde zu Berlin hervorgegangen. Der 1906 dafür errichtete Neubau ist seit 1993 wieder eine jüdische Oberschule, die seit 2012 den Namen Jüdisches Gymnasium Moses Mendelssohn trägt.

Salons als Treffpunkt

Im Berlin der Aufklärung galt der Salon als der Inbegriff der französischen Kultur. Die erste Hochzeit der Berliner Salons fiel in die Zeit von etwa 1770 bis 1806. Die Adaption französischer Lebensart wurde nicht zuletzt durch den höchsten Repräsentanten Preußens, den frankophilen König Friedrich II., begünstigt. Nach der militärischen Niederlage der preußischen Armee 1806 gegen das napoleonische Frankreich und den daraus folgenden Reparationen änderte sich dies. Die von der französischen Kultur und Sprache bestimmte Berliner Gesellschaft wandte sich mehr und mehr von allem ab, was sie als französisch empfand.

Die Berliner Salons bis 1806 waren sowohl ein erster kultureller Ausdruck der beginnenden bürgerlichen Emanzipation der Berliner Juden als auch ein Spiegelbild der Emanzipation der Frau – zumindest in der dünnen sozialen Oberschicht in der preußischen Hauptstadt. Die bedeutenden Berliner Salons wurden ausschließlich von Frauen geführt, hatten sie doch – anders als die Männer – ansonsten kein Podium, sich gesellschaftlich zu platzieren. Männern stand dafür ihr wie auch immer geartetes berufliches Umfeld zur Verfügung. Cafés, Lese- und Debattierklubs oder Versammlungsräume aller Art waren erst nach 1815 das Ergebnis der allgemeinen bürgerlichen Emanzipation. Öffentliches Leben war bis dahin der höfischen Gesellschaft vorbehalten, zu der Juden in aller Regel keinen Zutritt hatten. Gerade für Frauen und gerade für Juden galten Salons also als Foren des Austauschs. Berliner Salons waren deshalb in ihrer Art einzigartig und eine Besonderheit in Preußen.

Diese Lithografie von 1923 aus der Modezeitschrift „Styl" nach einer Zeichnung von Erich M. Simon zeigt, wie man sich die Teegesellschaft bei Rahel Varnhagen vorstellen konnte.

Jüdische Gastgeberinnen – zu den bekanntesten zählten Rahel Varnhagen von Ense, ihre Freundin Henriette Herz sowie Amalie Beer, die Mutter des später erfolgreichen Komponisten Giacomo Meyerbeer – lehnten mit ihren Einladungen die traditionellen sozialen und religiösen Schranken ab. Ihre Salons hatten die Durchmischung der gesellschaftlichen Kreise zum Ziel. Die Aufhebung strikter Trennung von christlicher und jüdischer Welt diente nach Ansicht der „Salonnièren" nicht zuletzt auch der Beförderung von christlich-jüdischen Mischehen. Übertritte von Juden zum Christentum kamen häufiger vor und konnten in Salons sozial eingebettet werden. Schließlich war es keine Kleinigkeit, wenn Juden durch christliche Taufe zum zumeist protestantischen Glauben übertraten. Konkrete Zahlen der konvertierten Juden sind nicht überliefert. Da die Salons in privaten Wohnungen gepflegt wurden, war auch ein politisch neutraler Boden gewährleistet. Davon profitierten alle wichtigen Gesellschaftskreise wie der städtische Adel, die jüdischen Frauen und die Akademiker gleichermaßen.

Gemeinsames Ehrengrab des Ehepaars Varnhagen von Ense auf dem Dreifaltigkeitsfriedhof in Berlin-Kreuzberg. Rahel beeinflusste mit ihrem Salon in Berlin das literarische Leben.

Dem Prozess, eine gleichberechtigte Stellung für Juden zu erreichen, standen im Übrigen nicht nur breite christliche Bevölkerungskreise ablehnend gegenüber. Die Annäherung der oft auch zum Christentum konvertierten Juden an die mehrheitschristliche Gesellschaft verstörte ebenso die traditionell bestimmten Juden. Sie sahen jüdische Kultur und Traditionen in Gefahr.

Nach dem Ende der Befreiungskriege 1813–15 gelang es einigen jüdischen Salonnièren, an die Tradition ihrer halböffentlichen Gesellschaften wieder anzuknüpfen. Dabei stand nicht die Wiederbelebung des französischen Savoir-vivre im Mittelpunkt, sondern – wie zuvor – die Öffnung der Gesellschaft mittels kultureller Durchmischung der christlichen und der mosaischen Welt. Allerdings war der zweiten Hochzeit der Salons nur eine kurze Zeit gegeben, denn um 1820 gewann der Wunsch der Deutschen mehr und mehr an Raum, in einem einheitlichen christlichen Nationalstaat aufzugehen. Französische, jüdische und slawische Traditionen wurden zugunsten eines einheitlichen „deutschen" Bildes verdrängt und zunehmend auch verleugnet. Dem damit aufkommenden Antisemitismus konnte das liberale Judentum nichts entgegensetzen.

Die Gesellschaft der Freunde

Zeitgleich mit der Ausbildung der Salons, in denen jüdische Frauen Möglichkeiten fanden, sich gesellschaftlich zu präsentieren und zu vernetzen, hatten einige jüdische Junggesellen die „Gesellschaft der Freunde" gegründet. Die Gesellschaft war – anders als die Salons – zunächst rein jüdischen Charakters. Juden trafen sich, um über das Judentum, über Traditionen und Reformen zu sprechen.

Das räumliche Zentrum des jüdischen Berlin im 18. Jahrhundert war zweifelsohne die Synagoge in der Heidereutergasse. Die Gesellschaft der Freunde wurde nur wenige Meter von der Synagoge entfernt

Aufnahmeurkunde
der „Gesellschaft
der Freunde" für
Dr. Joseph Meyer,
Berlin 24. Juli 1858

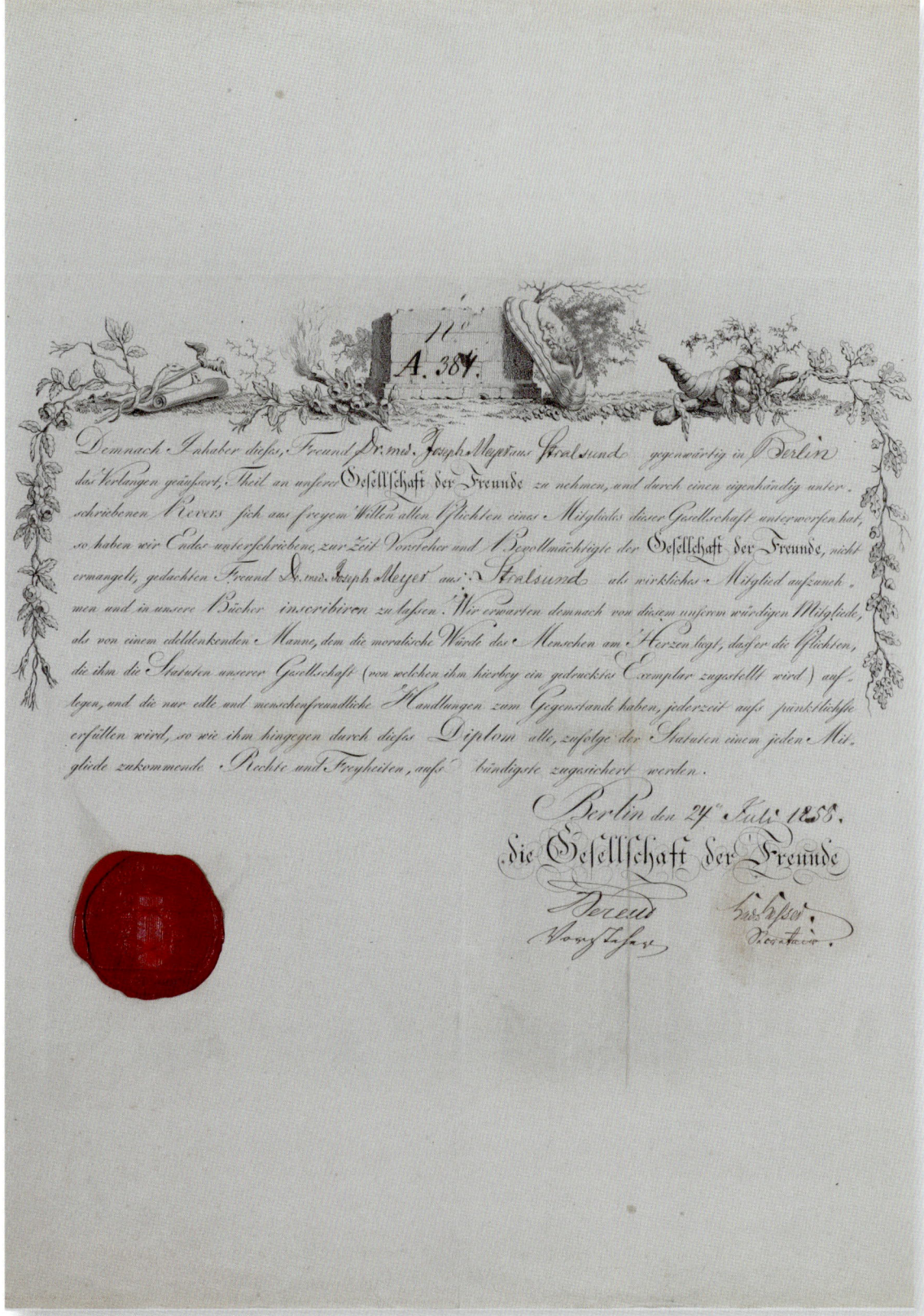

am 29. Januar 1792 gegründet. Das stattliche dreigeschossige Gebäude, wo die Gesellschaft ihren Sitz nahm, war um 1775 in Rokokobauweise errichtet worden. Mitbegründer des Vereins war neben anderen Joseph Mendelssohn (1770–1848), ältester Sohn von Moses Mendelssohn. Zu den Vereinsgründern zählten aber auch Nathan Oppenheimer, Aron Neo, Aaron Halle-Wolfssohn und Isaac Euchel.

Nathan Oppenheimer entstammte einer der bekanntesten und mächtigsten jüdischen Familien Europas. Die Familie Oppenheimer ist seit dem 10. Jahrhundert im gleichnamigen rheinhessischen Oppenheim nachweisbar und gelangte im Laufe der folgenden Jahrhunderte – vor allem in Mainz und Frankfurt am Main – zu großem Vermögen und hohem Ansehen. Die enge familiäre Verflechtung der jüdischen Bankiersfamilien sicherte ihnen seitdem einen erheblichen Einfluss auf die Finanzgeschäfte Europas. Berlin war dabei als politischer Standort ebenfalls von Bedeutung.

Isaac Euchel war als Kant-Schüler einer der wichtigsten Vertreter der Haskala. Als erster Biograf von Moses Mendelssohn bildete er eine wesentliche Brücke zwischen jenen Juden, die eine Öffnung des noch räumlich, religiös und kulturell in sich geschlossenen konservativen Judentums anstrebten, und den Reformkräften innerhalb der christlichen Gesellschaft, die einer Emanzipation der Juden den Weg bahnten.

Die jungen Männer brachten sich vor allem in die Debatte um die sogenannte frühe Beerdigung ein. Nach alter jüdischer Sitte muss ein Leichnam noch am Tag des Todes bestattet werden. Die Gründungsmitglieder der Gesellschaft der Freunde stießen die Diskussion an, ob und warum dieser Ritus überhaupt notwendig und dass eine Veränderung sinnvoll sei. Der Vereinsgründung vorausgegangen war die damals unter den Juden viel beachtete und äußerst umstrittene Schrift von Marcus Herz „Die frühe Beerdigung der Juden" – erschienen 1788 in Berlin. Herz kritisierte insgesamt die Tradition der Juden, Leichen unmittelbar nach Eintritt des Todes zu beerdigen. Zu unsicher waren ihm die bis dahin gängigen Methoden, den Tod festzustellen, und zu groß das Risiko von Scheinbestattungen. Damit hatte Herz eines der fundamentalsten Tabus der jüdischen Religion gebrochen. Herz forderte als einer der ersten Ärzte in der deutschen Medizingeschichte die Einrichtung von Leichenschauhäusern.

Das preußische Juden-Edikt vom März 1812 im Rahmen der Reformen von Stein und Hardenberg brachte den Juden die Emanzipation. Mit den bahnbrechenden Möglichkeiten für die Juden, sich in die Gesellschaft zu integrieren und in Wirtschaft, Wissenschaft und Kultur zu partizipieren, veränderte sich auch das Wesen der Gesellschaft der Freunde. Sie entwickelte sich zum Kulturverein und war ein wichtiges Netzwerk für jüdische Unternehmer.

Nach der Reichsgründung 1871 hatte sich die Ausrichtung des Vereins gänzlich verändert. Nicht länger die Öffentlichkeit suchend, trafen sich hier nunmehr die Führungskräfte der jüdischen Hochfinanz, des Großhandels und der Großindustrie. Alle namhaften jüdischen Familien waren hier zwischen der Reichsgründung und dem Verbot des Vereins im November 1935 assoziiert.

Bis zu seinem Tod 1853 war der berühmte jüdische Offizier Meno Burg Mitglied. Die Bleichröders, die Bismarcks Reichseinheit finanziert hatten, waren Mitglied, und selbstredend die Mendelssohns. Die Verleger Mosse und Ullstein gehörten dem Verein an sowie die Kaufhausmagnaten Wertheim und Tietz. Der Bauunternehmer Georg Haberland war vertreten, der in Schöneberg das Bayerische Viertel entwickelt hatte. Es fanden sich die Industriellenfamilie der Rathenaus ein, die Oppenheimers und auch die Brüder Manheimer als Textilgroßhändler. Der Unternehmer und Kunstmäzen James Simon, der die Finanzierung der Museumsinsel vorangebracht und die Nofretete nach Berlin geholt hatte, war Mitglied, und auch der Künstler Max Liebermann durfte nicht fehlen.

Nach dem Ersten Weltkrieg nutzten auch viele nichtjüdische Vertreter der gesellschaftlichen Eliten diesen Verein als Netzwerk. Allerdings hatten viele von ihnen nach 1933 die Gesellschaft der Freunde wieder verlassen. Die Nationalsozialisten stuften den Verein trotz seiner gesellschaftlichen Öffnung als jüdische Einrichtung ein und verboten ihn mit Wirkung zum 25. November 1935. Das Vereinsvermögen wurde eingezogen, das historisch bedeutsame Archiv ging vollständig verloren. Eine Restitution des Vermögens scheiterte nach dem Zweiten Weltkrieg, mühevolle Recherchen zur Wiederauffindung von Dokumenten und Archivalien blieben weitgehend ergebnislos.

Marcus und Henriette Herz

Der Arzt und Philosoph Naphtali Marcus Herz wurde am 17. Januar 1747 in Berlin geboren. Sein Vater Bendix Levy war ein verarmter Schreiber in der Jüdischen Gemeinde. Herz erhielt eine Talmudausbildung bei Benjamin Veitel Ephraim, Sohn des Hofbankiers Friedrichs II., und wurde dann mit 15 Jahren nach Königsberg geschickt, um dort eine kaufmännische Ausbildung zu absolvieren. Entgegen dem eigentlichen Zweck der Reise hatte sich Herz 1766 an der Universität in Königsberg eingeschrieben und hörte stattdessen Immanuel Kant. Kant stattete Herz nach seiner erfolgreich absolvierten Philosophieprüfung mit einem Empfehlungsschreiben aus. 1770 nach Berlin zurückgekehrt, nahm Herz ein Medizinstudium auf, das er 1774 mit einer Promotion in Halle abschloss. Mentor und Förderer war der Berliner Seidenfabrikant David Friedländer.

Anschließend nahm Herz eine Stelle am Jüdischen Krankenhaus in der Oranienburger Straße 7/8 in Berlin an. Dieses 1756 gegründete Hospital wurde von Benjamin de Lemos geleitet. Marcus Herz hielt seit 1776 in seinem Privathaus Vorlesungen über Philosophie, Medizin und auch Experimentalphysik, an denen auch Henriette de Lemos (1764-1847), Tochter von Benjamin de Lemos, als Zuhörerin teilnahm. Mit zwölf Jahren wurde Henriette dem 17 Jahre älteren Marcus Herz zur Frau versprochen; beide heirateten 1779 und bezogen im Dezember desselben Jahres eine Wohnung in der Neuen Friedrichstraße 22. Das Grundstück ist heute aufgehoben und liegt im Eingangsbereich des Fernsehturms etwa an der Ecke zur Rathausstraße. Der Salon, den Marcus Herz mit Henriette führte, bildete einen der gesellschaftlichen Mittelpunkte im Berlin des ausgehenden 18. Jahrhunderts. Henriette ihrerseits beförderte die Werke Goethes und zählte zu den wichtigsten Unterstützerinnen des „Sturm und Drang" in Berlin.

1785 wurde Herz zum Hofrat und Leibarzt des Grafen von Waldeck benannt, zwei Jahre später ernannte ihn König Friedrich Wilhelm II. zum Professor der Philosophie. 1782 übernahm er von seinem Schwiegervater de Lemos die Leitung des Jüdischen Krankenhauses. Seine medizinischen und philosophischen Vorlesungen setzten sich mit der Frage auseinander, dass Medizin nicht allein auf die Behandlung kranker Organe beschränkt sein dürfe, sondern dass auch der Seelenzustand Eingang in die Untersuchung finden müsse. Herz begründete die erste psychologische Fachzeitschrift Deutschlands. Zudem hatte er sich mit dem Phänomen des Schwindels beschäftigt. Auch hierbei ging es um die bis dahin noch nicht erkannten psychosomatischen Wechselwirkungen von Körper und Seele.

Am 20. Januar 1803 erlag Herz einem Lungenleiden. Er wurde auf dem alten Jüdischen Friedhof an der Großen Hamburger Straße bestattet. Henriette musste nach dem Tod ihres Mannes ihr gesellschaftliches Engagement stark einschränken und schloss sich ihrerseits dem Salon der Rahel Varnhagen von Ense an. Da sich Henriette 1817 taufen ließ, befindet sich ihr Ehrengrab auf dem Friedhof II der Neuen und Jerusalemer Gemeinde am Kreuzberger Mehringdamm.

Veitel Heine Ephraim

Einer der bis heute bekanntesten Juden, die im Berlin des 18. Jahrhunderts gelebt und gewirkt haben, war der königlich preußische Hoffaktor Veitel Heine Ephraim. Das ist vermutlich nicht zuletzt der außergewöhnlichen Geschichte seines repräsentativen Rokokopalais, des Ephraimpalais, zu verdanken, das heute wichtiger und wertvoller Bestandteil des Nikolaiviertels ist.

Veitel Heine Ephraim wurde 1703 in Berlin als Sohn des gebürtigen Altonaer Juwelenhändlers Chajim (Heine) ben Ephraim geboren. Der Vater war Ältester der Jüdischen Gemeinde in Berlin. Die Mutter Ephraims stammte von Wiener Juden ab. 1723 gründeten Vater und Sohn in Berlin ein kleines Münzunternehmen, das im 18. Jahrhundert zu einer der erfolgreichsten Firmen Preußens aufsteigen sollte. Die Ephraims lieferten Silber für die Münzwerkstätten.

1727 heiratete Ephraim Elkele Fränkel, eine Tochter des Berliner Kaufmanns und Rabbinats-Assessors Hirschel Benjamin Fränkel. Mit ihr hatte Ephraim vier Söhne und zwei Töchter.

1745 wurde Ephraim von Friedrich II. zum Hofjuwelier ernannt. Friedrich stand mit mehreren Tausend Talern persönlich in der Schuld des jüdischen Kaufmanns. Seit 1760 war er Pächter der Münze, ein Jahr darauf wurde er den christlichen Kaufleuten gleichgestellt. Damit unterlag Ephraim keinen Beschränkungen beim Erwerb von Grundeigentum, wie es bei den anderen Berliner Juden der Fall war. Sein Grundbesitz in Berlin, Potsdam, Magdeburg, Breslau und Ostpreußen wurde auf mehr als 400 000 Taler geschätzt. Zum Vergleich: Ein Gärtner im Park von Sanssouci kam auf ein Jahresgehalt von 500 Talern.

In der Zeit des Siebenjährigen Krieges (1756–63) finanzierte Ephraim die Rüstungsgeschäfte des preußischen Königs dadurch, dass der Edelmetallanteil in den in Umlauf gebrachten Münzen reduziert wurde. Parallel zum Geldhandel engagierte sich Ephraim in der Berliner Seidenfabrikation. 1762 war er Pächter der Gold- und Silbermanufaktur des Potsdamer Waisenhauses.

Nach vierjähriger Bauzeit konnte Ephraim 1766 seinen Stadtpalast in der Poststraße 16 beziehen, der bis zu seinem Abbruch 1936 als das schönste Berliner Haus aus friderizianischer Zeit galt. Die Familie Ephraim bewohnte ihr Stadthaus bis 1823. Ein Teil der Originalfassade lagerte bis 1985 in einem Depot im ehemaligen Westteil der Stadt. Zur 750-Jahr-Feier Berlins übergab man Ost-Berlin die erhaltenen Teile der Fassade. Der mit der denkmalgeschützten Fassade ausgestattete Neubau wurde unweit des ursprünglichen Standortes wieder in das Stadtbild integriert und beherbergt heute einen Teil des Berliner Stadtmuseums.

1773 hatte der reiche Bankier und Unternehmer in seinem Palais ein Beth-Hamidrasch eingerichtet. Im 18. Jahrhundert war es in Berlin üblich, dass wohlhabende Juden private Räumlichkei-

ten für ein solches „Haus des Lernens" zur Verfügung stellten. Die ein Jahr später und testamentarisch zur – damals noch elitären – Rabbinerausbildung von Ephraim bereitgestellten Mittel in Höhe von etwas mehr als 73 000 Reichstalern gehörten zu den höchsten Stiftungskapitalen, die in dieser Zeit in Berlin ausgelobt worden waren. Die Bildungseinrichtung war traditionell-konservativ angelegt. Allerdings erwies sich zur Zeit der Aufklärung das starr an der Lehre des Talmud orientierte Bildungskonzept als nicht mehr zeitgemäß. 1843 wurde die Schule in ein jüdisches Lehrerseminar umgewandelt. Die Lehranstalt befand sich in der Spandauer Straße 76/Ecke Heidereutergasse 3 nahe der Synagoge. 1930 wurde sie wegen wirtschaftlicher Schwierigkeiten aufgelöst.

Veitel Heine Ephraim starb am 16. Mai 1775 und wurde auf dem Jüdischen Friedhof in der Großen Hamburger Straße bestattet.

Das Stadtpalais Ephraim in der Poststraße, nach einer Zeichnung von Emil Doepler, um 1890

Moses Mendelssohn

Der Philosoph wurde am 6. September 1729 in Dessau geboren. Sein Vater Mendel Heymann war Sofer, das heißt Schreiber und Schriftgelehrter der Jüdischen Gemeinde zu Dessau. Die Mutter Rachel Sara Wahl entstammte einer bedeutenden polnisch-jüdischen Gelehrtenfamilie. Trotz der bescheidenen Verhältnisse erfuhr der hochbegabte Moses eine grundlegende Ausbildung und lernte Hebräisch und Aramäisch. Zu Hause wurde Jiddisch gesprochen.

Mit 14 Jahren folgte Moses seinem Lehrer, dem Rabbi David Fränkel, zu Fuß nach Berlin. Er fand Zugang in die königliche Residenz durch das Rosenthaler Tor, das damals einzige für Juden passierbare Stadttor. Im Schatten der Nikolaikirche bekam Mendelssohn eine Dachkammer in der Probststraße 3 zugewiesen. Sein Lehrer Fränkel versorgte ihn mit Schreibarbeiten, mit denen er sich über Wasser halten konnte. In diesen wirtschaftlich kargen Jahren lernte Moses Deutsch, Latein, Englisch und Französisch. Früh studierte er die Schriften von John Locke, Shaftesbury, Christian Wolff, Immanuel Kant und Gottfried Wilhelm Leibniz.

1750 nahm er eine Hauslehrerstelle bei dem Seidenfabrikanten Isaak Bernhard an. Ab 1754 führte er die Bücher des Unternehmens. 1761 zum Geschäftsführer aufgestiegen, wurde Mendelssohn nach dem Tod Bernhards Teilhaber der Manufaktur. Seine Wohnung befand sich zwischen 1750 und 1762 in der Bischofstraße 15. Heute steht dort in etwa der Neptunbrunnen.

1754 lernte Mendelssohn in Berlin Gotthold Ephraim Lessing, einen Kamenzer Pastorensohn, kennen - offenbar während eines Schachspiels. Die beiden verband fortan eine lange und geistig innige Freundschaft, die stark von der philosophischen Idee der Vernunft geprägt wurde. 1748 hatte Lessing bereits vor Beginn der Freundschaft mit Mendelssohn in seinem frühen Stück „Die Juden" auf die Vorurteile gegen sie hingewiesen und für Toleranz geworben. Ferner verband Mendelssohn eine Freundschaft mit dem Verleger Friedrich Nicolai, der sein Haus in der Brüderstraße 13 führte, das bis heute erhalten ist.

Am 22. Juni 1762 heiratete Mendelssohn Fromet (Frumet) Guggenheim (1737-1812). Mit ihr hatte er zehn Kinder, darunter die älteste Tochter Brendel, die in zweiter Ehe den Philosophen Friedrich Schlegel heiratete. Vom Sohn Abraham stammten die Enkelkinder Felix Mendelssohn Bartholdy und Fanny Hensel. Von 1762 bis zum Tod des Gelehrten 1786 bewohnten die Mendelssohns schließlich ein eigenes Haus in der Spandauer Straße 68. Das Grundstück liegt heute direkt auf der Kreuzung Spandauer Straße/Karl-Liebknecht-Straße. Nach dem Tod Mendelssohns ging das Haus in den Besitz des Schwiegersohnes Simon Veit über.

Mendelssohn starb am 4. Januar 1786 an den Folgen einer verschleppten Erkältung und wurde auf dem Friedhof an der Großen Hamburger Straße bestattet. In der Zeit des Nationalsozialismus wurde der Begräbnisplatz verwüstet, heute erinnert ein rekonstruierter Grabstein an den geistigen Vater der jüdischen Emanzipation.

Isaac Euchel

Isaac Abraham Euchel gilt als einer der bedeutendsten Vertreter der jüdischen Aufklärung. Der Emanzipationsprozess der Juden und ihr Aufbruch in die Moderne sind ohne den heute weitgehend vergessenen Gelehrten nicht denkbar. Seine Wege führten auch ihn wiederholt in das europäische Zentrum der jüdischen Aufklärung, nach Berlin.

Am 17. Oktober 1756 erblickte Euchel in Kopenhagen das Licht der Welt. Nach dem frühen Tod des wohlhabenden Vaters 1767 gab ihn die Mutter mit elf Jahren zu seinem Onkel Masus Rintel in Berlin. Von 1771 bis 1773 war der junge Mann häufig zu Gast im Hause von Moses Mendelssohn in der Spandauer Straße. Er begegnete hier mehrfach dem reichen Seidenfabrikanten David Friedländer. Euchel wurde vom geistig-aufklärerischen Klima im Umfeld Mendelssohns erfasst. Um seinen Lebensunterhalt zu finanzieren, nahm Euchel bereits mit 16 Jahren eine Hauslehrerstelle in Bielefeld an, später war er mit gleichen Aufgaben für kurze Zeit in Hannover.

Von 1778 bis 1787 verbrachte Euchel entscheidende Jahre in Königsberg. Er war als Hauslehrer bei Meyer Friedländer, dem älteren Bruder von David Friedländer, angestellt. Sein anfänglicher Plan, nach Berliner Vorbild auch in Königsberg eine Jüdische Freischule zu gründen, scheiterte. 1784 unternahm er einen weiteren Versuch einer Schulgründung im dänischen Kiel, der ebenfalls misslang.

Gleichzeitig studierte er von 1782 bis 1786 bei Immanuel Kant. Trotz Fürsprache Kants erhielt Euchel als Jude keine Anstellung bei der Universität Königsberg. Zwischendurch führten ihn seine Wege immer wieder nach Berlin, um Kontakt mit den Aufklärern Mendelssohn und Friedländer zu halten. Euchel beendete sein Studium 1786 mit einer Übersetzung von Gebeten vom Hebräischen ins Deutsche. Die allgemeinen Gebetbücher waren für die Feier- und Festtage gedacht. Eine zweite, erweiterte Auflage erschien 1799.

Seine Bibelübersetzung ist Rebekka Friedländer gewidmet. Die gebildete Nichte David Friedländers hatte Euchel überzeugt, dass eine moderne, zeitgemäße Bildung für jüdische Jungen und Mädchen gleichermaßen notwendig sei. Tatsächlich gab es für Männer und Frauen unterschiedliche Gebete. Die Tora war ursprünglich nur zum Gebet für Männer gedacht. Euchel übersetzte das Alte Testament nun auch zum Gebrauch für Frauen. Seine Bibelübersetzung war zwar kein Frauengebetbuch, sie kann aber dennoch als weibliches Pendant zur Mendelssohnschen Tora-Übersetzung verstanden werden.

Der Tora-Vorhang wurde laut der hebräischen Inschrift 1774/75 von Moses Mendelssohn und seiner Frau Fromet einer Berliner Synagoge gestiftet. Wahrscheinlich fertigte man ihn aus Fromets Brautkleid.

1782 gründete Euchel mit einigen Mitgliedern der Familie Friedländer die „Gesellschaft der hebräischen Literaturfreunde". Diese brachte die Zeitschrift „Hame assef" heraus. Die Zeitschrift, die bis 1811 erschien, wurde bis 1790 von Euchel redaktionell geführt. Sie war eines der wichtigsten Organe der Haskala. Hier wurde den jüdischen Lesern erstmals die „Kritik der reinen Vernunft" von Kant vorgestellt, aber auch Marcus Herz' wichtige Arbeit zur Kritik an der „frühen Beerdigung" nach tradiertem jüdischen Ritus war hier erschienen.

1788 siedelte Euchel nach Berlin über und leitete die Druckerei der von David Friedländer mitbegründeten Jüdischen Freischule. Am 29. Januar 1792 gehörte er neben dem ältesten Sohn von Moses Mendelssohn, Joseph, zu den Gründungsmitgliedern der jüdischen „Gesellschaft der Freunde".

Zur Verbesserung seiner dauerhaft prekären Finanzsituation stieg Euchel um 1800 als Teilhaber in eine Garnmanufaktur ein. Das unweit vom Hackeschen Markt gelegene und 1791 als Königliche Garnmanufaktur gegründete Unternehmen war von Anfang an in wirtschaftlicher Schieflage und wurde deshalb privatisiert. Die Besitzer waren ruiniert.

Die anfänglich günstige Finanzsituation verbesserte das soziale Ansehen Euchels. Der wohlhabende Berliner Totengräber Hirsch Bendix Jeremias gab erst 1803 dem 46-jährigen Euchel seine Tochter Esther Bendix (1769–1814) zur Frau. Zwei Monate nach der Geburt eines Sohnes starb Euchel am 18. Juni 1804 in Berlin.

David Friedländer,
Gemälde von
Friedrich Georg
Weitsch, ca. 1800

David Friedländer

David Friedländer wurde am 6. Dezember 1750 in Königsberg als Sohn des wohlhabenden Silberlieferanten Joachim
Moses geboren. Mit 21 Jahren siedelte Friedländer nach
Berlin über und unterstützte als Anhänger Mendelssohns
dessen Reformbestrebungen. 1772 heiratete er die Tochter
des jüdischen Hofbankiers Daniel Itzig, Susanna „Blümchen"
Itzig. Ab 1776 baute Friedländer eine erfolgreiche Seiden-
manufaktur auf, die nicht nur seinen Ruf als guter Kaufmann
festigte, sondern ihm auch eine ausgesprochen solide finanzielle Basis verschaffte.

1778 gründete Friedländer mit seinem Schwager Isaak
Daniel Itzig die erste Jüdische Freischule in Berlin. Friedländer war mehr als 20 Jahre Direktor der Schule.

Zudem hatte er auf Mendelssohns Anweisung hin das
erste jüdische Lesebuch in deutscher Sprache abgefasst. Das
Lesebuch erschien 1779 und enthält Rechtschreibregeln
sowie verschiedene Texte sowohl zur traditionellen jüdischen
wie auch zur griechisch-römischen und christlichen Kultur.

Die verschwägerten Familien Itzig und Friedländer zählten
zu den reichsten Juden Berlins. Ein Recht auf Einbürgerung
hatten sie wie alle Juden nicht, da Juden wegen ihrer Religionszugehörigkeit als „Ausländer" galten. Dennoch erhielten sie
1791 als erste Juden in Preußen die Bürgerrechte und waren
damit in ihrer rechtlichen Stellung als Staatsbürger des Königreichs Preußen den übrigen Landeskindern gleichgestellt.

Friedländer hatte als Kassenwart eines 1803 gegründeten Fonds zur Förderung eines jüdischen Krankenhauses
eine beträchtliche Summe aus seinem Privatvermögen für
das Krankenhaus gespendet. 1809 wurde Friedländer der
erste jüdische Stadtrat in der Geschichte des Berliner Magis-
trats. Nach dem Edikt der Judenemanzipation 1812 forderte
Friedländer als Reformjude die radikale Reformation des
jüdischen Gottesdienstes nach protestantischem Vorbild.
Friedländer starb am 25. Dezember 1834 in Berlin und
wurde auf dem Jüdischen Friedhof in der Schönhauser Allee
bestattet.

Amalie Beer, Holz-
stich um 1840

Amalie Beer

Amalie Beer erblickte als Tochter des reichsten Mannes
Berlins, des Unternehmers und Bankiers Liepmann Meyer
Wulff, am 10. Februar 1767 das Licht der Welt. Die Nachfahrin einer der 50 wohlhabenden Familien, die 1671 von Wien
nach Berlin einwandern durften, wurde bereits mit 16 Jahren
die Frau des Zuckerfabrikanten Jacob Beer. Mit ihm hatte sie
drei Söhne, darunter Giacomo Meyerbeer, der als Opernkom-
ponist in Berlin und vor allem in Paris Berühmtheit erlangte.

Amalie Beer führte einen großen Salon, der ebenfalls
zum gesellschaftlichen Mittelpunkt der Stadt avanciert war.
Wie im Hause Mendelssohn gehörten auch bei Beers Musiker
und Sänger zu den besonders gern gesehenen Gästen, wie
etwa der bekannte italienische Geiger Niccolò Paganini. Die
Gebrüder Humboldt waren ebenso zu Gast wie die befreun-
deten Salonnièren Rahel Varnhagen und Henriette Herz.

Anfänglich wohnten die Beers in der Heilig-Geist-Stra-
ße 4 unweit der gleichnamigen heute noch existierenden
Kapelle in der Spandauer Straße. Nach dem 1801 erfolgten
Umzug in die Spandauer Straße 72 richtete Amalie ihren
Salon ein - als die erste große Zeit der Salons eigentlich

schon wieder vorbei war. Die Beers wohnten in direkter
Nachbarschaft zu Karl August und Rahel Varnhagen und in
der Nähe des Wohnhauses von Moses Mendelssohn. Sie
traten als Mitglieder der führenden jüdischen Oberschicht
ebenfalls für eine offene und religiös nicht starr abgegrenzte
Gesellschaft ein.

Für ihre besonderen Verdienste bei der Pflege verwun-
derter Soldaten während der Befreiungskriege 1813-15
hatte Amalie vom preußischen König den Luisenorden
erhalten. Der höchste Damenorden Preußens wurde für die
Jüdin stilistisch angepasst, das Kreuz als christliches Symbol
etwas verfremdet.

1816 zog das wohlhabende Fabrikantenehepaar in eine
vornehme Tiergartenvilla nahe dem heutigen Platz der Republik. Die Villa, in der Amalie bis zu ihrem Tod 1854 lebte,
wurde 1871 abgerissen. Amalie Beer wurde auf dem Jüdischen Friedhof in der Schönhauser Allee bestattet. Neben
ihr ruht der einzige ihrer Söhne, der sie überlebt hat: Es war
Giacomo Meyerbeers ausdrücklicher Wunsch, nach seinem
Tod nach Berlin überführt zu werden.

Emanzipation und Antisemitismus

1812-1918

Mit der Französischen Revolution von 1789 brach Europa in die Moderne auf. Die meisten Deutschen begrüßten einerseits die Ziele und Inhalte der Revolution und den Reformwillen, den Napoleon im Anschluss verfolgte. Andererseits aber berührte Napoleon den Machtanspruch der alten adligen und kirchlichen Eliten und zerstörte die territoriale Ordnung in Europa. Kein Wunder also, dass der Widerstand unter den Verlierern der Neuordnung – vor allem Preußen und Österreich – erheblich war.

Die Unsicherheiten, die sich aus der politischen Konstellation ergaben, begünstigten einerseits den Emanzipationsprozess der Juden. Da alles in Bewegung war, konnten sich auch die Juden neu positionieren. Umgekehrt aber erhöhte sich durch das starre Festhalten der alten Eliten an althergebrachten Konventionen die Ablehnung gegenüber allen Reformansätzen. Wenn schon die alte Macht bedroht war, so die gängige antisemitische Tendenz, dann sollten die Juden nicht auch noch die Möglichkeit einer besseren sozialen Partizipation an der christlichen Mehrheitsgesellschaft bekommen. Diese beiden gegensätzlichen Pole waren der Humus für die Gegensätzlichkeit in der deutsch-preußischen Gesellschaft im 19. Jahrhundert. Die einen unterstützten, begünstigten und tolerierten den Emanzipationsprozess der Juden, die anderen begleiteten den unliebsamen Aufstieg der Juden mit antisemitischer Hetze.

Das preußische Juden-Edikt - ein Befreiungsschlag

Nach der Niederlage Preußens gegen Napoleon 1806 in der Schlacht bei Jena und Auerstedt wurde die Notwendigkeit von Reformen und Modernisierungen in Preußen offenbar. Die preußischen Staatsmänner Karl Reichsfreiherr vom und zum Stein (1757–1831) und Carl August Freiherr von Hardenberg (1750–1822) initiierten gegen zum Teil heftigen Widerstand des preußischen Adels ein bahnbrechendes Reformwerk. Als revolutionär neu wurden die Aufhebung des Zunftzwanges und der Leibeigenschaft, die Einführung der Schulpflicht und die Neuordnung des Finanzwesens empfunden. Das Papiergeld und die stufenweise Einkommenssteuerveranlagung wurden eingeführt. Neu war, dass diejenigen, die mehr Einkommen und Kapitalerträge erzielten, jetzt auch anteilmäßig höheren Steuersätzen unterworfen waren.

Im Zuge der preußischen Reformen wurde in einem Edikt vom März 1812 den Juden die weitgehende rechtliche Gleichstellung gewährt: Erstmals waren sie nun gleichberechtigte Staatsbürger. Das Edikt regelte die weitere wirtschaftliche Eingliederung der Juden in den preußischen Staat. Mit der Aufhebung des mittelalterlichen Zunftzwanges war es nun auch den Juden möglich geworden, ein beliebiges Gewerbe auszuüben. Ein freier Zugang zur öffentlichen Verwaltung und zu Staatsämtern allerdings wurde noch ausgeklammert. Zumindest aber hatten Juden nun die Möglichkeit, sich für kommunale Ämter zu bewerben, also beispielsweise Stadtverordnete zu werden. Auch unterlagen die Juden bald der Pflicht zum Militärdienst: Junge jüdische Männer hatten nun über die Armee eine Plattform, sich mit „ihrem" Staat positiv zu identifizieren. Sogar ein Aufstieg in das Offizierskorps war möglich.

Wer sich in seiner wirtschaftlichen Existenz und seinem sozialen Status bedroht sah, war offen für Antisemitismus. Und die Gleichstellung der Juden bedeutete wieder einen Schlag gegen die alten feuda-

Ein preußischer
Fünftalerschein aus
dem Jahr 1806

len Strukturen des preußischen Staates, was den konservativen Adel erzürnte.

Wesentliches Gestaltungselement der preußischen Reformen war vor allem das Selbstbestimmungsrecht der Städte, wie es bereits 1808 in der Stein'schen Städteordnung zum Ausdruck gebracht wurde. Die Idee der kommunalen Selbstverwaltung war die administrative und geistig-politische Grundlage, auf der sich in den folgenden Jahrzehnten die industrielle Revolution entfalten konnte. Den politischen Umwälzungen folgte ein ökonomischer Modernisierungsschub, der in England seinen Ausgangspunkt genommen hatte und alsbald Preußen erreichte. Berlin entwickelte sich im Laufe des 19. Jahrhunderts zu einem der größten Industriezentren der Welt. In Berlin ansässige Industriebetriebe wie Borsig, Schwartzkopff, Siemens oder die „Allgemeine Elektricitäts-Gesellschaft" (AEG) erlangten Weltruf.

Der jüdische Sozialhistoriker Jacob Katz, 1904 in Ungarn geboren, konstatierte in seiner Studie zur jüdischen Emanzipation von 1770 bis 1870, dass die jüdische Lebenswelt in dieser Umbruchzeit einen tieferen Wandel erfahren habe als andere soziale Milieus. Gewiss war dieser Wandel im Europa des 19. Jahrhunderts je nach Ort und Zeit unterschiedlich. Für Deutschland, und damit auch für Preußen und Berlin im Besonderen, kann jedoch von einem beispiellosen Erfolg jüdischer Emanzipation gesprochen werden.

Bis zur Mitte des 19. Jahrhunderts war der Prozess der jahrhundertelangen Emanzipation der Juden in Deutschland zum Abschluss gekommen. Kurz vor der Gründung des Deutschen Reiches 1871 war es gelungen, dass die Juden nun nicht mehr unter dem Schutz der Höfe standen, sondern unter dem Schutz des Rechts. Damit waren willkürliche Entscheidungen hinfällig geworden; jeder Jude konnte sich auf die Rechtsstaatlichkeit berufen – zumindest pro forma.

Alte Stereotype, neue Argumentationen – Antisemitismus im Deutschen Reich

Schattenseiten zeigten sich wiederum nach der Gründung des Deutschen Reiches. Ausgelöst durch den Wiener Börsenkrach 1873 war es zu einem abrupten Ende der sogenannten Gründerjahre, der wirtschaftlichen Hochzeit nach 1871, gekommen. Es zeigte erneut das alte Stereotyp Wirkung, dass sich vor allem wohlhabende Juden zum Nachteil aller anderen unrechtmäßig bereichern würden – und bei wirtschaftlichen Turbulenzen zur Rechenschaft gezogen werden müssten. Es war jedoch nicht der wirtschaftliche Aspekt allein, der den Toleranz- und Emanzipationsprozess ins Schwanken brachte. Die radikalen Veränderungen der Zeit – Landflucht, Industrialisierung, das Aufbrechen familiärer Strukturen – verunsicherten weite Teile der Gesellschaft. Über Jahrhunderte gewachsene Wertvorstellungen wurden hinfällig. Erneut boten sich die Juden als Sündenbock und Katalysator zur Bewältigung des als beängstigend empfundenen Alltags an.

Parallel dazu war in Europa die Idee des biologischen Rassendenkens, fußend auf dem Sozialdarwinismus, modern geworden. Der christliche Antijudaismus basierte in den Jahrhunderten zuvor auf rein religiösen Argumentationsmustern. Aus der ablehnenden Haltung entwickelte sich nun der vor allem rassisch begründete Antisemitismus.

Ein Jahr nach Inkrafttreten des preußischen Emanzipationsediktes von 1812 wurde dem Berliner Kaufmann Moritz Borchardt am 30. August 1813 die preußische Staatsbürgerschaft verliehen.

Der Historiker Heinrich von Treitschke leistete mit seinen Aufsätzen über die Juden dem sich Ende des 19. Jahrhunderts rasant ausbreitenden Antisemitismus Vorschub.

In diese mentale Lage hinein formulierte der 1834 in Dresden geborene Heinrich von Treitschke – einer der meistgelesenen Publizisten und Historiker – den verhängnisvollen Satz „Die Juden sind unser Unglück!". In seinem am 15. November 1879 erschienenen Aufsatz sprach er den Juden in Deutschland die Fähigkeit ab, auch nach „innen" Deutsche zu werden. Ihnen fehle es an germanischen und christlichen Wurzeln, die notwendige Bestandteile eines jeden Deutschen seien. Die weltanschauliche und kulturelle Homogenität sei für den geeinten deutschen Nationalstaat unverzichtbare Bedingung. Ein Jude könne diese geistig-mentalen Grundlagen durch kein Gesetz und keine Verordnung jemals erlangen. Damit löste der Historiker den sogenannten Berliner Antisemitismusstreit aus, der etwa zwei Jahre lang die deutsche Öffentlichkeit beschäftigte. Der Satz „Die Juden sind unser Unglück" sollte unter den Nationalsozialisten zum rechtfertigenden Schlagwort eines Völkermordes werden.

Zudem heizte Adolf Stoecker (1835–1909) die allgemeine gesellschaftliche Stimmung auf. Der aus ärmlichen Verhältnissen stammende Theologe trat in seinen Predigten für einen deutsch-christlichen Gottesstaat ein und vermengte sie mit antisemitischen Inhalten. Lediglich dem Militär schrieb er von der Kanzel eine große Bedeutung zu. Stoeckers kaisertreue Haltung sicherte ihm zunächst eine solide Existenz als Hof- und Domprediger, ehe er 1890 wegen seiner Hetztiraden entlassen wurde. Stoecker, der auch als Sozialfürsorger und sogar als Gründer einer eigenen Partei hervortrat, prägte eine ganze Generation deutscher evangelischer Theologen – von denen viele in den 1920er- und 1930er-Jahren in Amt und Würden waren.

Trotz der Meinungsführer Treitschke und Stoecker führte der Antisemitismus, der im Alltag Deutschlands durchgängig vorhanden war, im späten 19. Jahrhundert noch nicht zu spontanen oder gar staatlich gelenkten Pogromen. Ebenso wenig lässt sich sagen, dass der deutsche Antisemitismus im Vergleich zu anderen europäischen Staaten und Gesellschaften zwangsläufiger gewesen wäre. Ein vorgezeichneter Weg, der in die Katastrophe von Auschwitz führen sollte, war zu dieser Zeit nicht zu erkennen.

Im Gegenteil: In Europa lebten zwischen 1870 und dem Ende des Zweiten Weltkrieges 1945 fast elf Millionen Juden. Das entsprach etwa 80 Prozent aller weltweit lebenden Juden. Die seit 1812 von Preußen beförderte Judenemanzipation markierte den Beginn eines langen Prozesses staatlich angeleiteter Integration der mosaischen Minderheiten. Diese Emanzipation, die vor allem die rechtliche Gleichstellung der Juden in Deutschland garantierte, war mit der Reichsgründung abgeschlossen.

Dass sich Antisemitismus in Deutschland dennoch entwickeln konnte, lag auch in der Frage nach der nationalen Identität begründet. Die Idee, alle Deutschen in einer einheitlichen rechtlichen und kulturellen Gebietskörperschaft zu vereinen, war spätestens mit der Französischen Revolution dringlicher geworden und beschäftigte vor allem im 19. Jahrhundert mehrere Generationen von Politikern, Staatsrechtlern und Intellektuellen. Damit ging die Frage einher, was überhaupt das Deutsche kennzeichne und wer Deutscher im historisch-politischen Sinn sei. Über viele Jahrhunderte wurden Juden als „eigene" Nation wahrgenommen. Dies war allgemeiner gesellschaftlicher Konsens zwischen Juden und Nichtjuden. Die nationale Frage, was und wer nun deutsch sei, erfasste auch die Juden auf deutschem Boden. Es darf dabei nicht unerwähnt bleiben, dass die Juden in Deutschland ihrerseits in einen Identitätskonflikt geraten waren. Nicht allein die Integration in die mehrheitlich nichtjüdische Gesellschaft war eine Herausforderung, sondern auch die Frage, was das Judentum denn innerhalb seiner religiös-kulturellen Grenzen sei, wurde virulent.

Die Frage, was das Judentum sei, wurde durch die sich verschärfende Lage der Juden in Russland dringlicher. Gab es mit der Thronbesteigung des russischen Zaren Alexanders II. 1855 zunächst berechtigte Hoffnung auf Integration der Juden in die russische Gesellschaft, so wurden diese Hoffnungen und Bemühungen mit den innenpolitischen Unruhen mehr und mehr zerschlagen. Nicht allein die polnischen Aufstände 1863 verlangsamten den Integrationsprozess. Mit der Ermordung des Zaren 1881 war er fast ganz zum Erliegen gekommen. Eine Attentäterin jüdischer Herkunft soll mutmaßlich an der Ermordung beteiligt gewesen sein. Die einsetzenden Pogrome in Warschau und in der Ukraine waren unorganisiert und unterlagen keiner staatlichen Planung. 1890 wurden alle Juden aus Moskau verwiesen.

Zahlreiche russische und polnische Juden – bedroht von Armut und einer deutlich zunehmenden antisemitischen Grundstimmung – wollten vor allem in die USA auswandern. Allerdings hatten sie kaum das Geld dazu, und Berlin lag deutlich näher als New York. In der Zeit der Hochindustrialisierung um 1890, als die nun assimilierten, angestammten deutsch-jüdischen Familien ihren gesellschaftlichen Aufstieg verfolgten, trafen mehr und mehr arme Juden aus Osteuropa in der deutschen Reichshauptstadt ein.

Die kulturellen Unterschiede konnten nicht größer sein. Während die großbürgerliche jüdische Oberschicht längst in den vornehmen westlichen Siedlungsgebieten Berlins ansässig sowie nachbarschaftlich und gesellschaftlich integriert war, trafen am Schlesischen Bahnhof im Berliner Osten mehr und mehr auch äußerlich erkennbar jüdische Emigranten ein. Schläfenlocken, Bärte und lange Mäntel passten in keiner Weise zu jener jüdischen Welt, die in ihrem Habitus – vom jüdischen Bankangestellten bis zur jüdischen Industriellengattin – nicht mehr von der übrigen deutschen Gesellschaft zu unterscheiden war.

In der Zeit der aufgeheizten antijüdischen Stimmung erschienen „Die Protokolle der Weisen von Zion" 1903 zunächst in Russland – ein fingiertes Protokoll einer angeblichen jüdischen Konferenz, deren Vertreter eine Weltverschwörung anzettelten, um

Bierkrug von 1893 mit antisemitischen Darstellungen: Der erste Reliefstreifen zeigt, wie der „deutsche Michel" von „raffgierigen" Juden ausgepresst und ausgeplündert wird. Der zweite Streifen stellt die Vertreibung der Juden gen Jerusalem dar.

die Weltherrschaft zu übernehmen. Obwohl spätestens in den frühen 1920er-Jahren in London als provokante Fälschung und antijüdisches Machwerk enttarnt, fand dieses in 24 Abschnitte unterteilte Pamphlet weite Verbreitung in Europa. Auf fruchtbaren Boden fiel das heute in Deutschland verbotene Werk auch bei Adolf Hitler.

Trotz allem war die Emanzipation der Juden in Preußen ein Befreiungsschlag für die mosaische Minderheit. Die Möglichkeit der Partizipation der Juden an der nichtjüdischen Mehrheitsgesellschaft und gleichzeitig der Wille zur Überwindung geschlossener tradierter jüdischer Lebenswelten bedeuteten in der Kombination das wohl fruchtbarste Miteinander von Juden und Christen in der deutschen Geschichte überhaupt.

Der glänzende Erfolg, der der kleinen Gruppe von Juden vor allem in der Wirtschaft, in Wissenschaft und Kultur gelungen war, blieb dabei aber keineswegs folgenlos. Im Zuge der allgemein und rasant fortschreitenden Entwicklungen und Veränderungen in allen Bereichen des täglichen Lebens sollte sich bei vielen Deutschen bald ein Neidkomplex ausbilden. Es wurde die Frage laut, wie es überhaupt möglich sein konnte, dass Juden erfolgreich Bankiers, Warenhausbesitzer, Theaterdirektoren, Rechtsanwälte und Klinikärzte geworden waren. Alte religiöse antijüdische Tendenzen, die nie vollständig abgebaut worden waren, vermengten sich nun mit aktueller Kritik an den Erfolgsmechanismen der Juden.

Die Familie Mendelssohn

Eine jüdische Geschichte Berlins ist ohne die Familiengeschichte der wohl bis heute prominentesten jüdischen Familie Mendelssohn mit ihrem Stammvater Moses Mendelssohn nicht denkbar. Über mehrere Generationen verkörperten die Familienmitglieder im Berlin des 19. Jahrhunderts jeweils auf ihre Art die geistige, kulturelle und soziale Welt der preußischen Hauptstadt. Damit einher ging im Prozess der deutschen Reichsgründung ein bemerkenswerter ökonomischer Aufstieg der Familie. In der Zeit der politischen Umbrüche zu Beginn des 19. Jahrhunderts und während der französischen Besetzung Berlins spielten wenigstens drei der Mendelssohn-Kinder eine gesellschaftliche Rolle in Berlin.

Die älteste Tochter Moses Mendelssohns, Brendel (1764–1839), war gegen ihren Willen von ihrem Vater mit dem Bankier Simon Veit verheiratet worden. Die Ehe war von Beginn an unglücklich. Im Sommer 1797 lernte die aufgeklärte und viel-

Aus Brendel Mendelssohn wurde Dorothea Schlegel, Gemälde um 1790 von Anton Graff.

seitig interessierte Jüdin den acht Jahre jüngeren Philosophen Friedrich Schlegel im Salon von Henriette Herz kennen.

Der Salon von Henriette Herz zählte in dieser Zeit ohne Zweifel zu den gesellschaftlichen Mittelpunkten der preußischen Residenz Berlin. In Schlegel fand Brendel, die sich fortan Dorothea nannte, einen geistig gleichrangigen Partner. Diese außereheliche Liebesbeziehung war in der Berliner Gesellschaft ein Skandal, nicht zuletzt wegen der beiden minderjährigen Söhne Jonas und Philipp Veit, die aus der Ehe mit Simon Veit stammten. In den 1830er-Jahren reüssierten die Veit-Söhne in Rom als Maler in der Schule der Nazarener.

Nach der Scheidung Dorotheas von Simon 1799 zog sie mit Friedrich Schlegel zu Schlegels Bruder August Wilhelm nach Jena. Friedrich Schlegel verarbeitete die Beziehung zu Dorothea, die er 1804 heiratete, in seinem einzigen Roman „Lucinde". Dieser erotische Roman wurde als äußerst anstößig empfunden, schilderte er selbst Bettszenen en détail. Dorothea wohnte zuletzt in Frankfurt am Main bei einem ihrer Söhne und verstarb dort 1839.

Abraham Mendelssohn (1776–1835) wäre am liebsten Musiker geworden, allein das Schicksal sah für ihn eine kaufmännische Ausbildung vor. 1797 absolvierte er eine Banklehre in Paris. Wieder in Berlin, heiratete er die aus wohlhabender jüdischer Bankiersfamilie stammende Lea Salomon. Sie war eine Enkelin des Hofbankiers Itzig, der zur Zeit Friedrichs II. tätig gewesen war. In dieser Zeit expandierte das 1795 von Abrahams Bruder Joseph gegründete Bankhaus Mendelssohn, das Abraham ab 1804 zusammen mit seinem Bruder leitete. Eine Dependance wurde 1804 in Hamburg eröffnet. Hier blieben die Mendelssohns bis zu ihrer fluchtartigen Rückkehr 1811 nach Berlin. Die napoleonische Besetzung der Hansestadt machte dort ein Bleiben unmöglich. 1816 ließ der Bankier Abraham seine vier Kinder in der Deutschen Kirche auf dem Gendarmenmarkt taufen, um ihnen eine bessere berufliche und gesellschaftliche Stellung zu eröffnen. Heinrich Heine bezeichnete die Taufe von Juden als „Entréebillet zur europäischen Kultur". Abraham und seine Frau konvertierten 1822 in Frankfurt am Main und nahmen dabei den

Fanny Hensel, geborene Mendelssohn und Schwester von Felix Mendelssohn Bartholdy, war mit Wilhelm Hensel verheiratet, der sie 1825 porträtierte.

Das Taufgeschirr von 1889/90 stammt aus dem Besitz der Familie Franz von Mendelssohns, der zum Christentum übergetreten war, und trägt eingraviert die Namen seiner Kinder und Enkelkinder.

zusätzlichen Namen Bartholdy an. Als erfolgreicher Geschäftsmann und hochgeachtetes Mitglieder der Berliner Gesellschaft verlegte Abraham den Familiensitz von der Neuen Promenade unweit vom Hackeschen Markt in die Leipziger Straße 3, wo er das barocke Palais des Freiherrn von der Reck in ein repräsentatives Wohnhaus umbauen ließ.

Hier, „wo man auf der Straße das Gras wachsen hört", wuchsen die Kinder Felix und Fanny – diese später mit dem Maler Wilhelm Hensel verheiratet – auf. Der Vater hatte beide Kinder musikalisch ausbilden lassen. Zumindest die Werke von Felix Mendelssohn Bartholdy genießen Weltruf. Das Palais in der Leipziger Straße 3 bewohnten die Mendelssohns bis nach dem Tod von Felix 1847. Dann erwarb der preußische Staat 1851 das Anwesen, um darin das Herrenhaus des preußischen Landtags unterzubringen. An gleicher Stelle tagt heutzutage der Bundesrat.

Der dritte wichtige Spross von Moses und Fromet Mendelssohn war der Bankier Joseph (1770–1848), der heute weitgehend vergessen ist, obwohl er das renommierte und erfolgreiche Bankhaus Mendelssohn & Co. gegründet hatte. Nach den Befreiungskriegen 1813–15 setzte eine wirtschaftliche Blüte Preußens ein, die Grundlagen für die industrielle Revolution wurden gelegt. Die Privatbank Mendelssohn – seit 1815 in der Jägerstraße ansässig – engagierte sich vor allem im aufkommenden Eisenbahnbau, der eine wichtige Voraussetzung dafür war, dass sich Preußen im Verlauf des 19. Jahrhunderts zu einem der reichsten Staaten der Welt entwickeln konnte.

Wesentliche Impulse zur Aufwertung des Bankenplatzes Berlin gab Joseph als Vorsteher der Berliner Kaufmannschaft. Der 1823 von ihm mit initiierte Berliner Kassenverein vernetzte die Berliner Geldinstitute untereinander und machte Berlin zu einem der wichtigsten Kapitalstandorte der Welt. Zunächst hatte der Kassenverein seinen Sitz im Wohnhaus Itzig in der Burgstraße 25. Im Bankhaus Itzig war Joseph ausgebildet worden. Auf dem Grundstück wurde 1859 ein Neubau für die Berliner Börse errichtet, der im Zweiten Weltkrieg zerstört worden ist.

Die Nachfahren von Joseph Mendelssohn führten das Bankhaus bis zu seiner Liquidation 1938 unter den Nationalsozialisten fort. Joseph hatte das Bankhaus seinem Sohn Alexander (1798–1871) vererbt, der es wiederum an seinen Sohn Franz (1829–89) übergab. Dessen Söhne – Franz und Robert – hatten im kaiserlichen Berlin großen gesellschaftlichen Einfluss.

Franz von Mendelssohn (1865–1935) war von 1914 bis 1931 Präsident der Berliner Industrie- und Handelskammer sowie von 1921 bis 1931 Präsident des Deutschen Industrie- und Handelstages und somit einer der einflussreichsten Repräsentanten der gesamten deutschen Kaufmannschaft.

Im Anleihegeschäft mit dem zaristischen Russland waren die Mendelssohns überaus erfolgreich und wohlhabend geworden. Ausdruck des großbürgerlichen Lebens zur Kaiserzeit war der Familiensitz dieses Mendelssohn'schen Zweiges am Herthasee beim Grunewald. 1888 wurden die Mendelssohns durch den liberalen Kaiser Friedrich III., der nur 99 Tage auf dem Thron saß, geadelt. Friedrich III. setzte mit der Standeserhöhung der jüdischen Familie ein Zeichen der Toleranz und wirkte gegen die gleichzeitig sich deutlich verstärkenden antisemitischen Tendenzen am kaiserlichen Hof.

Die Villenkolonie Grunewald am westlichen Ende des Kurfürstendamms entstand in den 1890er-Jahren, nachdem der preußische Staat bis zu 240 Hektar Forst an die Kurfürstendamm-Baugesellschaft verkauft hatte. Im Einverständnis mit dem Kaiserhaus wurden parkähnliche Grundstücke zur Bebauung mit hochherrschaftlichen Villen abgesteckt. Zu den ersten reichen Familien, die hier siedelten, zählten die Mendelssohns. Der Hofarchitekt Ernst von Ihne, heute noch in den Gebäuden der Staatsbibliothek Unter den Linden und des Bodemuseums präsent, hatte die Pläne für das Palais Mendelssohn entwickelt. Nach zehnjähriger Bauzeit wurde das schlossähnliche Wohnhaus 1908 fertiggestellt. Hier verkehrte nicht nur Kaiser Wilhelm II., sondern auch die Intellektuellen und Nobelpreisträger Max Planck und Albert Einstein. Einstein spielte an manchen Nachmittagen im Salon auf seiner Geige. Die Wände waren mit Gemälden von van Gogh, Monet und Rembrandt geschmückt.

Die Villa wurde 1939 enteignet und der Reichspost als Gästehaus zugeschlagen. Im November 1943 brannte die Villa infolge der schweren Bombenangriffe auf Berlin teilweise aus. Nach 1945 nutzte die britische Besatzungsmacht die Teilruine als britische Schule, 1957 verkauften die in ihre Eigentumsrechte wiedereingesetzten Mendelssohns das Haus an das Johannische Aufbauwerk. Die nach den schweren Kriegsschäden reparablen Teile der hochherrschaftlichen Villa wurden wieder original instand gesetzt, während die zerstörten Teile durch eine moderne Architektur ersetzt worden sind.

Nach dem Tod des weltberühmten Komponisten Felix Mendelssohn Bartholdy wuchsen seine beiden Söhne Paul (1841–80) und Carl (1838–97) bei ihrem Onkel in der Französischen Straße 35 auf. Beide Jungen besuchten das Friedrich-Wilhelms-Gymnasium in der Kochstraße/Ecke Friedrichstraße. Paul widmete sich nach anfänglich erlerntem Kaufmannsberuf einem Chemiestudium in Heidelberg bei Robert Wilhelm Bunsen. Ab 1865 arbeitete er dann an der Berliner Universität. Paul Mendelssohn Bartholdy gehörte zu den Gründungsmitgliedern der 1867 gegründeten Deutschen Chemischen Gesellschaft. Der wirtschaftliche Durchbruch gelang ihm mit der Produktion von künstlichen Farbstoffen. Das in Treptow viele Jahrzehnte ansässige Unternehmen, die „Aktiengesellschaft für Anilinfabrikation", wurde seit 1898 mit Agfa abgekürzt. Teile der alten Werksgebäude sind zwischen dem S-Bahnhof Treptower Park und dem ehemaligen Görlitzer Bahnhofsgelände erhalten. Ein Teil der Altbauten wurde nach 1990 von der Allianz-Versicherung denkmalgerecht wiederhergestellt.

Das Bankenwesen in Berlin

Die günstige geografische Lage Berlins inmitten Europas und inmitten des jungen Deutschen Reiches nach 1871 sowie die bis dahin schon gut ausgebaute Infrastruktur förderten die Ansiedlung von Maschinenbau- und später von Elektro-, Chemie-, Textil- und Bekleidungsindustrie. Infolge der industriellen Revolution hatte sich im Zeitraum von 1800 bis 1900 die Bevölkerung Berlins nahezu verzehnfacht. In der Stadt bildeten sich groß- und bildungsbürgerliche Eliten heraus. Maßgeblich dabei waren jene Männer, die im Bankengewerbe reüssierten. Nach der schweren Wirtschaftskrise 1847/48 und der Märzrevolution 1848 konzentrierte sich das Bankgewerbe auf die Industriefinanzierung und den Ausbau des Eisenbahnwesens – ein erfolgreiches Unterfangen. Von Berlin aus wurde nicht nur der technische Fortschritt für das Staatsgebiet des Reiches finanziert, sondern auch für große Teile Russlands, des Balkans und des Osmanischen Reiches.

Bis zum Ende der Märzrevolution gab es in Berlin nur zwei staatliche Banken: Die Königliche Seehandlung residierte am Gendarmenmarkt, die Königliche Bank in der nahe gelegenen Jägerstraße. Nur wenige Fußminuten von den aufstrebenden Geldinstituten entfernt, lag nach Osten hin das Berliner Schloss, das seit 1871 die Residenz des deutschen Kaisers war, und nach Westen lag die Wilhelmstraße als Sitz wichtiger preußischer Regierungsbehörden, die sich kontinuierlich seit 1799 zum politischen

Plakette zur Feier des 100-jährigen Bestehens des Bankhauses S. Bleichröder von 1903

Machtzentrum Preußens und dann des Deutschen Reiches entwickelt hatte. Genau in dieser stadtgeografischen Mitte kam der Französischen Straße und der Behrenstraße – als südlich gelegene Parallelen zur Prachtstraße Unter den Linden – eine neue Funktion zu. Hier siedelten sich vermehrt seit den frühen 1840er-Jahren Privatbankiers an, die nicht selten jüdischen Glaubens waren.

Im Jahre 1856 gründeten die bedeutendsten jüdischen Privatbankhäuser in Berlin die Berliner Handelsgesellschaft, um vor allem die Industriefinanzierung, und hier besonders den Eisenbahnbau in Mitteleuropa, voranzutreiben. Dazu zählten die Mendelssohns ebenso wie die Kölner Bankiersfamilie Oppenheim. Die 1803 gegründete Privatbank Bleichröder, die seit 1855 von Gerson Bleichröder (1822–93) geführt wurde, war ebenfalls mit von der Partie. Seinen Sitz hatte dieses Bankkonsortium zunächst in der Französischen Straße 42. Bleichröder pflegte einen intensiven geschäftlichen Umgang mit der jüdischen Industriellenfamilie Rathenau, namentlich mit dem Firmengründer der AEG, Emil Rathenau (1838–1915). Bleichröders Bankhaus finanzierte im Wesentlichen Rathenaus Großkonzern. Auch der aufstrebende Bergbau in Oberschlesien und im Ruhrgebiet wurde von den Banken tatkräftig unterstützt.

Mit den preußischen Kriegen 1864 gegen Dänemark, 1866 gegen Österreich und 1870/71 gegen Frankreich hatte sich das Geschäftsfeld der Bankhäuser erheblich erweitert. Die Nähe zur Wilhelmstraße charakterisierte die Verflechtung von politischer Macht und finanziellem Einfluss. Besonders sichtbar trat dieses Verhältnis mit dem Freundschaftsbund zwischen dem späteren Reichskanzler Otto von Bismarck und dem Finanzier Gerson Bleichröder zutage. Dass Bleichröder Jude war, spielte weder für Bismarck noch für den preußischen Hof eine entscheidende Rolle. Im Gegenteil: Bleichröder war auch nach der Reichsgründung Hofbankier des Hauses Hohenzollern.

Die oftmals aus barocken Tagen stammenden Bankgebäude wurden nach der Reichsgründung zusehends durch repräsentative, oftmals ganze Straßenblocks umfassende moderne Stahlskelettbauten mit Natursteinfassaden ersetzt. Die zumeist zwischen 1880 und 1900 entstandenen Geschäftshäuser widerstanden wegen ihrer soliden Bauweise oftmals dem Bombenhagel des Zweiten Weltkrieges und prägen bis heute das Straßenbild zwischen Unter den Linden und der Leipziger Straße.

Handel und Gewerbe

Neben den Manheimers, Bleichröders und Mendelssohns gab es eine weitere jüdisch-bürgerliche Familie in Berlin, die zu den angesehensten und reichsten Familien der jungen Kaiserstadt gehörte. Die Familie Simon hatte das größte deutsche Textilunternehmen gegründet, das in erster Linie auf den Handel und die Verarbeitung von Baumwolle spezialisiert war. In den 1890er-Jahren war das Handelshaus der Gebrüder Simon sogar zum größten Baumwollunternehmen des europäischen Kontinents aufgestiegen.

Der Stammvater Wolf Marcus Simon war noch als verarmter Hausierer durch die hinterpommerschen Dörfer gezogen. Seine Söhne gründeten 1838 ein erstes Herrengarderobegeschäft. Der Enkel James Henry Simon, 1851 in Berlin geboren, wuchs bereits in einem großbürgerlichen Ambiente auf. Die Simons besaßen eine stattliche Villa in der Tiergartenstraße 15. Auf dem Grundstück befindet sich heute die Landesvertretung von Baden-Württemberg.

Die Simons hatten verschiedene Geschäftsniederlassungen in Berlin, ihr repräsentatives Stammhaus befand sich bereits vor der Reichsgründung in der Klosterstraße 80–82. Die großen Lagerstätten reichten bis in die Neue Friedrichstraße (heute Anna-Louisa-Karsch-Straße und Littenstraße) und in die Königstraße. Allein im Jahre 1911 erwirtschaftete James Simon wohl mehr als 1,25 Millionen Mark Reingewinn. Er war einer der reichsten Männer Deutschlands und stand im Zentrum des wirtschaftlichen und gesellschaftlichen Lebens in der preußischen Hauptstadt: Von 1919 bis 1926 war er Vizepräsident der 1902 gegründeten Berliner Industrie- und Handelskammer.

Ganz der jüdischen Tradition verpflichtet, begann James Simon bereits in den frühen 1880er-Jahren mit seinem öffentlichen sozialen und karitativen Engagement. Er gehörte einer Vielzahl christlicher und jüdischer Sozial- und Wohltätigkeitsvereine an, wie zum Beispiel dem Caritas-Verband.

Am jüdischen Gemeindeleben in Berlin nahm Simon hingegen nicht teil. Dennoch aber bezog sich sein unermüdliches soziales Engagement auch auf die Juden selbst. Simon und der Politiker Paul Nathan begründeten 1901 in Berlin den „Hilfsverein der Deutschen Juden", der mit einem Kapital von einer Million Mark ausgestattet war und als internationale Hilfsorganisation mehr als 25 000 Mitglieder hatte. Simon waren die antisemitischen Übergriffe und die lokalen Pogrome im russischen Zarenreich und in den osteuropäischen Ländern sowie auf dem Balkan nicht verborgen geblieben. Die ausgegrenzten, ausgebeuteten und zudem verarmten Juden fanden bei ihrer fluchtartigen Auswanderung in Berlin oftmals nur schäbige Unterkünfte. Simon erkannte bereits in den 1890er-Jahren, dass diese Situation nicht nur innerhalb der jüdischen Gemeinden im Reich – und vor allem in Berlin – zu Konflikten führen würde, sondern dass sie den ohnehin verbreiteten Antisemitismus des christlichen Bürgertums weiter anheizen würde. Eine bessere Perspektive für diese Juden war vor allem in Palästina und in den USA zu erwarten. Mit dem Simon'schen Kapital konnten Hunderttausende von mittellosen osteuropäischen Juden über den Hamburger Hafen in Übersee ein neues Lebenskapitel fern von Verfolgung und Bedrängnis beginnen.

Neben dem Gründer der AEG, Emil Rathenau, und dessen Sohn Walther Rathenau gehörte Simon zu dem sehr kleinen Kreis von sogenannten Kaiser-Juden, die direkten Zugang zum Berliner Hof und zum deutschen Kaiser Wilhelm II. hatten. Bei den sogenannten Herrenabenden lud der Kaiser im Berliner Schloss oder gelegentlich auf seiner Privatyacht in zeitlich loser Folge einen kleinen Kreis von einflussreichen Männern zu

Bildpostkarte des Kaiser-Friedrich-Museums (heute Bode-Museum) um 1910. Der jüdische Unternehmer und Finanzier James Simon steuerte zahlreiche Kunstwerke zur Sammlung bei.

sich ein. Bei diesen Gesellschaften konnten wichtige politische und ökonomische Verbindungen gepflegt und geknüpft werden. Bei einem dieser Abende lernte Simon den Direktor der Königlichen Museen zu Berlin, Wilhelm Bode (1845–1929), kennen. Dem Kunsthistoriker Bode ist wesentlich die Renaissance-sammlung zu verdanken, die am 18. Oktober 1904 mit dem Kaiser-Friedrich-Museum (heute Bode-Museum) als vierten Bau auf der Museumsinsel ein repräsentatives Gebäude erhielt.

Schofar aus dem 19. Jahrhundert. Das Schofar wird jedes Jahr im Herbst an Rosch ha-Schana, dem jüdischen Neu-jahrsfest, geblasen. Es mahnt zur Buße und Besserung und weist auf die künftige Erlösung Israels hin.

Zur Sammlung steuerte Simon hochkarätige Kunstwerke aus seiner Privatsammlung in der Tiergar-tenstraße bei, die nunmehr einen ganzen Ausstellungssaal füllten. Der Kaiser hatte zuvor dem jüdischen Baumwollhändler einen Besuch in dessen Tiergartenvilla abgestattet, um diese Kunstwerke zu bestau-nen – ein für die damalige Zeit geradezu seltener und fast schon unerhörter Vorgang, dass Wilhelm II. nicht empfing, sondern seinerseits seine Aufwartung machte.

Simon steuerte in der Kaiserzeit weitere wesentliche Kunstobjekte bei. Der in der Zeit des National-sozialismus aus dem öffentlichen Gedächtnis der mittlerweile weltberühmten Museumsinsel getilgte große jüdische Mäzen erfährt zu Beginn des 21. Jahrhunderts eine Rehabilitation. Das neue Eingangsgebäude zur Museumsinsel zwischen Neuem Museum und Kupfergraben trägt den Namen „James-Simon-Galerie".

Publikumsmagnet der Berliner Sammlungen ist unzweifelhaft neben anderen die Büste der ägypti-schen Pharaonin Nofretete. Die 3500 Jahre alte und nahezu unbeschädigte Büste wurde im mittelägyp-tischen Tell el-Amarna am 6. Dezember 1912 von dem gebürtigen Berliner und jüdischen Ägyptologen Ludwig Borchardt bei von Simon finanzierten Ausgrabungen entdeckt. Da Simon die Grabungslizenz besaß, präsentierte er die Büste, die jetzt in seinem Privatbesitz war, zunächst in seiner Tiergartenvilla. 1920 überließ Simon die Funde dem Ägyptischen Museum, das im Neuen Museum untergebracht war. Die Sammlung avancierte zu einer der bedeutendsten Sammlungen ägyptischer Kunst weltweit.

Ein Bruder Ludwig Borchardts war im Übrigen der damals viel gelesene und heute weitgehend vergessene Schriftsteller Georg Borchardt, der den Vornamen des Vaters Hermann zu seinem Künstler-namen erkoren hatte. Als Romancier stand Georg Hermann in der Nachfolge Theodor Fontanes. In seinen wichtigsten Romanen „Jettchen Gebert" und „Henriette Jacoby" beschrieb er das Leben einer jüdischen Berlinerin zur Biedermeierzeit der späten 1830er-Jahre, die versucht, sich aus ihrem engen bürgerlichen Milieu zu befreien, und daran scheitert. Dass es sich dabei um das jüdische Berlin in der Alt-Berliner Königstraße handelte, störte die Leserschaft nicht.

Industrie und Handwerk

Berlin entwickelte sich im Verlauf des 19. Jahrhunderts zur drittgrößten Industriemetropole der Welt nach London und New York. Bedeutende Familien wie die Mendelssohns oder die Rathenaus waren an diesem Prozess beteiligt. AEG und Agfa waren deutsche Firmen von Weltgeltung.

Die Bronzegießerei Loevy erreichte diesen Bekanntheitsgrad zwar nicht, ist aber dennoch aus der jüdischen Industriegeschichte Berlins nicht wegzudenken. 1855 war der Gelbgießermeister Samuel Abraham Loevy mit seiner Frau Rebecca Rosenbaum aus Schneidemühl (Provinz Posen) nach Berlin gekommen. In der Großen Hamburger Straße 8 legten die Loevys den Grundstein für eine der bedeutendsten Bronzegießereien in der deutschen Handwerks- und Kunstgeschichte. Schon zehn Jahre später vergrößerte die Familie ihren Betrieb für vornehmlich Tür- und Fensterbeschläge. Die Firma zog in die Dragonerstraße 14 (heute Max-Beer-Straße) unweit vom Alexanderplatz in das Herz des Scheunenviertels.

Der Betrieb wurde ab 1885 von den Söhnen Samuels, Albert und Siegfried, zu höchster Blüte geführt. Nunmehr wurden alle Arten von Treibarbeiten gefertigt, Grab- und Kaminplatten, Balkonverkleidungen und Treppengeländer. Mittlerweile in die Gartenstraße in den Wedding umgezogen, arbeitete der Betrieb jetzt für international bekannte Architekten des Jugendstils wie Henry van de Velde. 1910 waren die Loevys zu „Königlichen Hoflieferanten" aufgestiegen, da ihre Arbeiten auch bei Kaiser Wilhelm II. für das in seinem Auftrag errichtete Posener Schloss sehr gefragt waren.

In Posen lernten die Loevys Peter Behrens kennen, den führenden Vertreter des modernen Industriedesigns. Aus dieser Geschäftsbeziehung und Freundschaft heraus entstand nicht nur die damals legendäre sechs Meter hohe Dioskurengruppe (bestehend aus zwei Pferden und zwei Reitern) für die damalige deutsche Botschaft in St. Petersburg, sondern auch der Schriftzug „Dem Deutschen Volke" an der Westfront des Reichstagsgebäudes 1916 – ein Zugeständnis des letzten deutschen Kaisers an das kriegsmüde Volk und seine Volksvertretung. Aus zwei erbeuteten französischen Geschützrohren waren die Buchstaben gegossen worden, die Peter Behrens schon 1904 entworfen hatte.

Familientreffen der Loevys anlässlich der Silberhochzeit von Manfred und Elise Spiegel, geb. Loevy, 1914

Auch nach dem Ersten Weltkrieg ließ die Crème de la Crème der deutschen Architektur-Avantgarde wie Walter Gropius, Erich Mendelsohn, Mies van der Rohe oder Wilhelm Wagenfeld bei Loevy arbeiten. Der Beginn der NS-Zeit führte zu einem rasanten wirtschaftlichen Niedergang des Unternehmens. Der Enkel des Firmengründers Samuel, Ernst Loevy, wurde mit anderen Familienangehörigen in Auschwitz ermordet. Zuvor war er in das Altersheim in der Großen Hamburger Straße 26 verschleppt worden. Das Gebäude lag schräg gegenüber von jenem Grundstück, auf dem sein Großvater den Geschäftsbetrieb 1855 begonnen hatte. Sein Cousin Erich tauchte unter dem Decknamen Gloeden erfolgreich in Berlin unter. Im August 1944 versteckten Erich und seine Frau Lilo ein Mitglied der Widerstandsgruppe des „20. Juli". Nach einer Denunziation wurden die Gloedens vom Volksgerichtshof unter Roland Freisler zum Tode verurteilt und am 30. November 1944 in Berlin-Plötzensee enthauptet. 2001 brachte man eine Gedenktafel für die Familie Loevy am Haupteingang des Reichstagsgebäudes an.

Bekannter als die Bronzegießerei Loevy war das Unternehmen Orenstein & Koppel, das ebenfalls aus der Berliner Industriegeschichte nicht wegzudenken ist. Die beiden jüdischen Unternehmer Benno Orenstein und Arthur Koppel schlossen sich in Berlin-Schlachtensee am 1. April 1876 zu einem Unternehmen zusammen, das sich auf die Produktion von Eisenbahnanlagen, Lokomotiven und Waggons spezialisierte. 1897 wurde die Firma in eine Aktiengesellschaft umgewandelt. Am 1. April 1899 wurde – neben anderen Standorten im Großraum Berlin – in Babelsberg bei Potsdam eine Lokomotivfabrik eröffnet. Die Palette der produzierten Industriegüter wurde alsbald auf Baumaschinen, Bagger, Rolltreppen, U- und S-Bahn-Waggons ausgedehnt.

Seit 1909 war die Firma in der Möckernstraße 120 ansässig. Nach und nach entwickelte sich der gesamte Straßenblock zu einer Konzernzentrale mit mehreren Tausend Mitarbeitern. Das am 7. April 1919 eingeweihte repräsentative Verwaltungsgebäude vis-à-vis dem Hochbahnhof Hallesches Tor am Tempelhofer Ufer 23–24, das den Krieg wie durch ein Wunder nur wenig beschädigt überstanden hat, zeugt noch heute vom erfolgreichen jüdischen Unternehmergeist. Kurz vor dem Ersten Weltkrieg beschäftigte der Firmenchef Alfred Orenstein (1885–1969) in zwölf Fabriken und etwa 100 Niederlassungen um die 12 000 Mitarbeiter. Standorte gab es weltweit, unter anderem in Buenos Aires, Kalkutta und Johannesburg. In Babelsberg ging 1913 die 5000. werkeigene Lokomotive vom Band.

Trotz der erfolgreichen Unternehmensgeschichte mit der Produktion von Rangierlokomotiven und Schaufelradbaggern wurde die Familie nach und nach enteignet. Die „Arisierung" der Firma wurde sukzessive bis 1941 vorangetrieben. Alfred Orenstein ging nach kurzzeitiger Haft 1935 ins Exil und arbeitete bis Oktober 1938 in der Niederlassung in Johannesburg. Die Hoesch AG hatte den arisierten Betrieb übernommen. Zwar lebte der traditionelle Firmenname in der Produktion in Spandau ab 1949 wieder auf, aber nicht länger unter Regie der früheren jüdischen Eigentümerfamilie. Seit 2006 sind Fabrik und Name am Standort Berlin nicht mehr präsent.

Jüdisches Gemeindeleben

Trotz aller Emanzipations- und Reformbemühungen strebte die Jüdische Gemeinde nach einer verbindlichen Ordnung ihrer Verhältnisse. 1860 wurde das erste Statut für die Jüdische Gemeinde zu Berlin verabschiedet, das die Aufgaben der Gemeinde und ihrer Vertreter in sechs Abschnitten mit 78 Paragrafen regelte. Gottesdienstordnung und Fragen der religiösen Erziehung kamen darin ebenfalls zur Sprache.

Am 5. September 1866 wurde das schönste und größte jüdische Gotteshaus Berlins in der Oranienburger Straße feierlich eröffnet. Otto von Bismarck wohnte der Eröffnungszeremonie bei. Mit der Neuen Synagoge kam die Emanzipation der Juden nun auch sichtbar in der Silhouette der preußischen Hauptstadt zum Ausdruck. Der Satz des Propheten Jesaia: „Tuet auf die Pforten, dass einziehe

Ansicht der Neuen Synagoge in der Oranienburger Straße, Fotografie von 1871

Esriel Hildesheimer war seit 1869 Rabbiner der Adass-Jisroel-Gemeinde in Berlin, Lithografie um 1899.

das gerechte Volk", ist bis heute in hebräischen Lettern über dem Haupteingang angebracht. Etwa 3200 Personen fanden Platz in der nach den Plänen des Berliner Architekten Eduard Knoblauch im maurischen Stil errichteten Synagoge. Die liberale Reformgemeinde ließ in das neue Gotteshaus 1869 eine Orgel einbauen. Alte jüdische Lieder wurden von dem jüdischen Komponisten Louis Lewandowski (1821–94) vertont und hier gespielt. Im orthodoxen jüdischen Berlin wurde diese Form des Gottesdienstes in schärfster Weise kritisiert. Die konservativen Juden betrachteten die Orgel als Instrument zur Gestaltung eines christlichen Gottesdienstes und lehnten sie deshalb vehement ab.

Insgesamt stießen die liberalen Auffassungen des Rabbiners Abraham Geiger (1810–74) auf Widerstand. Die anhaltenden Spannungen führten am 28. Juli 1876 endgültig zum Austritt strenggläubiger Juden aus der Hauptgemeinde. Sie fürchteten, dass mit der Assimilierung ihre eigene tradierte Religion und Kultur verloren gehen könnten, mindestens aber verwässert würden.

Der in Halberstadt geborene Rabbiner Esriel Hildesheimer (1820–99) folgte im Juni 1869 einem Ruf orthodoxer Juden nach Berlin. Hier baute Hildesheimer im Wesentlichen die Gemeinde „Adass Jisroel".

Daneben etablierte er 1873 ein damals viel beachtetes orthodoxes Rabbinerseminar. Zwar räumte Hildesheimer ein, dass eine gesellschaftliche Mischung dem Antisemitismus wirkungsvoll entgegensteuern helfe, dabei sah er allerdings auch die Gefahr, dass tradierte und traditionelle orthodoxe jüdische Lebensweisen verloren gehen würden. Dennoch vermittelte Hildesheimer zwischen den konservativen Juden und jenen, die eine Annäherung an die mehrheitschristliche Welt suchten. „Adass Jisroel" verstand sich als Gegenbewegung zur Assimilation, wollte aber der Emanzipation nicht feindlich gegenüberstehen. Man vertrat vielmehr die Auffassung eines gesetzestreuen Lebens in einer offenen Gesellschaft. Eine Auffassung, die die Gemeinde mit ihrer Neugründung seit 1989 einmal mehr postuliert.

Kurz vor der Gemeinde-
trennung war es auch schon
zu einer räumlichen Tren-
nung der Begräbnisplätze in
Weißensee gekommen. Seit
dem 22. Dezember 1873 be-
statteten die Angehörigen der
„Adass Jisroel" ihre Toten auf
dem Friedhof in der Wittli-
cher Straße 2 in Nachbarschaft
zum Jüdischen Hauptfriedhof.
Ein neues Gemeindezentrum
mit zugehöriger Synagoge und
Mikwe wurde 1904 in der Artilleriestraße 31 (heute Tucholskystraße) eingeweiht. Teile dieses
jüdischen Zentrums, darunter
das Vorderhaus, sind heute noch
erhalten. Ein Sechstel der Juden
in Berlin (ca. 30 000) gehörte vor 1933 dieser Gemeinde
an. 1909 wurde ein eigenes
Krankenheim errichtet, 1924
ein zweites Gemeindezentrum
mit Synagoge, Realgymnasium
und Oberlyzeum. Die im Si-
gismundhof 11 (heute Teil der
Sigismundstraße) gelegene Anlage hinter der heutigen Neuen
Nationalgalerie am Kulturforum
wurde im Zweiten Weltkrieg
vollständig zerstört.

1910 waren 4,3 Prozent der
reichshauptstädtischen Einwohner mosaischen Glaubens.

In Berlin lebten nun mehr als 144 000 Juden. So kam es in Berlin zum Bau einer Vielzahl weiterer
architektonisch bedeutender Synagogen. Für die zunehmende Anzahl von Juden im Hansaviertel und
in Moabit beispielsweise errichtete man 1914 die Gemeindesynagoge in der Levetzowstraße, die der
liberalen Gemeinde 2000 Plätze bot. Das Gotteshaus an der Ecke zur Jagowstraße wurde in der Pogromnacht 1938 vergleichsweise wenig beschädigt. Ab Oktober 1941 wurden hier mehrere Tausend
Juden gesammelt, um sie in die Vernichtungslager zu deportieren. Das im Bombenkrieg stark beschädigte Gotteshaus wurde in den späten 1950er-Jahren abgerissen. Seit 1988 gibt es auf dem abgeräumten Grundstück eine Gedenkinstallation in Form eines stilisierten Reichsbahnwaggons.

Eine orthodoxe Privatsynagoge war das Gotteshaus in der Pestalozzistraße 14–15 in Charlottenburg, das 1911 errichtet wurde. Die Synagoge wurde in der Pogromnacht am 9. November 1938 in
Brand gesetzt. Die Feuerwehr löschte das Feuer jedoch sofort, um einen Übergriff auf die benachbarten Wohnhäuser zu verhindern. Das insgesamt ausgebrannte, aber nicht vollständig zerstörte Gebäude
wurde während des Krieges als Wäscherei zweckentfremdet. Die Synagoge mit 1400 Plätzen wurde
am 14. September 1947 zum jüdischen Neujahrsfest als liberale Gemeindesynagoge wiedereingeweiht.

Rahel Varnhagen von Ense

Rahel Levin erblickte unweit der Marienkirche in der Spandauer Straße 26 (heute Teil des Marx-Engels-Forums) am 19. Mai 1771 als das älteste von fünf Kindern des einfluss-reichen Bankiers und Juweliers Levin Markus (Cohen) das Licht der Welt. Rahel gilt als eine der wichtigsten Vertreterinnen in der Geschichte der beginnen-den weiblichen Emanzipation; gleichzeitig steht sie aber auch für die bürgerliche Emanzipation der Juden in Preußen.

Rahel hielt be-reits mit 19 Jahren im Dachgeschoss der elterlichen Wohnung in der Jä-gerstraße 54 ihren ersten Salon ab. Zu den Gästen der jungen Salonnière zählten neben den Literaten Jean Paul und Christian Friedrich Tieck auch die Gebrüder Wilhelm und Alexander von Humboldt. 1795 traf sie in der Sommerfrische in Karlsbad erstmals auf Johann Wolfgang von Goethe. Ein Zerwürfnis mit ihrer Mut-ter führte dazu, dass Rahel ab 1808 in der Charlottenstraße 32 allein eine Wohnung bezog. Sie brachte Menschen unterschiedlicher Herkunft und unterschied-licher Religion zusammen, darunter eine Vielzahl bedeutender Persönlichkeiten ihrer Zeit.

Nach zwei wieder gelösten Verlo-bungen lernte sie 1808 im böhmischen Teplitz den 14 Jahre jüngeren katho-lischen Diplomaten und Publizisten Karl August Varnhagen von Ense näher kennen und lieben. Bevor sie ihn am 27. September 1814 heiratete, ließ sie sich als Antonie Friederike taufen. Sie glaubte, damit ihre Außenseiterrolle als Jüdin aufzuheben.

In der Umbruchzeit des Wiener Kongresses 1815 waren die Varnhagens in diplomatischen Diensten Preußens in Wien, Frankfurt/Main und in Karlsruhe unterwegs. Nach ihrer Rückkehr im Oktober 1819 nach Berlin unterhielt Rahel Varnhagen erneut einen Salon in der Französischen Straße 20. Zu den Gästen zählte unter anderem Heinrich Heine, der sie als „die geistreichste Frau des Universums" bezeich-nete. Hier pflegte sie auch Kontakt zur Familie Mendels-sohn, insbesondere zu Moses' ältester Tochter Recha, die nach ihrem Über-tritt zum protestan-tischen Glauben den Vornamen Dorothea trug. Von 1827 bis zu ihrem Tod am 7. März 1833 führte Rahel schließlich den letzten und bekanntesten Salon in der Mauerstraße 36. Rahel Varnhagen von Ense führte mit etwa 300 Personen intensive Korrespondenz. 6000 Briefe sind überliefert. Ein Jahr nach ihrem Tod edierte Karl August eine damals viel beachtete drei-bändige Ausgabe unter dem Namen „Ein Buch des Andenkens für ihre Freunde". Darin findet sich eine Auswahl von Briefen und Tagebucheintragungen Rahels.

Meno Burg

Meno Burg war der erste jüdische Stabsoffizier in der preußischen Armee des 19. Jahrhunderts. Seine militärische Karriere war nicht stromlinienförmig. Zu groß wirkten die gegensätzlichen Kräfte von Ablehnung und Bereitschaft durch Hof, Gesellschaft und Militär, Juden im 19. Jahrhundert Zugang zur preußischen Armee – und dabei vor allem zu Offiziersrängen – zu ermöglichen.

Der Sohn eines Buchhalters wurde am 9. Oktober 1789 in Berlin geboren. Infolge der Stein-Hardenberg'schen Reformen war es seit 1812 auch Juden möglich, in die preußische Armee aufgenommen zu werden. Dennoch gab es mit dem Eintritt Burgs in die Armee als Garde-Infanterist im Februar 1813 so große antisemitische Vorbehalte, dass dem jungen Soldaten eine Beförderung zum Feldwebel versagt wurde. Daran änderten auch zwei Eingaben an den Staatskanzler Hardenberg nichts. Diese blieben unbeantwortet. Die militärische Karriere schien fast beendet. Ein ihm bekannter Artillerie-Offizier ermunterte nun den verzweifelten Burg, doch die Waffengattung zu wechseln. Der Chef der Artillerie, Prinz August von Preußen, Neffe Friedrichs II., galt als sehr tolerant, und so fand Burg erneute Aufnahme in die Armee. Einen Monat nach seinem ersten Eintritt wurde Burg im Beisein eines Rabbiners feierlich erneut vereidigt; zwei Jahre darauf erlangte er im Februar 1815 sein Offizierspatent.

1814 war Burg als einer von sieben Zeichen- und Mathematiklehrern an die Artillerie-Ingenieurschule berufen worden. An dieser militärischen Hochschule, die 1822 einen repräsentativen Neubau nach den Plänen von Karl Friedrich Schinkel Unter den Linden erhalten hatte, erwarb sich Burg einen exzellenten Ruf. Trotz seiner fachlichen und international anerkannten

Kompetenz hörten die Vorbehalte gegen den Offizier wegen seines mosaischen Glaubens nicht auf. Da nützte es auch nichts, dass die Werke Burgs ins Französische übersetzt wurden; selbst der russische Zar Alexander I. von Russland würdigte Burgs Verdienste mit einem Brillantring.

Wiewohl 1826 zum Oberleutnant befördert, gab es vier Jahre später bei seiner Ernennung zum Hauptmann erneut Vorbehalte seitens des preußischen Königs Friedrich Wilhelms III. Ein Jude sei nur bei Taufe in diesen militärischen Rang zu setzen, hieß es aus dem Schloss. Trotz der Weigerung Burgs, sich taufen zu lassen, wurde er dennoch befördert.

Am 10. März 1838 beging der jüdische Hauptmann sein 25-jähriges Dienstjubiläum. Hätte sich der König geweigert, Burg die dazu üblicherweise verliehene Dienstauszeichnung in Form eines Kreuzes zu überreichen, hätte Burg sofort seinen Abschied nehmen müssen. Eine Ablehnung durch den König wäre einer unehrenhaften Entlassung gleichzusetzen gewesen.

Friedrich Wilhelm IV., der seinem antisemitischen Vater 1840 auf den preußischen Thron folgte, schätzte den jüdischen Offizier höher ein und verlieh Burg den Roten Adlerorden 4. Klasse, eine nur selten verliehene Auszeichnung. 1847 wurde Burg zum Major befördert. Er starb am 26. August 1853 an den Folgen einer Choleraerkrankung und wurde drei Tage später unter Anteilnahme von nahezu 60 000 Berlinern auf dem Friedhof an der Schönhauser Allee neben seiner jung verstorbenen Frau bestattet.

Auch als Offizier nahm Burg am Leben der Jüdischen Gemeinde teil, 1849/50 sogar als Mitglied ihres Vorstands. Seit 1845 war er Mitglied der Gesellschaft der Freunde.

Porträt von Meno Burg, nach 1854

Felix Mendelssohn Bartholdy

Felix Mendelssohn Bartholdy erblickte am 3. Februar 1809 in Hamburg das Licht der Welt. Sein Vater Abraham bemerkte einmal, dass es sein Schicksal sei, einen berühmten Vater wie einen ebenso berühmten Sohn zu haben, selbst aber gar nicht bekannt zu sein.

Felix und seine vier Jahre ältere und ebenso musikalisch begabte Schwester Fanny – beide waren 1816 in Berlin getauft worden – erhielten Unterricht bei dem bekanntesten Musikpädagogen dieser Zeit, Carl Friedrich Zelter. Darüber hinaus übernahm den allgemeinen Unterricht Karl Heyse, Vater des späteren Literaturnobelpreisträgers Paul Heyse. Bereits 1820 schuf Felix seine erste Komposition. Im Herbst 1821 begegneten sich Goethe, Zelter und dessen junger Schützling im Haus am Frauenplan in Weimar. Goethe schwärmte von der Begabung des Zwölfjährigen und ermunterte ihn, auf einer Abendgesellschaft eine Fuge von Bach zu spielen. Mendelssohn brillierte.

Die Familie bewohnte mittlerweile ein vornehmes Palais in der Leipziger Straße 3. Hier komponierte Felix 1826 die Bühnenmusik für den Shakespeare'schen „Sommernachtstraum" mit dem weltberühmten „Hochzeitsmarsch". Mendelssohn fühlte sich den Werken von Johann Sebastian Bach und Georg Friedrich Händel sehr verbunden. 1829 brachte er in der von Zelter geleiteten Singakademie erstmals die bis dahin nahezu vergessene Matthäus-Passion von Bach zur Wiederaufführung.

Es folgten Studienreisen 1829 bis 1831 nach England und Italien. Die „Schottische Sinfonie" (3. Sinfonie) und die „Italienische Sinfonie" (4. Sinfonie) sind Ergebnisse dieser Reisen. Der Tod Zelters 1832 ließ in Mendelssohn Bartholdy Hoffnung aufkommen, dessen Nachfolge als Leiter der Singakademie anzutreten. Aber er ging leer aus, der heute weitgehend vergessene Vizedirektor Carl Friedrich Rungenhagen erhielt unter elf Bewerbern den Zuschlag. Größtes Hindernis der Bewerbung des begabten Mendelssohn war zweifelsohne die jüdische Herkunft der Familie. Es war ein Schock für alle Mendelssohns. Felix verließ enttäuscht Berlin. Nach seinem Wirken als Städtischer Musikdirektor in Düsseldorf wurde er in Leipzig 1835 Gewandhauskapellmeister und heiratete die aus hugenottischer Familie stammende Cécile Jeanrenaud, mit der er fünf Kinder hatte.

Dennoch führte sein Weg noch einmal zurück nach Berlin. 1841 ernannte Friedrich Wilhelm IV. den Musiker zum Königlich Preußischen Kapellmeister. Mendelssohn Bartholdy behielt aber seinen Wohnsitz in Leipzig. Der 1843 mit der Ehrenbürgerwürde Leipzigs geehrte Künstler starb – nur wenige Monate nach seiner geliebten Schwester Fanny Hensel – am 4. November 1847 an Entkräftung. Nach einer großen Trauerfeier in der Leipziger Paulinerkirche wurde er auf dem protestantischen Dreifaltigkeitsfriedhof in Berlin-Kreuzberg bestattet.

Felix Mendelssohn Bartholdy, Gemälde um 1845 von Eduard Magnus

Adolf Jandorf

Der Kaufmann und Gründer des bekannten Berliner Kaufhauses des Westens, Adolf Jandorf, wurde am 7. Februar 1870 als Sohn des jüdischen Kleinbauern und Metzgers Josef Jandorf im süddeutschen Wallhausen-Hengstfeld geboren. Nach Reisen in die USA, wo er moderne Warenhäuser wie Bloomingdale's kennengelernt hatte, trat er in das Hamburger Textilgeschäft von Jakob Emden ein. Von Emden mit 500 Mark ausgestattet, hatte Jandorf den Auftrag, ein erstes Geschäft in der Reichshauptstadt zu eröffnen: Die Karriere des späteren jüdischen Großkaufmanns begann 1892 mit einem Eckgeschäft am Spittelmarkt. Jandorf hatte weniger die wohlhabende, bürgerliche Kundschaft im Visier, sondern vielmehr Arbeiter, Handwerker und das Kleinbürgertum. Für die „gute Stube" dieser Kunden ließ er produzieren: Das Ruhekissen mit der Aufschrift „Nur ein Viertelstündchen" verkaufte sich etwa eine Million Mal. Damit verfügte Jandorf - jetzt selbstständig – über das nötige Startkapital, um 1899 das erste seiner sieben Berliner Warenhäuser am Blücherplatz 3 nahe dem im Bau befindlichen Hochbahnhof Hallesches Tor zu eröffnen. Es folgten Häuser in den Arbeitervierteln Friedrichshain und Prenzlauer Berg. 1906 erwarb Jandorf am Kottbusser Damm 1 das erste privat erbaute Geschäftshaus Berlins, das in Stahlbetonbauweise errichtet worden war. Das Haus, in dem die Neuköllner und Kreuzberger einkauften, wurde im Bombenhagel in der Nacht zum 1. März 1943 zerstört.

Die Königin der Kaufhauskette Jandorf war zweifelsohne das KaDeWe. Das im März 1907 eröffnete Kaufhaus des Westens - direkt am soeben erst gebauten U-Bahnhof Wittenbergplatz - zielte nunmehr auf die wohlhabenden Schichten des Berliner Westens ab. Jandorf hatte als Haupteigner in das Haus zwei Millionen Mark investiert. Es verfügte über einen damals ungewohnten Luxus mit Teesalon, Friseur, Leihbibliothek, Wechselstube und anderen Dienstleistungen. Legendär ist bis heute der Einkaufsbesuch des Königs von Siam, der im August 1907 im KaDeWe eine Viertelmillion Mark ausgab. Das Warenhaus - im Zweiten Weltkrieg durch den Absturz eines amerikanischen Bombers vollständig ausgebrannt - erlangte nach seinem Wiederaufbau als einer der größten Konsumtempel Europas Weltruf.

Der wirtschaftliche Erfolg bescherte Jandorf in Berlin keine herausragende gesellschaftliche Stellung, wie es im Gegensatz dazu bei den jüdischen Bankiers seiner Zeit der Fall war. Der Unternehmer hatte sich nicht nur der Konkurrenz der prominenten jüdischen Warenhäuser Wertheim und Tietz zu stellen, er erregte auch unter den kleineren Geschäftsleuten Berlins Neid und Missgunst. Nicht selten entwickelten sich daraus antisemitische Tendenzen. Jandorf war, wie viele der jüdischen Großkaufleute, durch die wirtschaftlichen Schwierigkeiten in der Weimarer Republik in finanzielle Turbulenzen geraten. Sein Unternehmen ging 1926 in Konkurs und wurde von der Firma Hermann Tietz aufgekauft.

Jandorf wohnte in einer repräsentativen Villa am Lützowplatz 13. Dort verstarb er am 12. Januar 1932 an den Folgen einer Blinddarmentzündung. Er wurde auf dem Jüdischen Friedhof in Weißensee beigesetzt. Seine Frau Helen und sein einziger Sohn Harry konnten Deutschland rechtzeitig verlassen. Der mobile Besitz von Adolf und Helen Jandorf wurde im März 1936 über das damals renommierte Auktionshaus von Rudolf Lepke regelrecht verhökert. Die Villa wurde im November 1943 zerstört.

Straßenszene am KaDeWe, Postkarte um 1928

KAUFHAUS DES WESTENS

Rudolf Mosse

Der Berliner Verleger Rudolf Mosse wurde am 8. Mai 1843 als Sohn des jüdischen Arztes Marcus Mosse in Grätz (heute: Grodzisk Wielkopolski) bei Posen geboren. Der junge Mosse absolvierte eine Buchdruckerlehre in Posen, ehe er nach Leipzig und Berlin auf Wanderschaft ging.

1867 eröffnete Mosse in der Friedrichstraße 70 seine erste Annoncen-Expedition in Berlin.

Verbindungsbüros gab es in Wien, Zürich und nahezu allen deutschen Großstädten. In einer Zeit, in der sich durch schnellere Druckmöglichkeiten und durch bessere Verkehrswege die Verteilung von Zeitungen und Presseartikeln immer schneller und effizienter durchsetzen ließ, war Mosse auf die Idee gekommen, diesen Druckerzeugnissen Inserate beizulegen. Die Massenwerbung war geboren.

Andrang vor dem Nachrichten-Aushang einer der Annoncen-Expeditionen von Rudolf Mosse, um 1918

Mosse gründete 1871 die Zeitung „Berliner Tageblatt", die bald zu den wichtigsten Zeitungen des Deutschen Reiches zählte. Seit 1889 wurde in seinem Haus auch die „Berliner Morgenpost" herausgegeben. Der Erfolg seines Verlages gründete auch auf der Herausgabe des sogenannten Reichsadressbuches. Darunter verstand man ein Generalverzeichnis von etwa drei Millionen Adressen in 60 000 Orten des Deutschen Reiches. Das Kompendium umfasste etwa 8000 Seiten.

1903 ließ Mosse ein straßenblockumspannendes Geschäftshaus im Berliner Zeitungs- und Presseviertel errichten, das sich südlich der Leipziger Straße um die Kochstraße parallel zum Banken- und Versicherungsviertel etabliert hatte. Das Geschäftshaus mit einer

Front von mehr als 160 Metern umfasste die Grundstücke Jerusalemer Straße 46-49 und Schützenstraße 18-25. Das Verlagsgebäude wurde während der Novemberrevolution 1918 schwer beschädigt. Mosses Schwiegersohn, der renommierte jüdische Architekt Erich Mendelsohn, wurde beauftragt, dem Haus ein neues Gesicht im Sinne der Neuen Sachlichkeit zu geben. Das Vorhaben wurde 1921-23 realisiert. Nach schweren Kriegsbeschädigungen im Zweiten Weltkrieg konnte das Haus zum Teil wiederhergestellt werden. In der Weltwirtschaftskrise 1929/30 war der Verlag in erhebliche finanzielle Schwierigkeiten geraten. Die Enteignung der verbliebenen Vermögensbestände in der NS-Zeit versetzte dem Verlag endgültig den Todesstoß.

Mosse war Vorsteher der Reformgemeinde und Repräsentant der Jüdischen Gemeinde. Wie anderen wohlhabenden Juden auch, war es Mosse eine religiöse Pflicht, karitativ tätig zu sein. Zusammen mit seiner Frau Emilie stiftete er in Wilmersdorf ein interreligiöses Waisenhaus mit einem Grundkapital von drei Millionen Mark. Die Erziehungsanstalt wurde nach zweijähriger Bauzeit am 1. April 1895 eröffnet. Das Haus wird heute wieder von Jugendeinrichtungen genutzt. Es liegt in einer Seitenstraße an der Grenze zwischen Wilmersdorf und Schmargendorf, die seit 1972 den Namen des jüdischen Verlegers trägt.

Mosse verstarb am 8. September 1920 auf seinem Landgut in Mittenwald bei Königs Wusterhausen. Auf dem Jüdischen Friedhof in Weißensee wurde ein Mausoleum für ihn errichtet.

Rudolf Mosse um 1910

Gerson von Bleichröder

Gerson Bleichröder wurde am 22. Dezember 1822 in Berlin geboren. Sein Vater Samuel hatte 1803 das jüdische Bankhaus Bleichröder gegründet, das anfänglich seinen Sitz in der Rosenthaler Straße nahe dem Hackeschen Markt hatte. Mit dem Tod des Vaters führte Gerson ab 1855 die Geschäfte. Das Bankhaus Bleichröder vertrat seit 1828 die Interessen des Hauses Rothschild in der preußischen Hauptstadt. Außerdem war man dem Hause Salomon Oppenheim geschäftlich verbunden. Mit dem jüdischen Bankier und gebürtigen Kölner Abraham Oppenheim – Sohn von Salomon – zeichnete Bleichröder preußische Staatsanleihen und sicherte somit die Finanzbasis für den Deutsch-Österreichischen Krieg 1866. 1867 wurde Bleichröder für seine Verdienste zum Geheimen Kommerzienrat ernannt. Zu dieser Zeit gehörte Gerson Bleichröder zum Vorstand der Berliner Jüdischen Gemeinde. Der Sitz der Privatbank war ab 1880 in der Behrenstraße 63–65 nahe dem Gendarmenmarkt.

Im noch eigenständigen Charlottenburg ließ Bleichröder in der Berliner Straße 170 eine standesgemäße Villa bauen. Das von dem Architekten Martin Gropius, dem Großonkel von Walter Gropius, entworfene Haus wurde 1864-66 errichtet, im Zweiten Weltkrieg jedoch völlig zerstört. Heute ist das Grundstück am Ernst-Reuter-Platz mit Liegenschaften der Technischen Universität Berlin überbaut.

Als Hofbankier des preußischen Königshauses und später der deutschen Kaiser wurde Bleichröder mit dem Ende des Deutsch-Französischen Krieges 1870/71 in das Hauptquartier der preußischen Armee gerufen. Er war dort als Berater an den Verhandlungen über die Reparationen Frankreichs an das Deutsche Reich beteiligt. Bleichröder wirkte auch maßgeblich an der Finanzierung zur Gründung des Deutschen Reiches mit. Er koordinierte die Reparationszahlungen des 1870/71 besiegten Frankreichs und erreichte die Verstaatlichung der preußischen Eisenbahn, die eine gesunde ökonomische Basis des jungen Kaiserreichs sichern half. 1872 wurde er als zweiter nichtgetaufter Jude Preußens für seine Verdienste in den erblichen Adelsstand erhoben – 1866 war schon Abraham Oppenheim diese Ehre zuteilgeworden. Mit dem Reichskanzler Otto von Bismarck verband ihn ein freundschaftliches Verhältnis, das in der nationalkonservativen Berliner Gesellschaft nicht nur auf positives Echo stieß. Bleichröder war der Vermögensverwalter und Finanzberater des privaten Hauses Bismarck, zudem auch dessen politischer Intimus.

Die zunehmenden antisemitischen Tendenzen am Berliner Hof führten dazu, dass das jüdische Bankhaus mehr und mehr aus dem Orientgeschäft herausgedrängt wurde. Die Deutsche Bank übernahm zunehmend die Finanzierung des Eisenbahnwesens im Osmanischen Reich.

Der fast vollständig erblindete Bleichröder stellte in den Jahren der Reichsgründung jährlich etwa 250 000 Mark für wohltätige Zwecke zur Verfügung. Damit wurde unter anderem das vom Bakteriologen Robert Koch initiierte Krankenhaus für Lungen- und Diphtheritiskranke finanziert. Das Barvermögen von Bleichröder wurde mit seinem Tod am 18. Februar 1893 auf 100 Millionen Mark geschätzt. Er war damit nicht nur der reichste Mann Preußens, sondern auch einer der reichsten Männer der damaligen Welt. Bleichröder wurde auf dem Jüdischen Friedhof an der Schönhauser Allee bestattet. Sein Sohn Hans, der das Bankhaus weiterführte, ließ sich noch zu Lebzeiten des Vaters ebenso taufen wie seine Geschwister.

Gerson von Bleichröder, Gemälde um 1888 von Emile Charles Wauters

Georg Hermann

Georg Hermann wurde am 7. Oktober 1871 in Berlin-
Friedenau geboren und erlebte mit sechs Jahren den
geschäftlichen Konkurs seines Vaters. Nach dem
Abitur hatte Hermann zunächst eine Lehre als
Kaufmannsgehilfe in einem Krawattenge-
schäft absolviert, ehe er im Statistischen
Amt der Stadt Berlin angestellt war
und sich ab 1896 als Kunstkritiker
und Schriftsteller betätigte. Die
kunstgeschichtliche Beschäftigung mit dem Biedermeier war
eines seiner Hauptthemen.
Hermann hinterließ 21 Romane, Essays, Erzählungen und
Theaterstücke. Seine beiden
Romane „Jettchen Gebert"
(1906) und „Henriette Ja-
coby" (1908) erreichten bis
in die 1920er-Jahre nahezu
120 Auflagen und zählen
damit zu den erfolgreichsten
Berlinromanen überhaupt.
Sie bieten eine genaue Schil-
derung des jüdischen Milieus
in der Mitte Berlins Ende der
1830er-Jahre.

Georg Hermann
um 1917

    Hermann bewohnte eine
Vielzahl von Mietwohnungen in
Wilmersdorf und Charlottenburg.
Von 1901 bis 1906 wohnte er in der
Kaiserallee 108 (heute Bundesallee), wo er
„Jettchen Gebert" verfasste, später auf dem
rückwärtigen Grundstücksteil in der Stubenrauch-
straße 6. Auf dem teilweise durch Kriegszerstörungen
abgeräumten Areal trägt heute eine kleine Parkanlage den
Namen des jüdischen Schriftstellers. Eine Stele zur Erinnerung
ist hier seit 1962 aufgestellt.

    Hermann gehörte zu jenen jüdischen Künstlern, die im
März 1933 Deutschland verlassen mussten. Er lebte entwur-
zelt, verarmt und gebrochen in den Niederlanden. Dort wurde
der an Diabetes leidende 72-Jährige in das KZ Westerbork
eingeliefert, von wo aus er nach Auschwitz deportiert und
ermordet wurde. Sein Todestag ist vermutlich der 19. November 1943. Der nahezu vergessene Autor und seine Alt-Berliner
Romane werden heute wieder neu entdeckt.

Jenny Hirsch

Nur wenige Fußminuten vom Geburtsort der russischen Zarin Katharina II. entfernt erblickte Jenny Hirsch in Zerbst am 25. November 1829 nahe dem Schloss der Fürsten von Anhalt-Zerbst-Dornburg das Licht der Welt. Als Tochter des jüdischen Kaufmanns Jakob Hirsch verbrachte sie ihre Kindheit und Jugend in einfachen Verhältnissen. Nachdem Jenny bis 1844 die Volksschule absolviert hatte, führte sie den elterlichen Haushalt. Die Mutter Bertha, eine geborene Berlinerin, war früh verstorben. Jenny Hirsch verschrieb sich bald der Aufgabe, die allgemeine Bildung und Ausbildung der Jugend voranzutreiben. Sie gründete in ihrer anhaltinischen Heimatstadt eine konfessionslose Schule für Jungen und Mädchen.

1860 siedelte sie nach Berlin über und trat in die Redaktion der Zeitschrift „Der Bazar" ein. Zeitlebens freie Redakteurin, Journalistin und Schriftstellerin, gehörte die Jüdin 1866 zum Gründungskomitee des „Vereins zur Förderung der Erwerbstätigkeit des weiblichen Geschlechts". Aus dem Verein ging der weit über die Grenzen Berlins hinaus bekannte Lette-Verein hervor, der heute noch besteht. Hirsch verschrieb sich seitdem dem Kampf um Selbstbestimmung der Frau durch Arbeit. 1869 übersetzte sie die dazu bahnbrechende Arbeit des Engländers John Stuart Mill „The Subjection of Women" ins Deutsche: Das Buch „Die Hörigkeit der Frau", das in mehreren Auflagen erschienen war, löste auch in Deutschland eine lange Debatte über die soziale und politische Gleichberechtigung der Frau aus. Jenny Hirsch war weiterhin Herausgeberin der Zeitschrift „Der Frauen-Anwalt" und veröffentlichte ab 1882 – teilweise unter Pseudonym – eine Reihe von Kriminal- und Heimatromanen, die heute vergessen sind. Die jüdische Frauenrechtlerin starb am 10. März 1902 und wurde auf dem Jüdischen Friedhof an der Schönhauser Allee im Prenzlauer Berg bestattet.

„Bilder vom Lette-Verein für weibliche Erwerbsthätigkeit in Berlin", Holzstich nach einer Zeichnung von Carl Rechlin, 1877. Kronprinzessin Viktoria, die Schirmherrin des von Wilhelm Adolf Lette gegründeten Vereins, besucht zusammen mit ihrem Gemahl den Vorstand mit der Vorsitzenden, Anna Schepeler-Lette, Jenny Hirsch, Ulrike Henschke, Lina Morgenstern und Franziska Tiburtius.

Valentin, David und Moritz Manheimer

Valentin Manheimer (1815–89) eröffnete 1837 zusammen mit seinem Bruder David (1818–82) in Berlin in der Jerusalemer Straße 17 den Textilbetrieb „Gebrüder Manheimer". Schon bald darauf trennten sich die Brüder wieder. David führte das Geschäft allein weiter, bis sein Bruder Moritz (1826–1916) in die Geschäftsführung eintrat. Valentin indessen eröffnete in der Oberwallstraße 6–7 einen eigenen Betrieb, in dem zum ersten Mal in Berlin Konfektionsware produziert wurde – Damenmäntel wurden in festen Größen in Serie angefertigt. Valentin Manheimer ließ sich 1862 eine Villa vom namhaften Architekten

Die Familie Moritz Manheimer, 1850. Der Maler Julius Moser ist als Zeichenlehrer des älteren Sohnes neben dem Hausherrn im Bildhintergrund abgebildet. Am Flügel sitzt die älteste Tochter Babette.

Friedrich Hitzig in der vornehmen Bellevuestraße 8 am Rand des Tiergartens bauen. Heute steht auf dem Grundstück das Sony-Center. 1873 wurde Manheimer zum Kommerzienrat befördert, neun Jahre später zum Geheimen Kommerzienrat. Der Konfektionsbetrieb mit einem Jahresumsatz von etwa 100 Millionen Mark hatte beim Tod Valentins nahezu 8000 Beschäftigte. Die in Berlin produzierten Damenmäntel fanden wegen ihrer preisgünstigen Fertigung in der ganzen Welt Absatz.

Während Valentin mit seiner neuen Geschäftsidee wohlhabend geworden war, konnte sein jüngerer Bruder Moritz geschäftliche Kontakte zum preußischen Staat knüpfen. Gerson von Bleichröder finanzierte die preußischen Kriege 1864, 1866 und 1870, Moritz Manheimer rüstete die preußische Armee mit Uniformen und Mänteln aus. Die Manheimers steuerten zudem Gelder zum Unterhalt des Jüdischen Hospitals in der Oranienburger Straße ebenso bei wie zur Errichtung eines jüdischen Altenheims in der Großen Hamburger Straße 26. Zu ihrer Silberhochzeit schenkten Moritz und Bertha Manheimer der Stadt Berlin ein weiteres jüdisches Altenheim. Die Einrichtung in der Schönhauser Allee 22 – unmittelbar neben dem Jüdischen Friedhof gelegen – wurde in Anwesenheit der Kaiserin Augusta am 11. November 1883 feierlich eröffnet. Das unzerstörte Gebäude wurde nach 1949 als Sitz der Volkspolizei der DDR genutzt. Nach umfangreicher Modernisierung befinden sich darin heute luxuriöse Eigentumswohnungen.

Die Söhne und Enkel von Valentin führten die Geschäfte weiter, ehe auch diese infolge der Weltwirtschaftskrise Ende der 1920er-Jahre in den Konkurs gingen.

Blüte und Anfechtung

1918-1933

Am 11. November 1918 endete mit der Unterzeichnung des Waffenstillstandsabkommens in Compiègne bei Paris der Erste Weltkrieg. Zwei Tage zuvor war in Berlin die Republik gleich zweimal ausgerufen worden: von dem Sozialdemokraten Philipp Scheidemann und von dem Führer des Spartakusbundes, Karl Liebknecht. Der Kaiser hatte abgedankt, die 500-jährige Herrschaft der Hohenzollern war zu Ende.

Bereits wenige Wochen darauf fanden im Spiegelsaal von Versailles die Verhandlungen der Sieger-mächte statt. Dem Deutschen Reich und seinen verbündeten Staaten wurde die alleinige Verantwortung für den Ausbruch des Krieges auferlegt. Die deutsche Delegation war zu den Verhandlungen nicht zuge-lassen. Dieser Delegation gehörte der Professor für Völkerrecht Albrecht Mendelssohn Bartholdy an, ein Enkel des Komponisten Felix Mendelssohn Bartholdy. Mendelssohn Bartholdy lehnte wie die gesamte deutsche Delegation die Bedingungen für Deutschland – Gebietsabtretungen, Reparationszahlungen und Abrüstung – als zu hart ab. Auch die USA sahen darin ein gefährliches Konfliktpotenzial. Die Aus-sicht, nicht wirtschaftlich gesunden zu können, so der spätere Finanzminister John Maynard Keynes, könnte das Deutsche Reich politisch destabilisieren.

Der Versailler Vertrag und die Schuldfrage nach dem Ersten Weltkrieg

Die im Versailler Vertrag festgesetzten Forderungen trafen die deutsche Gesellschaft ins Mark. Der Massen-tod deutscher Soldaten erschien nun noch sinnloser. Die Deutschen sollten nicht nur die Verantwortung für den Krieg übernehmen, sondern auch für die Verluste und Schäden der Kriegsgegner aufkommen.

Mit der Entmilitarisierung der deutschen Armee – mit einer Stärke von nur noch 115 000 Soldaten und Offizieren – erlitt die Zivilgesellschaft einen schweren Schlag. Karrieren und Kontakte waren wertlos geworden, die militärischen Anteile in den Biografien, die erworbenen Dienstgrade sollten fort-an nichts mehr gelten. Dieser Verlust wurde begleitet von ökonomischer Unsicherheit: Tausende von entlassenen Militärs und vom Militär abhängig Beschäftigte drängten auf den deutschen Arbeitsmarkt und konnten auf keine fortlaufend gesicherte Existenz hoffen. Dieses Beschäftigungs-, Macht- und Wer-tevakuum machte die konservativen Teile der Gesellschaft anfällig dafür, Schuldige für ihr politisches, mentales und ökonomisches Dilemma zu suchen. Unvermittelt brach die Hetze gegen die Juden, die im stabilen ökonomischen Kaiserreich noch gedeckelt werden konnte, wieder hervor.

Warum die Juden? Offenbar war der Sozialneid auf die religiöse Minderheit ein Motor antise-mitischen Denkens. Das verhängnisvolle Schlagwort Heinrich von Treitschkes „Die Juden sind unser Unglück!" wurde für viele Deutsche vor ihren leeren Brotkästen anschaulich und nachvollziehbar. Das überdurchschnittliche wirtschaftliche Engagement, der Erfolg der Juden, zeigte sich vor allem in Berlin. 1895 – in der ökonomischen Hochzeit des Kaiserreiches – hatten die Juden in Berlin einen Bevölke-rungsanteil von etwa fünf Prozent, ihr Steueranteil hingegen lag bei etwa 30 Prozent. Die Allgemeinheit partizipierte am jüdischen Erfolg und machte ihn der Minderheit dennoch später zum Vorwurf.

Diese gefährliche Sicht auf die Dinge, wie sie vor allem das konservative Bürgertum äußerte, war nicht das einzige Problem. Sozialdemokraten, Gewerkschaften und später auch die Kommunisten be-schäftigten sich ebenso mit der Frage, wie es zur Katastrophe von 1918 hatte kommen können. Diese

generelle Abrechnung mit dem Kapitalismus schloss am Ende auch die vermögenden jüdischen Großindustriellen und Großkaufleute, Bankiers und andere mit ein.

Darüber hinaus kursierten in der Weimarer Republik krude Rassentheorien, wie sie im gesamten Europa zwischen 1850 und 1900 salonfähig geworden waren. Der englische Naturwissenschaftler Houston Stewart Chamberlain war mit seinem Werk über die „Grundlagen des neunzehnten Jahrhunderts" (1899) sehr erfolgreich. Auf 1200 Seiten schuf Chamberlain die theoretische Basis eines rassischen Antisemitismus. Kerngedanke dabei war, dass die „deutsche Kultur" bewahrt und von „fremden", in erster Linie „jüdischen" Einflüssen gereinigt werden müsse. Sein Schwiegervater, der Komponist Richard Wagner, gehörte zu den einflussreichsten deutschen Antisemiten, die diese Thesen erfolgreich weiter verbreiteten. Aber auch der bei Paris geborene französische Diplomat Arthur de Gobineau wusste schon im Paris der 1850er-Jahre über eine Überlegenheit der „arischen Rasse" erfolgreich zu dozieren. Sein vierbändiger Essay „Über die Ungleichheit der Menschenrassen" wurde nicht nur von Wagner geschätzt, sondern war auch in den amerikanischen Südstaaten beliebt, rechtfertigte er doch den Sklavenhandel. Mit dieser Gemengelage an Motiven und Schriften versuchten die Antisemiten nach Kräften, das insgesamt aufstrebende (west-)europäische jüdische Bürgertum auszubremsen.

Gegenstudien, zum Beispiel aus der Feder des deutschen Arztes Rudolf Virchow (1821–1902) in Berlin, blieben ungehört. Lange vor der todbringenden Rassentheorie der Nationalsozialisten hatte der berühmte Mediziner festgestellt, dass es biologisch und medizinisch keinen relevanten Zusammenhang zwischen körperlichen Merkmalen und religiöser Zugehörigkeit gibt.

Ökonomische Unsicherheiten zeigten sich auch im gesamtstaatlichen Rahmen. Immerhin hatte das Deutsche Reich mit Unterzeichnung des Versailler Vertrages 13 Prozent seines Territoriums und damit etwa zehn Prozent seiner Bevölkerung verloren. Mehr noch: Die im Westen und Osten abgetretenen Gebiete wiesen eine hohe Konzentration von Betrieben der Schwerindustrie auf. Mit den verlorenen Teilen Westpreußens standen aber auch wichtige landwirtschaftliche Nutzflächen nicht mehr zur Verfügung, die für die Lebensmittelversorgung notwendig waren.

Mit der Inflation 1923 kam es schließlich zum Zusammenbruch der deutschen Volkswirtschaft. Die nicht mehr zu leistenden Verbindlichkeiten an die Siegermächte, die Ruhrbesetzung im selben Jahr durch Frankreich, der Verlust von großen Vermögen und kleinen Sparguthaben – all dies erschütterte das ohnehin schon mangelhafte Vertrauen in die Verfassungsorgane und politischen Eliten.

Die militärische Niederlage mit dem einhergehenden Bedeutungsverlust und weitgehenden ökonomischen Abstieg von Offizieren und Soldaten sowie von Industrien entmutigte große Teile der Gesellschaft. Die Kriegsschuld, die den Deutschen übertragen wurde, löste wiederum innerhalb Deutschlands die Frage aus, wer denn tatsächlich die Schuld am verlorenen Krieg habe. Der in die Welt gesetzten Dolchstoßlegende, der zufolge vor allem Vertreter der Sozialdemokratie durch Friedensinitiativen die deutschen Frontsoldaten hinterrücks verraten hätten, wurden auch antisemitische Momente hinzugefügt.

Der Hass auf die Alliierten des Ersten Weltkrieges, namentlich auf Frankreich, die Wut und Enttäuschung über den verlorenen Krieg, die Verzweiflung darüber, wie es mit Deutschland bei den harten

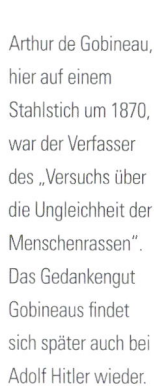

Arthur de Gobineau, hier auf einem Stahlstich um 1870, war der Verfasser des „Versuchs über die Ungleichheit der Menschenrassen". Das Gedankengut Gobineaus findet sich später auch bei Adolf Hitler wieder.

Häuserzeile im Großen Jüdenhof mit dem Turm des Stadthauses im Hintergrund, nach 1911

Den geistigen Entwicklungen und dem Antisemitismus entgegenzuwirken versuchte der Centralverein deutscher Staatsbürger jüdischen Glaubens mit der Zeitschrift „Anti Anti: Tatsachen zur Judenfrage" von 1932 mit Argumentationshilfen gegen antisemitische Propaganda.

Reparationsbedingungen weitergehen werde, in Gemengelage mit den kruden Rassentheorien – all dies bildete jene gefährliche Mischung, die dem Nationalsozialismus den Weg bereitete und der jüdischen Minderheit die Schuld an allem zuweisen sollte. Der Genozid an den europäischen Juden war damit natürlich noch nicht vorprogrammiert. Seine geistigen Grundlagen gewannen jedoch in der Weimarer Republik zunehmend an Kontur.

Emigration in Richtung Westen

1897 war in Russland eine Volkszählung durchgeführt worden, etwa 5,2 Millionen Juden wurden dabei registriert. Anders als in Westeuropa hatte die Aufklärung im großen russischen Reich nicht stattgefunden. Während sich die westeuropäischen Juden längst aus ihren umschlossenen Wohnbereichen, den „Schtetl", befreit hatten, wohnten ihre osteuropäischen Glaubensgenossen noch immer in allen Lebensbereichen abgeschirmt. Die fehlende Kommunikation und der fehlende kulturelle Austausch machten die zumeist reaktionäre russische Gesellschaft in ihrem eigenen Transformationsprozess auf dem Weg in die Moderne zusehends anfällig dafür, den Juden die Schuld für eigene politische und ökonomische Fehlentwicklungen zu geben. Spätestens seit den 1880er-Jahren war es immer wieder zu regional und lokal begrenzten Pogromen gekommen. Die Erfolge, die das jüdische Bürgertum in Westeuropa trotz aller Anfeindungen und antisemitischen Strömungen erreichen konnte, ließen das Interesse der osteuropäischen Juden am westlichen Europa steigen.

Viele jüdische Intellektuelle beteiligten sich an der Oktoberrevolution 1917, die zum Ende der Zarenherrschaft führte. Obwohl sie so gegen die Monarchie gekämpft hatten, blieben vielen Juden die erhofften führenden Positionen in der jungen Sowjetunion verwehrt.

So setzte in den frühen 1920er-Jahren eine jüdische Emigrationswelle in Richtung Westen ein, und Berlin bildete einen bevorzugten Anlaufpunkt. Die Stadt galt im Vergleich zur östlichen Hemisphäre als tolerant und aufgeschlossen. Allerdings drängten auch verarmte jüdische Immigranten nach Berlin – exakt zu einer Zeit, als Berlins Bevölkerung selbst im Zuge der Inflation unter starker wirtschaftlicher Anspannung stand.

Der Großraum Alexanderplatz und das nördlich davon gelegene sogenannte Scheunenviertel zwischen Münzstraße und der heutigen Torstraße lagen im Brennpunkt der unruhigen und kreativen Großstadt Berlin. In diesen Straßen pulsierte das zumeist von wirtschaftlicher Not und Armut geprägte, osteuropäisch-orthodoxe jüdische Leben der Stadt. Der Alltag dort hatte mit dem verwestlichten und etablierten – oftmals auch großbürgerlich bestimmten – Milieu der Salons, Ateliers, Kanzleien und Geschäftsetagen der gesellschaftlich integrierten Juden in Charlottenburg oder Wilmersdorf nichts zu tun.

Das Leben in den Straßen nördlich vom Alexanderplatz war auch anders als das eher kleinbürgerlich geprägte jüdische Milieu vor allem in den Arbeiterquartieren des Nordens wie dem Prenzlauer Berg oder auch im Osten und Südosten wie Neukölln und Kreuzberg.

Woher kam der Name Scheunenviertel? Mit dem Ende des Dreißigjährigen Krieges war Berlin auf Veranlassung des Großen Kurfürsten neu befestigt worden. Die Holzscheunen zur Lagerung von Heu und Stroh verlegte man in diesem Zuge vor die Bastionen, um Flächenbrände zu vermeiden. Von der Mitte des 17. bis zum Ende des 19. Jahrhunderts wurde dieses – wortwörtlich zu nehmende – Scheunenviertel mehr und mehr mit einfachen, zumeist eingeschossigen Mietshäusern bebaut. Von Beginn an waren die Straßen zwischen dem Alexanderplatz am Rande des mittelalterlich-barocken Berlins und dem Windmühlenberg, dem späteren Prenzlauer Berg, bewohnt von mittellosen Schichten.

Das diskreditierende Wort „Scheune" wurde auf die zum Teil unsäglich schlechten Behausungen des 19. Jahrhunderts übertragen. Den Nationalsozialisten fiel es 50 Jahre später leicht, die ganze Gegend zu stigmatisieren. Armut, Mietskasernenelend und orthodoxes Judentum aus dem osteuropäischen Ausland waren vermutlich nicht nur für Rechtsextremisten eine denkbare kulturelle Einheit.

Jüdische Männer im Gespräch im Scheunenviertel, 1905

Die genauen Einwohnerzahlen des Viertels sind schwer zu schätzen. Man kann aber davon ausgehen, dass sich um 1925 etwa 40 000 Juden – etwa ein Viertel aller Juden in Berlin – in den dicht bebauten Straßen drängten. Eines der vielen literarischen Zeugnisse hierzu ist Martin Beradt zu verdanken, 1881 als Sohn eines orthodoxen Juden geboren. Sein Roman „Straße der kleinen Ewigkeit" ist eine Hommage an die Grenadierstraße (seit 1951 Almstadtstraße). Das Manuskript konnte Beradt im Juli 1939 auf seiner Flucht nach London retten. Der Roman wurde nach dem Tod des Autors erstmals 1965 in deutscher Sprache veröffentlicht und 1993 und 2000 neu aufgelegt. Zu Beginn des Romans kommt der Protagonist Frajim Feingold als polnischer Jude in Berlin an: „In …(Polen)… erzählte man sich sagenhafte Dinge von New York … und Berlin lag auf halbem Wege dorthin." Als Feingold im Herbst 1927 die deutsche Hauptstadt erreicht hatte, führte ihn der Weg unmittelbar in die Grenadierstraße: „Hier, in einer Stadt von vier Millionen Einwohnern, einer der größten und bedeutendsten der Welt, waren so (jüdisch) ausgeprägt nur wenige Gassen … Dreitausend Menschen hatte sie bisher beherbergt, jetzt sollte es einer mehr sein."

Martin Beradt schrieb zwar über das Scheunenviertel, hatte dort aber nie gewohnt. Der erfolgreiche Rechtsanwalt führte eine Kanzlei in der Joachimsthaler Straße. Zu seinen Mandanten zählten unter anderem Außenminister Walther Rathenau und der Schriftsteller Heinrich Mann. Der literarischen Beispiele sind viele: Auch Alfred Döblin führte seine Hauptfigur Franz Biberkopf in seinem 1929 erschienenen und weltberühmten Roman „Berlin Alexanderplatz" in die Judengassen hinter dem Alex. Selbst der Schuster Voigt in Carl Zuckmayers „Der Hauptmann von Köpenick" erwirbt seine Uniform bei einem jüdischen Trödler im Scheunenviertel.

Das Scheunenviertel war im Berlin der Weimarer Republik so gefürchtet, dass das Statistische Amt 1929 eine Untersuchung durchführte. Die Gassen um die Linienstraße waren fünfmal so dicht bevölkert wie der Berliner Durchschnitt. Die sanitären Verhältnisse waren miserabel.

In der Dragonergasse (heute Max-Beer-Straße) wurde im Mai 1916 das Jüdische Volksheim eröffnet. Das Heim war kaum mehr als eine beengte Drei- bis Vierzimmerwohnung, wie es der anarchistische Vordenker Gustav Landauer (1870–1919) in einem Brief an seine Tochter beschrieb. Die mit einfachsten Mitteln hergerichtete Einrichtung war Kinderhort, Fortbildungsstätte, Tischlerwerkstatt und erste Anlaufstelle für ankommende, mittellose Migranten zugleich – kurz: lebendiger Mittelpunkt in schwierigem sozialem Milieu.

Landauer hielt hier Vorträge über den Sozialismus und jüdischen Marxismus. Als Mitglied der Münchner Räteregierung 1919 war es Landauer und anderen Aktivisten nach der Novemberrevolution gelungen, Bayern in eine sozialistische Räterepublik umzuwandeln. Unmittelbar nach der Niederschlagung des Aufstandes wurde Landauer am 2. Mai 1919 von Freikorps-Soldaten in seiner Haftzelle in München ermordet. Von 1902 bis 1908 hatte Landauer im brandenburgischen Hermsdorf (seit 1920 zum Bezirk Berlin-Reinickendorf gehörig) gewohnt.

Auch Franz Kafka (1883–1924) legte seiner Geliebten Felice Bauer (1887–1960) im Sommer 1916 das Jüdische Volksheim ans Herz. Hier, so schreibt Kafka, könne Felice in Ausübung karitativer Tätigkeit den verarmten Ostjuden wirkungsvoll helfen, um selbst durch Hilfe und Unterstützung ihren Seelenfrieden zu erhalten. Geistige Befreiung, so schreibt Kafka weiter, erhalte seine Geliebte, wenn sie die mittellosen Migranten in praktischer Lebensführung unterstütze, damit sie es schaffen können, sich dem „gebildeten Westjuden unserer Zeit" anzunähern. Die Diskrepanz zwischen gesicherter bürgerlich-jüdischer Existenz im Westen Berlins und dem internationalem Schmelztiegel entwurzelter und verarmter Ostjuden musste auch jenen klar sein, die nicht über die geistigen Fähigkeiten eines Franz Kafka verfügten. Die schmutzigen Hinterhöfe in den Straßen nördlich vom Alexanderplatz bildeten ganz augenscheinlich einen Kontrast zu den eleganten Etagenwohnungen rund um den Zoologischen Garten.

Jüdische Intellektuelle im Berliner Westen

Die wohlhabenden russischen Juden bevorzugten den bürgerlichen, oft vornehmen Westen rund um den Kurfürstendamm. Der Historiker Simon Dubnow (1860–1941) zum Beispiel war ein bedeutender jüdischer Gelehrter, heute ist er außerhalb von Fachkreisen nahezu vergessen. Der gebürtige weißrussische Jude hatte 1880 mit 20 Jahren sein Schtetl verlassen und war nach St. Petersburg gegangen. Zunächst Journalist, widmete er sich mehr und mehr dem Studium der jüdischen Geschichte. Der erste Band seiner zehnbändigen „Weltgeschichte des jüdischen Volkes" erschien bereits 1901. Komplett wurde das Werk 1925–29 im Jüdischen Verlag in Berlin herausgegeben. Dubnow, der sich selbst als Schriftsteller bezeichnete, hatte regen gesellschaftlichen Verkehr mit einer Vielzahl von osteuropäischen und jüdischen Professoren und Intellektuellen. Deren Wohnungen lagen zwischen Zehlendorf und dem Kurfürstendamm. Dubnow selbst bezog seine erste Wohnung in Berlin 1922 in einem Hinterhaus in der Halberstädter Straße unweit vom Kurfürstendamm. Später lebte er in Grunewald, ehe er mit 70 Jahren in seine letzte Wohnung in der Ruhlaer Straße 8 in Schmargendorf wechselte. Hier pflegte Dubnow auch Umgang mit einem alten Freund aus russischen Tagen in Odessa: Chajim Nachman Bialik stieg später nach seiner Auswanderung nach Palästina zum gefeierten Nationalschriftsteller Israels auf.

Am 23. August 1933 mussten die Dubnows Berlin verlassen und suchten Zuflucht in Riga, das 1941 von der Wehrmacht eingenommen wurde. Dubnow wurde bei den Massenerschießungen in Riga am 8. Dezember 1941 von einem seiner ehemaligen studentischen Hörer ermordet und anschließend in ein Massengrab geworfen. Sein Traum, mit dem ihm freundschaftlich verbundenen Albert Einstein eine europäische Universität des Judentums – vielleicht sogar mit Sitz in Berlin – zu gründen, hatte sich nicht erfüllt.

Eine der schillerndsten Figuren des Berliner Literaturbetriebs in den 1920er-Jahren war ohne Zweifel Lev Nussimbaum. Der Literat und Kulturwissenschaftler wurde am 20. Oktober 1905 in Baku (damals Russisches Kaiserreich) als Sohn des jüdischen Ölindustriellen Abraham Nussimbaum und dessen Frau Berta geboren. Nach der Oktoberrevolution begann für Vater und Sohn eine mehrjährige Odyssee durch Europa und Asien, ehe sich beide 1920 in Berlin wiederfanden. Am russischen Realgymnasium legte Nussimbaum sein Abitur ab und nahm im Folgenden ein Studium der Islamwissenschaften sowie der türkischen und arabischen Sprache auf. Im August 1922 war Nussimbaum zum islamischen Glauben konvertiert und nannte sich fortan Essad Bey. Unter diesem und unter dem Pseudonym Kurban Said schuf Nussimbaum eine Vielzahl von bedeutenden Werken wie „Öl und Blut im Orient". 1931 erschien eine Biografie über Stalin, ein Jahr darauf folgte im Berliner Verlag Kiepenheuer eine Biografie über Mohammed, die bis heute unter Islamwissenschaftlern Beachtung findet. Nussimbaum verkehrte unter anderem mit Vladimir Nabokov und Else Lasker-Schüler, pflegte freundschaftliche Beziehungen zu Boris Pasternak. Nach der Machtübernahme Hitlers waren zunächst weder seine jüdischen Wurzeln noch seine kommunistische Haltung aufgefallen. Erst 1936 wurde gegen ihn ein Schreibverbot verhängt. Daraufhin siedelte Nussimbaum nach Wien über. 1938 ging er schließlich nach Positano bei Neapel. Mit nur 36 Jahren verstarb er dort am 27. August 1942.

Der bedeutende jüdische Gelehrte Simon Dubnow lebte wie zahlreiche andere etablierte jüdische Intellektuelle im Berliner Westen.

Zwischen 1917 und 1923 kamen etwa 300 000 russische Exilanten in die Reichshauptstadt. Während die verarmten orthodoxen osteuropäischen Juden im Scheunenviertel erste Kontaktmöglichkeiten fanden, gab es für die wohlhabenden russischen Juden im Berliner Westen erste Hilfsmöglichkeiten. Unweit vom KaDeWe waren in der Kleiststraße 11 der Verein Russischer Juden in Deutschland e. V. und die Jüdische Gesellschaftsversammlung beim Verband Russischer Juden in Deutschland ansässig. In der Bleibtreustraße 47 hatte das Berliner Komitee der Hungerhilfe für Juden in Russland und der Ukraine sein Büro. Man kann sich nur schwer vorstellen, dass verarmte Juden bis hierher in die vornehmen Seitenstraßen des Kurfürstendamms gelangt sind. Es ist offenbar auch nicht ganz zufällig, dass sich die Einrichtungen der wohlhabenden, liberalen Gemeinden wie die Synagoge in der Fasanenstraße in mehr oder weniger direkter Nachbarschaft befanden. Ob deutsche und russische Juden Beziehungen unterhielten, und wenn ja, in welchem Umfang, ist bisher jedoch noch wenig erforscht.

Jüdische Verlage

Dubnow war ein typischer Vertreter der jüdischen Intellektuellen aus Osteuropa. In Berlin konnte er sich weiter auf Jiddisch verständigen. Hier war eine Vielzahl von jüdischen Verlagshäusern ansässig, in denen die exilierten Intellektuellen ihre Arbeiten publizieren konnten. Insgesamt gab es in den 1920er-Jahren etwa 1200 Verlage. Nicht nur bei den Buchverlagen, auch als Zeitungsstadt war Berlin führend in Deutschland. Die jüdischen Verlagshäuser Mosse und Ullstein spielten eine große Rolle.

Leopold Ullstein (1826–99) – Sohn eines Druckereibesitzers – eröffnete bereits als junger Mann im Jahre 1855 sein erstes Kontor in der Alt-Cöllner Brüderstraße im Schatten der Petrikirche. Sein 1877 gegründeter Ullstein-Verlag fand alsbald seinen Sitz in dem 1881–86 errichteten repräsentativen Verlagshaus in der Kochstraße, das während des verheerenden Bombenangriffs am 3. Februar 1945 fast vollständig zerstört wurde. Seit 1892 verlegte Ullstein hier die erste Zeitschrift im Deutschen Reich, die „Berliner Illustrirte Zeitung". Nach dem Tod Ullsteins führten seine Söhne das Unternehmen weiter und verlegten bald auch Bücher. Ende der 1920er-Jahre waren die Verlags- und Produktionsräume auch im eigens errichteten firmeneigenen Druckhaus am Tempelhofer Hafen untergebracht. Das Backsteinhaus ist noch heute eines der markantesten Gebäude Berlins, wird jedoch nicht mehr von Verlagen genutzt.

Bedeutende von Juden gegründete Verlage waren neben dem Ullstein-Verlag mit seiner 1919 gegründeten und einem anspruchsvollen bibliophilen Programm verpflichteten Tochter, dem Propyläen-Verlag, auch der Kiepenheuer-Verlag und der von Samuel Fischer (1859–1934) geführte gleichnamige Verlag in der Bülowstraße 90/91.

C.V.-Zeitung

Central Verein

Berlin, 30. August 1929
VIII. Jahrgang • Nr. 35
Einzelnummer 20 Pfennig

Blätter für Deutschtum und Judentum.

Organ des Cen...
Staatsbürg...
Allgemeine...

Vierteljahrsabonnement
2,50 RM. (zuzügl. Bestellgeld).
Verlag und Schriftleitung: Berlin SW 68, Lindenstr. 13. .. Amt Dönhoff 3594, 3595. .. Po...
stube G, Berlin SW 68, Lindenstraße 7, und von Goldschmidt-Ro...
Alleinige Anzeigenannahme: Annoncen-Expedition Rudolf Mosse, Berlin SW 100, und deren Filiale...
Normalzeilenmesser Nr. 4, Familienanzeigen und Stellengesuche (nicht Stellenangebote) für Mitglieder

Moses
Mendelssohn
zum 6. Sept. 1929

Dem erſten deutſchen Juden, dem geiſtigen
Vater unſerer Gleichberechtigung,
dem gewaltigen Förderer deutſchen
Geiſteslebens zum 200. Geburtstag.

Mit Beiträgen von:

Fritz Bamberger, Gustav Boeß, Fritz Engel, Herbert Eulenberg, Fritz Friedlaender, Leo Hirsch,
Ludwig Holländer, Benno Jacob, Hugo Lachmanski, Heinrich Levy, Jakob Seifenſieder,
Heinemann Stern, Selma Stern-Täubler, Siegfried Weinberg, Paul Wiegler, Eugen Wolbe.

Der 1893 gegründete und für die Rechte der jüdischen Bevölkerung eintretende Centralverein deutscher Staatsbürger jüdischen Glaubens e. V. brachte ab 1922 die im Rudolf-Mosse-Verlag wöchentlich erscheinende „C.V.-Zeitung. Blätter für Deutschtum und Judentum" heraus.

Das 1900 bis 1903 errichtete Mossehaus, Druck-und Verlagshaus des „Berliner Tageblatts", wurde während der Straßenkämpfe 1919 in Mitleidenschaft gezogen.

Der gebürtige ungarische Jude Fischer kam 1874 als 15-Jähriger nach Wien und absolvierte dort eine Buchhändlerlehre. 1880 siedelte er nach Berlin über, wo er sechs Jahre später den S.-Fischer-Verlag gründete, den er bis zu seinem Tod 1934 leitete. Der Verlagsmitarbeiter Peter Suhrkamp erwarb 1936 vom Schwiegersohn Samuel Fischers jene Vermögensanteile des Verlages, die die Familie nach ihrer Flucht aus Deutschland nicht ins Ausland transferieren konnte.

In den sogenannten Goldenen Zwanzigern lebten bis zu 800 Schriftsteller in Berlin, etwa 200 davon mögen zu den namhaften und erfolgreichen Autoren gezählt haben. Bei S. Fischer wurde 1912 eines der bedeutendsten Bühnenstücke der deutschen Literatur des 20. Jahrhunderts verlegt: „Jedermann" von Hugo von Hofmannsthal. Kurz zuvor war das Stück am 1. Dezember 1911 unter dem ebenfalls jüdischen Theatermacher Max Reinhardt in Berlin uraufgeführt worden.

Samuel Fischer erwarb 1904 ein Grundstück vom jüdischen Bankier Hermann Rosenberg. Rosenberg war ein Onkel von Katia Mann, der Frau des Literaturnobelpreisträgers Thomas Mann. Dieser reüssierte im Hause Fischer: 1901 war Fischer mit der Herausgabe der „Buddenbrooks" der wohl größte wirtschaftliche Coup seiner Karriere gelungen und Mann zu einem der bedeutendsten deutschen Schriftsteller geworden.

Nachdem Fischer von Rosenberg das im vornehmen Grunewald gelegene Grundstück Erdener Straße 5 erworben hatte, ließ er dort 1905 vom renommierten Architekten Hermann Muthesius eine stattliche Villa errichten, die heute unter Denkmalschutz steht. Die Villa wurde in der Zeit des Nationalsozialismus enteignet. Fischer, der hier verstorben ist, wurde in einem Familiengrab auf dem Jüdischen Friedhof in Weißensee bestattet. Das Familiengrab ist erhalten.

Im ersten Drittel des 20. Jahrhunderts hatte sich noch ein weiterer jüdisch geführter Verlag erfolgreich etabliert, der allerdings anders als Samuel Fischer nicht schwerpunktmäßig auf Belletristik setzte, sondern auf die Herausgabe von Kunstbüchern. Am 20. September 1898 eröffneten die beiden jüdischen Cousins Bruno und Paul Cassirer in der vornehmen Tiergarten-Vorstadt in der heute nicht mehr vorhandenen Viktoriastraße 35 die „Bruno & Paul Cassirer, Kunst- und Verlagsanstalt".

Einladungskarte zur Ausstellungseröffnung „Die vier Jahreszeiten" von Bruno und Paul Cassirer, 1901

Im Frühjahr desselben Jahres waren die beiden in die Berliner Secession eingetreten. Auf Vermittlung des Präsidenten der Secession, des berühmten jüdischen Malers Max Liebermann, wurden die beiden als Sekretäre beauftragt. Damit verfügten die Cassirers zu Beginn ihrer Laufbahn sofort über die glänzendsten Kontakte zur Moderne im Berliner Kunstbetrieb, zum Beispiel zu Max Slevogt und später zu Lovis Corinth. Bruno Cassirer war ein großer Pferdefreund und leistete sich ein Gestüt in Brandenburg. Er gehörte zwischen 1913 und 1933 zu den maßgeblichen Förderern der Trabrennbahn in Berlin-Mariendorf.

Ab 1901 gingen die beiden Cousins geschäftlich getrennte Wege. Während Paul weiter den Kunst-handel betrieb, führte Bruno den Kunstverlag weiter. Der junge Christian Morgenstern, der zu dieser Zeit am Stuttgarter Platz 4 wohnte, arbeitete bei ihm als Lektor. Morgensterns erste Werke wurden noch im Fischer-Verlag verlegt, seine „Galgenlieder" gab 1905 bereits der Cassirer-Verlag heraus.

Von 1913 bis kurz nach dem Ersten Weltkrieg war Ernst Rowohlt bei S. Fischer Prokurist. Der 1887 in Bremen geborene und gelernte Bankkaufmann gründete 1919 einen Verlag, der seinen Namen trug. Rowohlt verlegte zwei viel gelesene jüdische Autoren: Alfred Polgar und Kurt Tucholsky. Polgar, 1873 in Wien geboren, war einer der prominentesten Journalisten und Feuilletonisten seiner Zeit. Anfänglich schrieb er für das „Berliner Tageblatt", das im – ebenfalls jüdischen – Haus von Rudolf Mosse herausge-geben wurde. Die Werke des in der Lübecker Straße 13 in Moabit als Sohn eines jüdischen Bankkauf-manns geborenen Kurt Tucholsky (1890–1935) machten bei Rowohlt Furore, während seine feuilleto-nistischen Beiträge zunächst im „Ulk", einer satirischen Beilage des „Berliner Tageblatts", eine breite Leserschaft fanden.

Tucholskys Hauptaugenmerk galt aber seiner Mitarbeit an der linksliberalen „Weltbühne", deren Redaktion sich in der Charlottenburger Wundtstraße 33 befand. Mit seiner ersten Frau bewohnte Tu-cholsky eine Wohnung in der Kaiserallee 79 (heute Bundesallee 79). Nach der gescheiterten Ehe hatte Tucholsky sein Domizil in der Nähe der „Weltbühne", in der Windscheidstraße 34. Polgar und Tuchols-ky gehörten zu jenen Dichtern, deren Werke am 10. Mai 1933 während der Bücherverbrennung auf dem Berliner Opernplatz auf den Scheiterhaufen geworfen wurden. Beide Künstler mussten emigrieren, wobei Tucholsky schon seit 1924 größtenteils im Ausland gelebt hatte. Tucholsky starb 1935 im schwedi-schen Hindås an einer Überdosis Tabletten – unklar ist, ob es sich um Selbstmord oder eine versehentli-che Selbsttötung handelte.

Als sehr wahrscheinlich gilt der Freitod des Philosophen und Schriftstellers Walter Benjamin 1940. 1892 in eine wohlhabende jüdische Familie hineingeboren, wuchs Benjamin in der Grunewalder Del-brückstraße 23 auf, in unmittelbarer Nachbarschaft zu den Häusern der Fischers, Mendelssohns und Rathenaus. Benjamin legte 1912 sein Abitur am Kaiser-Friedrich-Gymnasium in Charlottenburg ab. In den Zwanzigern pendelte Benjamin zwischen Paris und Berlin. In der Wilmersdorfer Prinzregentenstra-ße 66, wo er von 1930 bis zu seiner Flucht aus Deutschland 1933 seine letzte Berliner Wohnung hatte, schrieb er seine autobiografische Skizzensammlung „Berliner Kindheit um Neunzehnhundert". Anfäng-lich von der jüdischen Philosophin Hannah Arendt im Pariser Exil finanziell unterstützt, nahm sich der völlig verarmte und desillusionierte Benjamin auf seiner weiteren Flucht vor den einmarschierenden Nazis das Leben.

Einer der von Juden geführten erfolgreichen Verlage trug das Judentum sogar im Namen: Der Jüdi-sche Verlag war eines der angesehensten Verlagshäuser für die gesamte jüdische Welt. Er wurde 1901 in Berlin von namhaften jüdischen Intellektuellen gegründet. Dazu zählten der in Wien geborene Religi-onsphilosoph Martin Buber, der bis 1928 in Zehlendorf wohnte, ehe er ins hessische Heppenheim um-zog, und Chaim Weizmann, der 1948 der erste Staatspräsident des neu gegründeten Staates Israel werden sollte. Weizmann hatte Chemie an der Königlich Technischen Hochschule in Charlottenburg studiert. Der Jüdische Verlag hatte seinen Sitz in der Budapester Straße 11 nahe der Kaiser-Wilhelm-Gedächtnis-kirche. 1938 wurde der Verlag verboten. Heute wird er als Tochterunternehmen des Suhrkamp-Verlages mit Sitz in der Pappelallee 78–79 im Prenzlauer Berg fortgeführt.

Kultur und Judentum in Berlin

Theater, Konzert, Kabarett: Berlin war in seiner kurzen kulturellen Blütezeit zwischen dem Ende des Ersten Weltkrieges und dem Machtantritt Adolf Hitlers eine der wichtigsten Kulturstädte der Welt. Rund um den Bahnhof Friedrichstraße hatte sich eine Theaterlandschaft etabliert, die in dieser Dichte und Qualität ihresgleichen suchte.

Dreh- und Angelpunkt waren die großen Häuser, in denen fortlaufend Operetten und Revuen in großer Besetzung präsentiert wurden: Allein das Große Schauspielhaus als Vorläufer des Friedrichstadt-Palastes, der Wintergarten im 1895 eröffneten Central-Hotel, der Admiralspalast und die Komische Oper waren vier bedeutende Häuser, die innerhalb eines Radius von kaum mehr als 250 Metern lagen. Von hier aus konnte man zudem das Metropol-Theater in der Behrenstraße (heute Komische Oper), die Theater des Reinhardt-Imperiums in der Schumannstraße, das Schauspielhaus am Gendarmenmarkt und die Staatsoper Unter den Linden erreichen. Und dazwischen lagen die Kleinkunstbühnen.

Nach dem Ersten Weltkrieg etablierte sich rund um die Gedächtniskirche am Kurfürstendamm ein zweites Eldorado der leichten Muse. Kurz vor dem ersten der beiden verheerenden Kriege hatte das Theater am Nollendorfplatz einen Anfang gemacht. Es folgten die legendäre Scala in der Martin-

Max Reinhardt prägte die Berliner Theaterszene wie kein anderer.

Luther-Straße und die Theater am Kurfürstendamm, die 1924 von Max Reinhardt gegründet wurden. Das Grundstück der kriegszerstörten Scala befand sich in der Martin-Luther-Straße 22/24 an der Ecke der heutigen Fuggerstraße. Dieses bedeutende Theater war eine Gründung von neun zumeist jüdischen Geschäftsleuten.

Einer davon war der 1882 geborene und gebürtige Frankfurter Jude Julius „Jules" Marx. Marx hatte in Berlin eine Banklehre in der angesehenen Privatbank der jüdischen Familie Bleichröder absolviert. Mit einem Startkapital von 150 000 Mark wurde die Scala im September 1920 nahe dem vom jüdischen Kaufmann Adolf Jandorf geführten KaDeWe eröffnet und avancierte bald zum bekanntesten Varietétheater Deutschlands. Mit Beginn der NS-Diktatur musste Marx fliehen. Er betrieb im Pariser Exil erfolglos ein neues Varieté und wurde mit dem Einmarsch der Wehrmacht in die französische Hauptstadt von französischen Kollaborateuren verhaftet. Über das Internierungslager Gurs nordöstlich der Pyrenäen wurde Marx in das KZ Sachsenhausen deportiert, wo er am 8. Mai 1944 starb.

Es war aber nicht nur jüdischer Kaufmannsgeist, der der Berliner Unterhaltungsindustrie zum Erfolg verhalf, sondern auch jüdische Künstler. Zwei davon waren Erik Charell und Rudolf Nelson. Der 1878 in Berlin als Rudolf Lewysohn geborene Rudolf Nelson hatte bereits in den ersten Jahren des 20. Jahrhunderts in der Potsdamer Straße und Unter den Linden erfolgreiche Kleinkunstbühnen betrieben. Zudem schrieb er Operetten und Revuen, die unter anderem am Metropol-Theater gespielt wurden. 1933 musste er wegen seiner jüdischen Abstammung aus Berlin fliehen und konnte nach Umwegen über Wien und die Schweiz in einem Versteck in Holland der Deportation entgehen. Nach dem Krieg kehrte er nach Berlin zurück und schrieb dort eine letzte Revue. Nach seinem Tod 1960 erhielt er ein Ehrengrab auf dem Waldfriedhof Dahlem.

Erik Charell wurde am 8. April 1894 als Erich Karl Löwenberg in Breslau geboren. Der ausgebildete Tänzer wurde 1913 in Berlin von Max Reinhardt entdeckt. Mit dem von ihm gegründeten Charell-Ballett tourte er erfolgreich durch Europa. Musikalischer Leiter war der ebenfalls aus jüdischer Familie stammende Friedrich Hollaender. 1924 übertrug Max Reinhardt Charell die Leitung des Großen Schauspielhauses am Schiffbauerdamm. Die Revuen galten als Muss für jeden Theaterbegeisterten im Berlin der 1920er-Jahre. Hier gelangten die von Charell entdeckten Comedian Harmonists zu Weltruhm. Auch Marlene Dietrich spielte unter Charell. Mit Robert Gilbert und Ralph Benatzky brachte Charell in diesem Haus 1930 das Singspiel „Im weißen Rößl" zur Uraufführung. Vielfach verfilmt, steht diese Operette noch heute auf den Spielplänen der deutschsprachigen Theater. Bei dem opulent ausgestatteten UFA-Film „Der Kongress tanzt" mit Lilian Harvey und Willy Fritsch, der 1931 in die Kinos kam, führte Charell Regie.

Wie Rudolf Nelson verließ auch Charell Berlin zu Beginn der nationalsozialistischen Gewaltherrschaft. In den USA war er weiterhin im Film- und Theatergeschäft tätig. Nach dem Krieg kehrte er ebenfalls wie Nelson nach Deutschland zurück, konnte jedoch nicht mehr an seine alten Erfolge anknüpfen. Nach seinem Tod 1974 wurde er in München beigesetzt.

Jüdische Wissenschaftler in Berlin

Die Friedrich-Wilhelms-Universität Unter den Linden gehörte bis 1933 zu den bedeutendsten und erfolgreichsten Hochschulen der Welt. In knapp über 30 Jahren wurden 20 Professoren der Berliner Universität mit einem Nobelpreis in Physik, Chemie, Medizin oder Literatur bedacht. Vor allem in den Naturwissenschaften war ein überdurchschnittlich hoher Anteil von jüdischen Wissenschaftlern vertreten.

1926 waren an der Berliner Universität 931 von insgesamt 8038 Studenten jüdischen Glaubens. Im Wintersemester 1927/28 waren fast 20 Prozent der Medizinstudenten und knapp mehr als zwölf Prozent der angehenden Juristen Juden. Damit hatten die jüdischen Akademiker einen viel höheren Anteil, als der Anteil der Juden an der Gesamtbevölkerung Berlins betrug: Etwa vier Prozent waren in dieser Zeit mosaischen Glaubens.

Mit der zunehmenden Verschärfung der beruflichen Situation für Jungakademiker Ende der 1920er-Jahre kam schnell eine Debatte darüber auf, wieso denn im Verhältnis zur Gesamtbevölkerung so viele Juden in die lukrativen Berufsfelder von Medizin und Juristerei zu drängen wagten. Hatte der Nationalsozialistische Deutsche Studentenbund (NSDStB) bei den AStA-Wahlen 1927 nur zwei Prozent der Stimmen erhalten, verfügte die Vertretung der NS-Studentenschaft 1928 schon über 15 Prozent und ein Jahr später bereits über 19 Prozent. In weniger als zwei Jahren konnten die nationalsozialistischen Jungakademiker den Anteil ihrer Vertreter an den studentischen Gremien verzehnfachen.

Gleich in den ersten Monaten der Regierung Hitlers wurde eine „Säuberung" der Berliner Hochschulen durchgeführt. Schnell tendierte die Zahl der jüdischen Studenten gegen null. Mindestens 250 jüdische und jüdischstämmige Hochschullehrer wurden verjagt und entlassen. Viele verließen umgehend Deutschland, darunter die Spitzenvertreter der deutschen Wissenschaft Albert Einstein und Fritz Haber.

Fritz Haber (1868–1934) wurde 1911 Direktor des neu gegründeten Kaiser-Wilhelm-Instituts für Physikalische Chemie und Elektrochemie in Berlin-Dahlem (heute Fritz-Haber-Institut der Max-Planck-Gesellschaft). Er leitete das Institut bis zu seiner Entlassung 1933. 1919 hatte er den Nobelpreis für Chemie erhalten. Seine wesentliche wissenschaftliche Leistung war die Erfindung des Kunstdüngers. Allerdings war er auch verantwortlicher Chemiker für die Giftgaseinsätze im Ersten

Max Reinhardt
bespielte das
Theater am
Schiffbauerdamm
von 1903 bis 1906.
1954 wurde es
zur Spielstätte
des „Berliner
Ensembles".

Albert Einstein gab ein Violinkonzert von Bach in der Neuen Synagoge in der Oranienburger Straße am 29. Januar 1930.

Weltkrieg, zu deren Überwachung er an der Front im Westen eingesetzt wurde. Seine jüdischstämmige Frau Clara (geborene Immerwahr) promovierte 1900 an der Universität Breslau in Chemie und war damit eine der ersten promovierten Frauen in Deutschland.

Das Ehepaar Haber bewohnte die Dienstvilla des Instituts im Faradayweg 8. Hier nahm sich Clara Haber am 1. Mai 1915 das Leben, vermutlich aus Protest gegen die von ihrem Mann maßgeblich mit ermöglichten Giftgaseinsätze im Ersten Weltkrieg. Die Villa trägt heute den Namen des Ehepaars.

Beruflich und freundschaftlich verbunden war Fritz Haber mit Albert Einstein (1879–1955). Einstein war in München aufgewachsen und kam im April 1914 nach Berlin. Seitdem bewohnte er eine Wohnung in der Haberlandstraße 5 (heute Nachkriegsbau Nr. 8) im Bayerischen Viertel. Dort arbeitete Einstein weiter an seiner Relativitätstheorie, für die er 1921 den Nobelpreis für Physik erhielt. Einstein war – wie Haber – an der Gründung der Kaiser-Wilhelm-Gesellschaft beteiligt. Seit dem 1. Oktober 1917 war er Direktor des Instituts für Physik. Beide Naturwissenschaftler wurden wegen ihrer jüdischen Herkunft vertrieben. Haber erlag bereits 1934 in einem Basler Hotel einem Herzschlag, Einstein lebte bis 1955 in den USA.

Magnus Hirschfeld (1868–1935) galt als einer der bekanntesten und auch umstrittensten jüdischen Mediziner Berlins. Am 15. Mai 1897 gründete Hirschfeld – Sohn eines jüdischen Arztes – in seiner Wohnung in der Charlottenburger Berliner Allee 104 (heute: Otto-Suhr-Allee) mit dem „Wissenschaftlich-humanitären Komitee" die erste weltweit bekannte Vereinigung, die Homosexualität legalisieren und aus der gesellschaftlichen Ächtung befreien wollte. Eine Petition im Reichstag war dazu gescheitert. Nach seinem Fronteinsatz als Lazarettarzt gründete Hirschfeld zudem am 6. Juli 1919 das Institut für Sexualwissenschaften. Der Sitz der Einrichtung, die 1924 in eine Stiftung umgewandelt wurde, war im vornehmen Tiergarten in der Beethovenstraße 3/Ecke In den Zelten 10. Die nicht vollständig zerstörte Villa wurde nach dem Zweiten Weltkrieg abgerissen und mit dem Haus der Kulturen der Welt überbaut.

Hirschfeld untersuchte die Entwicklung und Störung von sexuellem Verhalten. Durch Aufklärung wollte er mehr Toleranz für abweichendes Sexualverhalten erreichen. Hirschfeld, der den Begriff der „Travestie" erstmals formulierte, lebte wegen massiver Anfeindungen schon vor 1933 in der Schweiz und in Frankreich. An seinem 67. Geburtstag am 14. Mai 1935 starb er in Nizza.

Ebenfalls einen bedeutenden Platz in der Berliner Medizingeschichte hat sich Rahel Hirsch (1870–1953) erworben. Rahel Hirsch war zunächst Lehrerin, ehe sie Medizin studierte. Als zweite Ärztin der Geschichte der Charité musste sie sich gegen eine männlich dominierte Akademikerwelt behaupten. Ab 1908 leitete sie die II. Medizinische Klinik. Ihr Forschungsschwerpunkt galt der Darmschleimhaut. Ein Gehalt erhielt die jüdische Wissenschaftlerin für ihre Tätigkeit nicht, auch nicht, nachdem sie als erste Frau in Preußen 1913 den Professorentitel erhalten hatte. Ihren Unterhalt bestritt sie mit ihrer Praxis am Schöneberger Ufer 31. Dort hatte sie bis 1919 auch ihre Wohnung. Enttäuscht verließ sie 1919 die Charité und praktizierte fortan bis 1933 als niedergelassene Ärztin am Kurfürstendamm 220.

Rahel Hirsch floh im Oktober 1938 nach London. Aber in England wurde ihre Approbation nicht anerkannt. Sie schlug sich als Übersetzerin durch und wurde von schweren Depressionen geplagt. 1953 starb sie in London nach mehrjährigen Aufenthalten in psychiatrischen Kliniken. Eine Straße am Berliner Hauptbahnhof und eine weitere auf dem Charité-Campus erinnern heute an die große Ärztin und Wissenschaftlerin. Zudem wurde 1995 vor ihrer klinischen Wirkungsstätte zu ihrem 125. Geburtstag eine ihr gewidmete Bronzeplastik aufgestellt.

Im Zuge der Bücherverbrennung auf dem Opernplatz am 10. Mai 1933 plünderten Studenten das Institut des Sexualforschers Magnus Hirschfeld und trugen seine Büste zum Schauplatz des Autodafés.

Theodor Wolff

Der Schriftsteller und Publizist Theodor Wolff wurde am 2. September 1868 als Sohn des wohlhabenden jüdischen Textilgroßhändlers Adolf Wolff und dessen Frau Recha in Berlin geboren. Mit seinen drei Geschwistern wuchs er am Dönhoffplatz auf. Sein Geburtshaus an der Westseite des Platzes musste 1912 einem Erweiterungsbau des Warenhauses Tietz weichen.

Wolff trat mit 19 Jahren in das Verlagshaus Mosse ein, das sein 25 Jahre älterer Cousin Rudolf Mosse führte und wo er eine journalistische Ausbildung erhielt. Neben seiner Verlagstätigkeit versuchte sich Wolff als Theaterschriftsteller. 1889 war er Mitbegründer der „Freien Bühne". Die Gründungsveranstaltung fand im Café Schiller am Gendarmenmarkt statt. Zum zweiten Vorsitzenden wurde Samuel Fischer gewählt, der in der nahen Friedrichstraße eine erste kleine Buchhandlung betrieb. Die „Freie Bühne" hatte sich der Öffnung der Berliner Theaterwelt für neue Strömungen verschrieben. Wolff war mit Henrik Ibsen und mit dem norwegischen Maler Edvard Munch befreundet.

Ab 1894 arbeitete Wolff für das „Berliner Tageblatt" als Korrespondent in Paris. Dort heiratete er 1902 die protestantische Schauspielerin Anna Hickethier. Sie hatten zusammen zwei Söhne und eine Tochter, die evangelisch getauft wurden. Der deutschen Öffentlichkeit wurde 1896 die antisemitisch motivierte Dreyfus-Affäre durch die Berichterstattung von Wolff bekannt.

1906 kehrte Wolff nach Berlin zurück und war bis zu seiner Entlassung am 5. März 1933 Chefredakteur des „Berliner Tageblatts". Zeitweise hatte die Hauptstadtzeitung eine Auflage von mehr als 300 000 Exemplaren. In der Kaiserzeit trat Wolff für die Abschaffung des Dreiklassenwahlrechts und für eine Demokratisierung Deutschlands ein. Auch während des Krieges zählte er zu einer der wenigen Stimmen, die sich gegen den Annexionismus des deutschen Kaiserreichs wandten. Damit ging er ein hohes Risiko ein: Im Juli 1916 wurde das „Berliner Tageblatt" sogar vorübergehend verboten.

Im November 1918 gehörte Wolff zu den Gründungsmitgliedern der Deutschen Demokratischen Partei (DDP), der er bis 1926 angehörte. Albert Einstein und Hjalmar Schacht waren ebenso mit der DDP verbunden wie der dann zum ersten Vorsitzenden gewählte Friedrich Naumann. Die Partei konnte nicht – wie anfangs erhofft – das liberale demokratische Bürgertum einheitlich binden, Gustav Stresemann stand mit seiner Deutschen Volkspartei (DVP) konkurrierend daneben.

Nach dem Reichstagsbrand Ende Februar 1933 floh Wolff über Tirol in die Schweiz. Ohne Chance auf ein Visum in die USA wurde er am 23. Mai 1943 in Nizza von der Gestapo verhaftet und ins KZ Sachsenhausen verschleppt. Aufgrund schwerer Krankheit wurde er am 20. September 1943 in das Jüdische Krankenhaus im Wedding verlegt, wo er drei Tage später starb. Sein Grab ist auf dem Jüdischen Friedhof in Weißensee.

Heute: Die Brücke KAMPF ODER RESIGNATION? Morgen-Ausgabe Einzelnummer mit „WELT-SPIEGEL" 20 Pfg. in Oesterreich 40 g

Berliner Tageblatt
und Handels-Zeitung

Nr. 360
Ausgabe für Berlin

61. Jahrgang
Sonntag, 31. Juli 1932

Erscheint wöchentl. 12mal. Tägl. illustr. Sportblatt. Illustr. Gratis-Zeitschriften — wöchentl. je einmal —: „Welt-Spiegel", „Haus Hof Garten"; in zwangloser Folge: „Moden-Spiegel", „Techn. Rundschau", Sonntags „Die Brücke des B.T.". Dienstags „Medizinische Umschau", Mittwochs „Technik der Zeit", Donnerstags „Uk", Freitags „Reiseblatt". Bezugspreis wöchentl. —.85, monatl. 4.50 ℛℳ (davon 50 ₰ für die Zustellung) im voraus zahlbar, d. Post 4.90 ℛℳ monatl. inkl. 96 ₰ Postgebühr exkl. Zustellung. Auslandsbezug d. die Hauptexpedition u. die Postanstalten in Deutschland, Tschechoslowakei, Ungarn, die Schweiz, Belgien, Frankreich, Italien, Luxemburg, Holland, Dänemark, Schweden, Norwegen, Finnland, Lettland, Estland, Rumänien, für alle übrigen Staaten zur Beng mit Kreuzband durch die Expedition. Im Falle höherer Gewalt oder Streiks haben unsere Bezieher keinen Anspruch auf Nachlieferung od. Erstattung d. entsprechend. Entgelts. In Berlin abonniert man i. Rudolf Mosse-Haus, Berlin SW 100, Jerusalemer Str. 46—49, u. in sämtl. Filialen (Fernspr. Stadtverkehr: Sammel-Nr. Dönhoff 3440. Fernverkehr: Sammel-Nrn. A 7 Dönhoff 4207, 8295). Telegr.-Adr.: „Berlibla", Berlin Rudolf Mosse Code. Postscheckk.: Berlin Nr. 324. Anzeigenpreis: die 12gespaltene Zeile 1.30 ℛℳ (Familien-Anzeigen ℛℳ). Anzeigen-Annahme im Rudolf Mosse-Haus, Berlin SW 100, Jerusalemer Str. 46—49. u. in sämtl. Filialen. Aufnahme von Anzeigen an bestimmten Tagen, Stellen od. i. bestimmten Ausgaben wird nicht gewährleistet.

HAUPTREDAKTEUR: THEODOR WOLFF IN BERLIN   DRUCK UND VERLAG: RUDOLF MOSSE IN BERLIN

Gegen Diktatur — für Freiheit!

Am Entscheidungstag darf niemand an der Urne fehlen.

Um Alles!

T. W. Wähler und Wählerinnen, ihr habt heute vielleicht zum letzten Male die Möglichkeit, selbst über euer Schicksal, über das Schicksal Deutschlands und über euer eigenes, zu bestimmen. Wenn heute der Nationalsozialismus triumphiert und nun ab nach mehr als bisher schon mit ihm verbündeten Reaktion seinen Willen diktieren kann, und werdet ihr, solange diese Herrschaft dauern wird, nicht mehr zur Wahl gehen, nicht mehr eure Meinung in die Waagschale werfen dürfen — dann wird man den letzten Reste eurer Freiheit und eurer Bürgerrechte zerschlagen, und mit den brutalen Mitteln, die ihr kennt, euch zu dumpfem Gehorsam, zu schweigender Unterwerfung zwingen. Die deutsche Republik hat, wie Simson, lange geschlafen, man hat ihr schon mehr als eine Locke weggeschnitten und ihr recht hübsche Fesseln angelegt. Aber der Einzelwohl, euer ganz privates Wohlleben, ist in diesem Kampfe nicht weniger bedroht als die Staatsidee. Vielleicht sagt mancher achselzuckend: „Was kümmert mich der Staat?" und spottet erhaben über die Abgeschmacktheit eines Freiheitsideals. Aber erstreckt sich nicht auch der Gedanke an ein Regiment entfesselten Dilettantismus und der rohen Gewalt? Wenn heute allzu viele schlafen sollten, dann würde wohl mancher von diesen egoistischen Schläfern rauh geweckt werden und bald an eigenem Leibe verspüren, wohin er geraten ist. Nicht nur für den schon gebundenen Verwaltungsstaat, sondern für jeden, der missfällt und dessen Person oder dessen Geistesrichtung nicht in das neue Schema hineinpasst, würde es heissen: „Philister über dir!"

Dass es die Nationalsozialisten in der heutigen Wahl zu einer Mehrheit bringen werden, wird nicht angenommen. Ob sie zusammen mit Hugenbergs Deutschnationalen und den Ueberbleibseln der anderen Rechtsparteien die Majorität haben werden, ist nicht vorauszusehen. Der Kanzler dieser Koalition müsste Hitler oder einer seiner Paladine sein. Der Sieg kann dem anstürmenden Bunde entgehen, wenn die Freunde der Ordnung und der Freiheit vollzählig auftreten, wenn auch ihr, Wähler und Wählerinnen, nicht die Pflicht versäumt, die missfällt und dessen Mehrheit, zu der die Kommunisten gehören, eine Regierung aufstellen können. Immerhin würde, und das für den Augenblick die Hauptsache, sie dem Rechtsradikalismus den parlamentarischen Weg zur Alleinherrschaft versperren. Wahrscheinlich würde dann versucht werden, das Zentrum für die tätige oder untätige Unterstützung einer nicht zu unmässigen Rechtsregierung zu gewinnen. Kein leichtes und aussichtsvolles Unternehmen, die Anführer des Hakenkreuzzuges ihre Gläubigen mit herrlichen Versprechungen berauscht haben und windig ein von Nationalsozialismus abgeschworen wird. Das Kabinett Papen, haben schlaue Rechner berechnet, wird die Kommunistische Partei verbieten, und damit auf ganz einfache, die Linke schwächen und die Rechtsmehrheit erlangen. Gar nicht einfach, da es zwar die Kommunistische Partei verbieten könnte — eine Absicht, die Herr von Papen übrigens in Verfassungsbruch. Ihre Abgeordneten aus dem Reichstag fernhalten wollen. Selbst Bismarck hat mit dem Sozialistengesetz, das die verfemte Partei vernichtete, die Erwählten der Sozialdemokratie nicht an der Ausübung ihres Mandates zu hindern vermocht. Sie sassen auf ihren Plätzen, sie sprachen und stimmten mit, und

Tag der Entscheidung.

Die Entscheidung, zu der die deutschen Wähler am heutigen Sonntag aufgerufen werden, ist so eindeutig wie niemals bei einer vorhergehenden Wahl. Seit dem 1. Juni, seit Brünings Sturz, ist die deutsche Politik aus dem Zwielicht der Verschwommenheit herausgekommen, seit diesem Tage regieren in der Gestalt des Kabinetts der „Nationalen Konzentration" die Kräfte des Rückschritts, und seit dem 20. Juli, seit der gewaltsamen Eroberung Preussens, hat die Reaktion in Deutschland ihre Herrschaft so offen aufgerichtet, dass eigentlich für niemand mehr ein Zweifel bestehen kann, in welche Front er gehört. Man kann am Sonntag nur für oder gegen Papen stimmen, und da hinter dem Kabinett Papen der ganze Heerbann der Reaktion steht, von den Nationalsozialisten über die Deutschnationalen bis zu den Splittergruppen der sogenannten bürgerlichen Rechten, ist der Platz aller anderen Parteien die Front gegen Papen, Hitler und Hugenberg. Diese Front muss am 31. Juli die Mehrheit behaupten, um zu verhindern, dass der Staat unwiderruflich denen ausgeliefert werde, die an die Stelle der Selbstbestimmung freier Staatsbürger die Diktatur einer Partei oder eines Mannes setzen wollen.

Wenigstens 44½ Millionen Wähler

dürften am heutigen Sonntag das Stimmrecht besitzen. Wenn man die Wahlbeteiligung wie bei der letzten Reichstagswahl zugrunde legt, müssten rund 36 Millionen Stimmen abgegeben werden, was etwa am Wahl von 600 Abgeordneten entspräche, sofern nicht durch die Konkurrenz der Splitterparteien einige hunderttausend Stimmen verloren gehen. Gewiss ist unter den jungen Wählern, die in den letzten Jahren nachgewachsen sind, infolge der grossen gesellschaftlichen Revolution der letzten zehn Jahre die Neigung zum Radikalismus stärker als je geworden. Aber dies kann kein Grund sein, die Aussichten der Nationalsozialisten und ihrer Verbündeten zu überwerten und ihren Sieg für sicher zu halten. Im Gegenteil, seitdem mit dem Kabinett Papen die Reaktion ihre Herrschaft angetreten hat, seitdem der neue Kurs auch in Preussen herrscht und seitdem der Linken und der verfassungstreuen Mitte die offene Verantwortung für den Staat abgenommen ist, hat sich aus der Front der Verteidigung, in die die Republikaner gedrängt waren, ein

neuer Gegenangriff

gegen die Reaktion entwickelt, der immer weitere Kreise in seinen Bann zieht.

Der Kampf gilt nicht nur dem negativen Ziele, der Verhinderung der faschistischen Diktatur, sondern auch, in immer wachsendem Masse einem positiven Ziele, der

Wiederaufrichtung und dauernden Befestigung der bürgerlichen Freiheit.

Grosse Entscheidungen können von einem Volke erst dann getroffen werden, wenn die Tatbestände, die sie fordern, so einfach sind, dass sie auch vom letzten Mann begriffen werden. Dieser Punkt ist jetzt in der deutschen Politik erreicht, und deshalb sind die Massen so stark in Bewegung geraten.

Es kommt jetzt darauf an, die mehr oder weniger deutliche Erkenntnis der einzelnen in geschlossene Aktionen umzusetzen, und der nächste Weg dafür ist die Abstimmung am heutigen Wahltag. Es darf niemand der Urne fernbleiben, weil die Sache des Ganzen niemals mehr seine eigene Sache war als heute. Wer zur Urne kommt, um als verantwortungsbewusster Staatsbürger seine Stimme abzugeben, wer nicht sich selbst, das Land und den Staat einem dunklen, gefährlichen Schicksal aussetzen will, muss seine Stimme den Parteien geben, die ohne Schwanken in der Front gegen Papen, Hitler und Hugenberg stehen. In der amtlichen Reihenfolge der Listen sind dies:
die Liste 1 (Sozialdemokratische Partei),
die Liste 4 (Zentrumspartei),
die Liste 8 (Deutsche Staatspartei).

wenn damals ein paar Verfolgte, wie Bebel und Bernstein, aus dem Reichstag verschwanden, so fiele auch diese Möglichkeit, die Fraktion durch den Staatsanwalt verkleinern zu lassen, bei dem heutigen Wahlrecht, das den Ersatzmann in die Lücke treten lässt, voraussichtlich fort. Also bliebe dem Kabinett Papen, wenn es auf die von Herrn von Schleicher so entschiedene abgelehnte Diktatur verzichtet und „parlamentarisch" regieren will, nur übrig, sich wechselnde Mehrheiten zu suchen, und das Zentrum als Dauerposten, um den sich alles bewegt, und als Bindeglied in jeder Kombination. Aber das sind die Sorgen von morgen und übermorgen, und heute ist unsere und eure einzige Sorge, ob das Ende dieses Tages das Ende der geistigen und persönlichen Freiheit, das Ende der wirtschaftlichen und politischen Vernunft bedeuten soll.

Da es an den bisherigen Freundlichkeiten für die Hitler-Partei offenbar noch nicht genug war, hat Herr von Papen vorgestern den Amerikanern erklärt, die

nationalsozialistische Bewegung erstrebe „ausschliesslich eine nationale Wiedergeburt." Kein Zweifel, dass in Teilen der nationalsozialistischen Jugend solche idealistischen Gefühle vorhanden sind, und selbst in leidenschaftlichsten Wahlkampf kann uns die Gegnerschaft nicht veranlassen, diesen besseren Elementen der feindlichen Front unrecht zu tun. Einige Stunden vor Herrn von Papen hat am Rundfunk Herr Gregor Strasser das Regierungsprogramm des Nationalsozialismus vorgetragen, und dabei ist den Hörern wohl, wie dem Schüler bei den Lehren Mephistos, ein Mühlrad im Kopfe herumgegangen. Strasser, der gewiss mit Recht als eine der begabtesten und einflussreichsten Persönlichkeiten der Partei gilt, hat „sachlich" sprechen wollen, und er hat, in schnellem und ununterbrochenem Fluss, „Sachliches" über sämtliche Probleme der notleidenden deutschen Menschheit vorgebracht. Sogar die soziale Frage soll für immer und bis auf den letzten Rest gelöst worden, dafür hat man wunderbare Rezepte, die der Redner leider für sich behielt.

Leitartikel von Theodor Wolff aus dem „Berliner Tageblatt" vom 31. Juli 1932: ein leidenschaftlicher Aufruf, am Wahltag gegen Papen und Hitler zu votieren und die Sozialdemokratische Partei, die Zentrumspartei oder die Deutsche Staatspartei zu wählen, um schlimmeres Übel zu verhindern.

Das von Erich Mendelsohn entworfene Columbushaus in den 1930er-Jahren

Erich Mendelsohn

Erich Mendelsohn gilt als einer der wichtigsten deutschen Architekten jüdischer Herkunft. Geboren am 21. März 1887 im ostpreußischen Allenstein als Sohn eines Lederwarenhändlers, nahm er 1907 auf Wunsch seines Vaters ein Studium der Ökonomie in München auf. Ein Jahr darauf wechselte er zum Architekturstudium an die Königlich Technische Hochschule in Charlottenburg. Sein Studium beendete er 1912 in München und arbeitete zunächst als freier Architekt in der Münchner Theaterszene. Im November 1918 kehrte Mendelsohn nach Berlin zurück. Mit seiner Frau Louise bewohnte er bis 1930 Räume in der Pension Westend in der Kastanienallee 32. Sein Büro unterhielt er anfänglich in der nahe gelegenen Ahornallee, ehe er eines in der Nussbaumallee 2-4 einrichtete.

Der jüdische Kunsthändler Paul Cassirer stellte 1919 in seiner Kunsthandlung erste Skizzen des bis dahin noch völlig unbekannten Architekten aus. Von Anfang an vertrat Mendelsohn eine neue Form des sachlichen Bauens, mit der er in der jungen Republik auf Stirnrunzeln stieß. Über seine Frau Louise lernte Mendelsohn den Astrophysiker Erwin Freundlich kennen, der wiederum mit Albert Einstein bekannt war und ein Observatorium errichten wollte, mit dem man die Relativitätstheorie Einsteins bestätigen könnte. Mendelsohn führte bis 1922 die Pläne für dieses Observatorium auf dem Telegrafenberg in Potsdam aus. Auf diesen sogenannten Einsteinturm wurde der Verleger Rudolf Lachmann-Mosse aufmerksam, der das jüdische Verlagshaus Mosse im Berliner Zeitungsviertel baulich erweitern wollte. Dafür konnte er Mendelsohn gewinnen.

Durch den Juristen Kurt Blumenfeld, Präsident der deutschen zionistischen Organisation, hatte Mendelsohn vielfältige Kontakte in Berlin und auch nach Palästina, wo er schon in den 1920er-Jahren etliche Projekte realisieren konnte. In Berlin

trat Mendelsohn mit mehreren großen Projekten hervor. Nicht erhalten hat sich das Pelzhaus Herpich in der Leipziger Straße 8-13. Um die Neugestaltung von vier Geschäftshäusern wurde um 1925 jahrelang gestritten. Mendelsohn galt vielen nach wie vor als zu modernistisch. Zwei weitere Großprojekte von Mendelsohn stehen hingegen bis heute. Am Kurfürstendamm 153 errichtete der Architekt 1927 einen Gebäudekomplex, in dem seit 1987 die Schaubühne ihren Sitz hat. Außerdem steht unweit vom Halleschen Tor in der Alten Jakobstraße 149/ Ecke Lindenstraße der 1930 fertiggestellte Verwaltungsbau für den ehemaligen Deutschen Metallarbeiter-Verband (DMV).

Das legendäre Columbushaus am Potsdamer Platz stammte aus den Jahren 1930-32. Hierher verlegte Mendelsohn sein Büro mit 40 Mitarbeitern. Das Büro wurde nach der Machtübernahme der Nationalsozialisten von Mendelsohns Mitarbeiter Ernst Sagebiel „arisiert". Sagebiel war als „Hausarchitekt" Hermann Görings unter anderem verantwortlich für den Bau des Flughafens Tempelhof. Das Columbushaus wurde im Zweiten Weltkrieg stark beschädigt, die Reste wurden 1957 abgetragen.

Seinen Wohnsitz hatte der international gefeierte Architekt Mendelsohn bis zu seiner Emigration 1933 in der von ihm entworfenen Villa Am Rupenhorn 6. Dort fanden sich Albert Einstein, der Journalist Theodor Wolff und der spätere israelische Staatspräsident Chaim Weizmann gern als Gäste ein. Am 30. April 1933 verließen die Mendelsohns Berlin. Aus dem Bund Deutscher Architekten und aus der Preußischen Akademie der Wissenschaften ausgeschlossen, arbeitete Mendelsohn zunächst in London, dann ging er nach Palästina. Aus Sorge vor den näher rückenden deutschen Truppen emigrierten die Mendelsohns 1941 weiter in die USA. Dort starb Mendelsohn am 15. September 1953.

Franz Kafka

Franz Kafka zählt zu den wichtigsten deutschen Schriftstellern in der ersten Hälfte des 20. Jahrhunderts. Zwar hatte Kafka seinen räumlichen Lebensmittelpunkt nicht in Berlin, dennoch darf er nicht unerwähnt bleiben.

Kafka wurde am 3. Juli 1883 in Prag als erster Sohn des jüdischen Kaufmanns Hermann Kafka geboren. Kafka wurde hier 1906 zum Dr. jur. promoviert. Während des Studiums hatte er den Schriftsteller Max Brod kennengelernt, mit dem ihn eine lebenslange Freundschaft verband. Max Brod heiratete kurz vor dem Ersten Weltkrieg in Berlin eine Verwandte von Felice Bauer. Felice Bauer ihrerseits entstammte einer niederschlesischen jüdischen Familie, die 1899 nach Berlin gekommen war und im Prenzlauer Berg Kleinhandel betrieb. Später wohnte die Familie in der Wilmersdorfer Straße 73. Kafka lernte Felice am 13. August 1912 bei Brod kennen. Mit der gelernten Stenotypistin unterhielt er eine wechselvolle Liebesbeziehung. Zweimal ver- und entlobten sich die beiden.

Bei einem Aufenthalt in einem Sanatorium in Graal-Müritz an der Ostsee lernte Kafka im Juli 1923 die chassidische Jüdin Dora Diamant kennen. Sie arbeitete im Jüdischen Volksheim in der Dragonerstraße im Berliner Scheunenviertel. Kafka folgte ihr nach Berlin. Der gesundheitlich angegriffene Kafka scheute sich, in die pulsierende Reichshauptstadt der 1920er-Jahre einzutauchen. Er blieb - zudem finanziell auf schwachem Fundament - abseits des auch turbulenten jüdischen Lebens. Durch Dora lernte er das Scheunenviertel kennen. Er lernte eine gänzlich andere jüdische Lebenswelt kennen als die, in die er als westlicher und nicht praktizierender Jude hineingeboren war. Die Großstadt erfüllte ihn mit Unbehagen. Über seine Besuche im Scheunenviertel hinaus ist nur bekannt, dass Kafka sich vereinzelt mit Max Brod im damals sehr bekannten Café Josty am Potsdamer Platz getroffen hatte.

Kafka suchte zwar die Nähe der Großstadt Berlin, konnte und wollte aber nicht in ihr leben und arbeiten. So zog er ins damals noch ländlich geprägte Steglitz. 1923 bezog er nach mehreren Wohnungswechseln mit Dora zwei Zimmer in der Grunewaldstraße 13. Die frei stehende Villa nahe dem von ihm geschätzten Botanischen Garten war sein letztes festes Domizil. Im niederösterreichischen Sanatorium Klosterneuburg verstarb der jüdische Literat mit knapp 41 Jahren am 3. Juni 1924 an Kehlkopftuberkulose.

Im Februar 1924 wohnte Franz Kafka mit Dora Diamant noch kurzzeitig in der heutigen Busseallee 7–9 (damals Heidestraße 25–26) in Berlin-Zehlendorf, bevor er im März 1924 todkrank nach Prag zurückkehrte. Das Haus wurde Ende der 1990er-Jahre abgerissen.

Walther Rathenau

Walther Rathenau wurde am 29. September 1867 in Berlin geboren und entstammte einer jüdischen Industriellenfamilie. Sein Vater Emil Rathenau hatte 1883 die spätere Allgemeine Elektricitäts-Gesellschaft (AEG) gegründet. Walther Rathenau wuchs am Monbijouplatz 11 in der Nähe des Schlosses Monbijou und der Neuen Synagoge in der Oranienburger Straße auf. Seine Mutter Mathilde stammte von einem der bedeutendsten Talmudgelehrten des Mittelalters ab, Moses ben Nachman. Rathenau besuchte – wie der Journalist Theodor Wolff und andere prominente Juden auch – das Königliche Wilhelms-Gymnasium in der Bellevuestraße nahe dem Potsdamer Platz. Nach dem Abitur studierte er Physik, Philosophie und Chemie in Berlin und Straßburg sowie 1884 bis 1890 Maschinenbau in München.

Walther Rathenau, Gemälde um 1927

Sein Vater drängte darauf, dass sein Sohn die AEG-Geschäftsführung übernehme. Walther fügte sich dem väterlichen Druck nur widerwillig und leitete bis 1898 den Aufbau weiterer Betriebe in Bitterfeld und im schwäbischen Rheinfelden. Ab 1899 hatte er verschiedene Aufsichtsratsposten inne. 1895 kündigte er seinen Austritt aus der Jüdischen Gemeinde zu Charlottenburg an, er hat ihn aber nie rechtlich vollzogen. 1910 bezog Rathenau die von ihm selbst entworfene Villa in der Koenigsallee 22 (heute 65) im vornehmen Grunewald. Über Gerhart Hauptmann wurde Rathenau mit dem Verleger Samuel Fischer bekannt, der seinerseits nur wenige Fußminuten von der Villa Rathenau entfernt ein ebenso jüdisch-großbürgerliches Ambiente pflegte. 1922 publizierte Rathenau sein essayistisches Buch „Zur Kritik der Zeit", das im Fischer-Verlag erschienen ist.

Während des Ersten Weltkrieges war Rathenau in die zentralen Rüstungsplanungen der Reichsregierung eingebunden und plädierte als konservativer Industrieller auch für die Deportation von belgischen Zivilisten als Zwangsarbeiter nach Deutschland. Das führte unter anderem zum Bruch der Freundschaft mit dem bekannten jüdischen Journalisten Maximilian Harden.

Ab Oktober 1921 war Rathenau Reichsaußenminister. 1922 gelang es ihm, mit dem Vertrag von Rapallo einen Ausgleich zwischen Sowjetrussland und dem Deutschen Reich zu erzielen. Der Vertrag sah die Wiederaufnahme diplomatischer Beziehungen ebenso vor wie den Verzicht auf Reparationen. Trotz dieses außenpolitischen Erfolgs galt Rathenau in Teilen der deutschen Öffentlichkeit als jüdischer Verräter. Rathenau wurde am 24. Juni 1922 auf seinem Arbeitsweg von der Königsallee ins Auswärtige Amt in der Wilhelmstraße von rechtsextremistisch gesinnten Angehörigen der Organisation Consul erschossen. Ein Gedenkstein am Tatort erinnert an das Attentat. Walther Rathenau wurde in der Familiengruft auf dem landeseigenen Waldfriedhof in Oberschöneweide bestattet.

Max Reinhardt

Max Reinhardt ist unzweifelhaft einer der bedeutendsten deutschen Theaterregisseure des 20. Jahrhunderts. Reinhardt entstammte einer ungarisch-jüdischen Kaufmannsfamilie. Der Vater Wilhelm Goldmann betrieb eine kleine Weinhandlung, die durch den Gründerkrach 1873 in Konkurs gegangen war. Der am 9. September 1873 in Baden bei Wien geborene Max Goldmann hatte sich schon früh dem Schauspiel verschrieben und 1890 den Künstlernamen „Reinhardt" angenommen, den ab 1904 die gesamte Familie trug. 1894 wurde Reinhardt am Wiener Provinztheater in Rudolfsheim vom Berliner Theaterdirektor Otto Brahm entdeckt. Reinhardt siedelte nach Berlin über und wohnte bis 1902 in der Friedrichstraße 134 nahe dem Theaterviertel im nördlichen Straßenabschnitt.

An der Schwelle zum 20. Jahrhundert versuchten in einer allgemeinen Aufbruchstimmung bedeutende zeitgenössische Künstler wie Max Liebermann eine Abkehr von tradierten Darstellungs- und Ausdrucksformen von Kunst, wie sie sich zur Reichsgründungszeit im konservativ geführten Kulturbetrieb verfestigt hatten. Reinhardt suchte mit dem 1899 gegründeten „Secessionstheater" auch nach neuen Spielformen auf der Theaterbühne. 1901 richtete er Unter den Linden das „Überbrettl" ein, aus dem das Theater „Schall und Rauch" hervorging. 1905 übernahm er schließlich von Otto Brahm das Deutsche Theater, das er mit den benachbarten Kammerspielen fusionierte. Reinhardt reformierte die Theaterwelt und konzentrierte sich auf moderne Autoren wie Henrik Ibsen. Ibsens Drama „Gespenster" feierte am Deutschen Theater seine Uraufführung, zu der Edvard Munch die Bühnenaus-

stattung lieferte. Gleichzeitig richtete Reinhardt eine neue Schauspielschule ein, aus der die heute noch bestehende Hochschule für Schauspielkunst Ernst Busch hervorging.

Ab 1902 wohnte Reinhardt für drei Jahre in der Grunewalder Fontanestraße 8, ehe er dann für weitere sechs Jahre im Tiergarten in der vornehmen Adresse In den Zelten 21 zu Hause war. Auf diesem Areal steht heute das Haus der Kulturen der Welt. 1910 heiratete er die Schauspielerin Else Heims. 1911 bezog Reinhardt mit seiner Frau, zwei Söhnen und seiner Mutter das Magnus-Haus Am Kupfergraben 7 gegenüber der Museumsinsel. Von hier aus waren es nur wenige Fußminuten zum Großen Schauspielhaus (ehemals Zirkus Schumann) am Schiffbauerdamm, dessen Direktor Reinhardt 1919/20 war.

1915 bis 1918 leitete Reinhardt zudem die Volksbühne am Bülowplatz (heute Rosa-Luxemburg-Platz) unweit des Scheunenviertels. 1924 gehörte er zu den Gründungsvätern der Komödie am Kurfürstendamm. Gleichzeitig zur Arbeit in seinem Berliner Theaterkonzern begründete Reinhardt im August 1920 die Salzburger Festspiele. Auch leitete er weitere Theater in der österreichischen Hauptstadt.

Mit der Machtübernahme der Nationalsozialisten verließ Reinhardt schweren Herzens Berlin. Den Titel eines „Ehrenariers" lehnte er kategorisch ab. Er wirkte noch einige Jahre in Wien, ehe er schließlich mit seiner zweiten Frau Helene Thimig nach New York emigrierte. Hier engagierte er sich wie seine beiden erfolgreichen Söhne in Hollywood. Am 31. Oktober 1943 starb er in New York und wurde dort auch beigesetzt.

Bertha Falkenberg

Das aus dem religiösen Pflichtgefühl des Judentums entwickelte jüdische Sozialwesen wäre ohne die heute weitgehend vergessene Bertha Ginsberg undenkbar gewesen. Bertha Ginsberg wurde am 8. April 1876 in Berlin geboren und bekleidete in der Berliner Jüdischen Gemeinde in der Weimarer Republik wichtige Ämter. Sie hatte 1902 den liberalen Juden Hermann Falkenberg geheiratet, aus der Ehe gingen der Sohn Paul und die Tochter Hanna hervor. Hermann Falkenberg begründete die liberale Synagoge in der Schönhauser Allee 162, die von den Nationalsozialisten 1938 geschlossen wurde. Das Ehepaar bewohnte eine Wohnung in der Lottumstraße 22 im Prenzlauer Berg unweit vom Scheunenviertel an der Bezirksgrenze zu Mitte. Im selben Haus befand sich das Büro des Jüdischen Frauenbundes (JFB).

Stolperstein für Bertha Falkenberg in der Trendelenburgstraße 17

Der von den jüdischen Frauenrechtlerinnen Bertha Pappenheim und Sidonie Werner 1904 in Berlin gegründete Bund hatte 1932 etwa 52 000 Mitglieder und wurde von 1924 bis zu seiner Auflösung 1938 von Bertha Falkenberg geführt. Die Gründung war nicht nur der Emanzipationsbewegung innerhalb der jüdischen Gemeinden Deutschlands geschuldet, der Bund sollte insgesamt das Gemeinschaftsbewusstsein der Juden in Deutschland stärken und darüber hinaus eine bessere Vernetzung deutscher und internationaler Frauenorganisationen garantieren.

Die Stärkung des Sozialwesens war wesentliche Aufgabe des JFB. Unter der Führung Bertha Falkenbergs konnte das Netz jüdischer Einrichtungen im Berlin der Weimarer Republik dichter geknüpft werden. So eröffnete Falkenberg im Juni 1925 ein zweites Mädchenwohnheim in der Auguststraße 14/15. Im November 1927 folgte in der Kreuzberger Großbeerenstraße 74 ein erstes jüdisches Altenheim, das vom JFB betrieben wurde. Ein zweites Heim entstand durch großzügige Spenden in der Grunewalder Koenigsallee 11a. Hierher wurde im Oktober 1930 auch die Leitung des JFB verlegt.

Am 16. Mai 1926 fanden die ersten Wahlen innerhalb der Jüdischen Gemeinde zu Berlin statt, zu denen Frauen das aktive und passive Wahlrecht erhalten hatten. Wie in der nichtjüdischen Welt auch, war die Einführung des Frauenwahlrechts vor allem bei den Konservativen heftig umstritten. Der neuen Repräsentantenversammlung gehörten neben 19 Männern auch Bertha Falkenberg und Lina Wagner-Tauber an, Mitbegründerin der ersten zionistischen Frauenorganisation in Deutschland. Daneben bildete Falkenberg unter anderem den Stadtverband Jüdischer

Frauenbund mit 15 Bezirksgruppen und 20 weiteren Frauenvereinen. Der Verband war durch die Bildung der Einheitsgemeinde Groß-Berlin 1920 notwendig geworden. Seit 1928 wirkte Bertha Falkenberg auch im Schulvorstand der Jüdischen Gemeinde.

Sie unterstützte die liberalen Reformbemühungen innerhalb der Jüdischen Gemeinde. Durch ihr Mitwirken gelang es, die erste Rabbinerin in Deutschland zu ordinieren: Regina Jonas hatte die Hochschule für die Wissenschaft des Judentums 1930 erfolgreich absolviert und war ab 1935 Rabbinerin in der Synagoge in der Oranienburger Straße.

Nach der Machtübernahme Adolf Hitlers gab Bertha Falkenberg nicht auf. Noch 1935 setzte sie die Gründung eines jüdischen Klubheims in der Marburger Straße 5 in Charlottenburg durch. Nach dem Tod ihres Mannes im März 1936 zog sie zu ihrer Schwester Johanna Ginsberg in die Trendelenburgstraße. 1941 mussten sie in eines der sogenannten Judenhäuser am Blumeshof 15 nahe dem Landwehrkanal (heute unbebaute Fläche an der Straße Am Karlsbad) umziehen. Von hier aus wurden sie im August 1942 nach Theresienstadt deportiert. Im Februar 1945 gelang es einem Schweizer Politiker, 1200 Häftlinge von dort in die Schweiz zu holen. Dort starb Bertha Falkenberg am 20. Mai 1946 kurz vor ihrer geplanten Ausreise über London zu ihrer Tochter in die USA.

Cora Berliner

Ähnlich wie Bertha Falkenberg zählt Cora Berliner zu den wichtigsten und einflussreichsten jüdischen Frauen im Berlin der Weimarer Republik, sie war jedoch, anders als Bertha Falkenberg, keine praktizierende Jüdin. Cora Berliner wurde am 23. Januar 1890 in Hannover als Tochter des wohlhabenden Gründers und Leiters einer privaten Handelshochschule geboren. Die Mutter Hanna Dessauer entstammte einer angesehenen jüdischen Hamburger Kaufmannsfamilie. Ab 1909 studierte Cora Berliner zunächst Mathematik, ehe sie 1916 in Heidelberg in Volkswirtschaft und Öffentlichem Recht promoviert wurde. Schon bald darauf arbeitete sie in der Lebensmittelversorgung der Stadtverwaltung von Berlin-Schöneberg und ab Dezember 1919 im Reichswirtschaftsministerium. Als Regierungsrätin ab 1923 wirkte sie in der Leitungsebene des Statistischen Reichsamtes am Lützowufer 7/8. Ihre Wohnung hatte sie in der Emser Straße 37 in Wilmersdorf.

Seit 1927 für kurze Zeit in der Wirtschaftsabteilung der deutschen Botschaft in London tätig, erhielt sie 1930 einen Ruf als Professorin für Wirtschaftswissenschaften an das Berufspädagogische Institut der Berliner Universität. Cora Berliner war zeitweise Vizevorsitzende des Jüdischen Frauenbundes und wird mit Bertha Falkenberg bekannt gewesen sein. Näheres ist dazu nicht überliefert.

Ihre Karriere endete mit ihrer Entlassung aus dem Staatsdienst auf Grundlage des Gesetzes zur Wiederherstellung des Berufsbeamtentums vom 7. April 1933. Fortan wirkte Berliner in der Reichsvertretung der Deutschen Juden (ab 1938 umbenannt in Reichsverband, ab Februar 1939 Reichsvereinigung), die ihren Sitz in der Oranienburger Straße 29 hatte und sich darum bemühte, möglichst vielen Juden die Ausreise aus Deutschland zu ermöglichen. Lange konnte Cora Berliner - an-

Cora Berliner um 1940

ders als ihre männlichen Kollegen - die schwierigen Geschäfte führen. Selbst von Auslandsreisen kehrte sie immer wieder nach Berlin zurück. Von hier aus wurde sie am 23. Juni 1942 in Richtung Königsberg und Minsk auf einem 200 Personen umfassenden Transport deportiert. Hier verliert sich ihre Spur, vermutlich wurde Cora Berliner in der Nähe von Minsk ermordet. Seit dem Frühjahr 2000 trägt eine Straße am Denkmal für die ermordeten Juden Europas unweit vom Brandenburger Tor ihren Namen.

Verfolgung und Vernichtung

1933-1945

Am 30. Januar 1933 war Adolf Hitler am Ziel: Der hochbetagte Reichspräsident Paul von Hindenburg ernannte ihn zum Reichskanzler. Bereits am Folgetag begannen die Nationalsozialisten, den demokratischen Rechtsstaat zu beseitigen. Die geschichtliche, politische und moralische Berechtigung für den Aufbau des Führerstaates leitete Hitler schon allein daraus ab, dass er den Deutschen als „arisch-nordische Rasse" in seinem 1924 erstmals erschienenen Buch „Mein Kampf" das naturgegebene Recht zuschrieb, die Weltherrschaft zu übernehmen. Mit dieser Idee war Hitler nicht allein: Die Vorstellung von der Sendung des deutschen Volkes, gesetzt in ein Korsett aus militärisch durchdrungenen Handlungsmustern und begleitet von einem tiefen, ja bereits hasserfüllten Misstrauen gegenüber den Juden und ihrer Kultur, hatte längst schon vor dem Ende des Ersten Weltkrieges breitere Bevölkerungsschichten sowie einen Teil des Großbürgertums erreicht.

Hitler bezeichnete den Tag seiner Ernennung zum Kanzler als „Tag der Machtergreifung", einen Tag, an dem Deutschland „berechtigt erwachen konnte". Das hieß für ihn, dass die Befreiung Deutschlands vom „internationalen Judentum" sofort angegangen werden musste. Nach Hitlers Vorstellungen war vor allem Russland durchsetzt von „jüdischen Bolschewisten". Sein Misstrauen und sein Hass schlossen aber auch die für ihn jüdisch bestimmten Gesellschaften in den westlichen Demokratien mit ein. Nicht selten war von „Säuberung" die Rede. Der Satz des Historikers Heinrich von Treitschke aus dem 19. Jahrhundert „Die Juden sind unser Unglück!" wurde nunmehr Staatsräson.

Seit 1933 wurde der Lebens- und Bewegungsraum der Juden in Deutschland – mit Beginn des Krieges auch in den von Deutschen besetzten und kontrollierten Teilen Europas – mehr und mehr eingeschränkt. Was mit der Ausgrenzung von Juden aus allen öffentlichen Bereichen und der Beschneidung auch des privaten Lebens begann, weitete sich nach und nach aus zum Völkermord an den europäischen Juden. Weder die deutsche noch die internationale Öffentlichkeit noch viele der in Deutschland anfänglich bedrängten und bald bedrohten Juden konnten und wollten begreifen, dass die Repressionen der ersten Jahre von Hitlers Herrschaft in der Schoah münden würden. Jene, die das Verhängnis ahnten und die Möglichkeit hatten, verließen Deutschland. Den verbliebenen Juden wurde mehr und mehr der Boden unter den Füßen weggezogen, ihr Alltag wurde immer beschwerlicher und schlug spätestens 1940/41 in direkte Lebensgefahr um.

Die Repressionen nehmen ihren Lauf

Genau vier Wochen nach dem Machtantritt Hitlers brannte das Reichstagsgebäude in Berlin. Schon am nächsten Morgen, dem 28. Februar 1933, nutzten die Nationalsozialisten den Brand, um auf der Grundlage des Artikels 48 der Weimarer Verfassung wesentliche Grundrechte wie den Schutz von Privateigentum und den Schutz der Wohnung aufzuheben. Ferner wurden die Presse- und Meinungsfreiheit eingeschränkt. In den folgenden Tagen wurden mehrere Tausend den Nazis missliebige Gegner und Verdächtige in allen Landesteilen und in allen Schichten der Bevölkerung verhaftet – allein in Berlin etwa 1500 Funktionäre und Angehörige der KPD. Die kommunistische Parteizentrale, gegenüber der Berliner Volksbühne am Bülowplatz gelegen, wurde am 1. März 1933 besetzt und geschlossen. Es ist nicht genau festzustellen, wie viele Juden unter den früh Verfolgten waren. Zu Beginn richteten die Nationalsozialisten ihr Augenmerk

SA-Verbände marschieren anlässlich der „Machtergreifung" durch das Brandenburger Tor. Die Szene wurde im Sommer 1933 für einen Propagandafilm nachgestellt.

zunächst auf ihre politischen Gegner, unabhängig von deren religiöser Zugehörigkeit. Das galt für die Regimegegner in allen Parteien wie auch der SPD oder der DDP (Deutsche Demokratische Partei).

Zunächst wurden die wesentlichen Bestandteile des demokratischen Rechtsstaates beseitigt. Spätestens mit dem Ermächtigungsgesetz vom 24. März 1933 entmachtete sich der Reichstag selbst – allein gegen die Stimmen der Reichstagsfraktion der SPD. Die klassische Gewaltenteilung war fortan aufgehoben. Das galt auch für die Länderparlamente und kommunalen Vertretungen.

Natürlich erschwerte eine jüdische Herkunft von dem NS-Regime ablehnend gegenüberstehenden Volksvertretern deren Überleben im Dritten Reich erheblich. Die Schicksale sind dabei ganz unterschiedlich. Dr. Gertrud Klausener etwa war eine der 21 verfolgten jüdischen Abgeordneten des Preußischen Landtages mit Sitz in der Prinz-Albrecht-Straße (heute Niederkirchnerstraße). Die jüdische Studienrätin gehörte von 1925 bis 1928 dem Preußischen Landtag als DDP-Abgeordnete an. Sie gilt seit 1939 als verschollen.

Anders verhält es sich mit dem jüdischen sozialdemokratischen Abgeordneten und gebürtigen Berliner Ernst Heilmann. Von 1919 bis 1933 war er Mitglied des Preußischen Landtages, seit 1921 bis zur Auflösung der SPD 1933 hatte er den Fraktionsvorsitz inne. Gleichzeitig gehörte er seit 1928 dem Reichstag an. Mit den verbliebenen Abgeordneten der Reichstagsfraktion der SPD stimmte er am 23. März 1933 gegen das Ermächtigungsgesetz. Heilmann wurde nach einer scheinbar endlosen Odyssee – auch durch die Berliner Orte des Terrors wie das Polizeipräsidium am Alexanderplatz und Plötzensee – am 3. April 1940 im KZ Buchenwald durch eine Giftinjektion ermordet.

Hitler versuchte in der Anfangsphase seiner Machtausübung, auch die Exekutivorgane, das heißt Militär und Polizei, unter seine Kontrolle zu bekommen. In der schlesischen Hauptstadt Breslau wurden bereits im Februar 1933 die ersten jüdischen Richter, Anwälte und Justizbedienstete entlassen. Mit der politischen Gleichschaltung der Judikative gewann Hitler die Kontrolle über die richterliche Gewalt. Die Anfangsphase der nationalsozialistischen Gewaltherrschaft traf den Berufsstand der Juristen, der Richter und Anwälte im besonderen Maße.

Die Verfolgung jüdischer Akademiker und Autoren

1933 waren 1835 jüdische Anwälte und Notare in Berlin zugelassen. Mit dem Aufbau des Führerstaates und der Gleichschaltung des deutschen Rechtswesens war bereits Ende desselben Jahres ein Drittel dieser Juristen – darunter vor allem die jüngeren und fast alle Frauen – mit einem Berufsverbot belegt. Nach dem Erlass der Nürnberger Gesetze 1935 konnten Juristen jüdischer Herkunft nicht mehr anwaltlich tätig sein. 1938 war die Ausgrenzung aller jüdischen Juristen in Deutschland aus ihrem Berufsfeld abgeschlossen. Die Hälfte der jüdischen Juristen Berlins konnte bis zum Beginn des Zweiten Weltkrieges rechtzeitig emigrieren, mehr als 20 Prozent verloren ihr Leben in den Vernichtungslagern.

Die ersten Anwälte jüdischer Herkunft wurden gleich am Morgen nach dem Reichstagsbrand verhaftet. Dazu zählte auch der junge Anwalt Hans Litten, der – vor 1933 – bei der Verteidigung von kommunistischen Arbeitern Adolf Hitler in den Zeugenstand rufen wollte und dadurch besonders in das Visier der braunen Schlägertrupps geraten war. Der gläubige Protestant mit jüdischem Vater hatte seine Kanzlei unweit vom Roten Rathaus in der Königstraße 20/21. Durch Folter zermürbt, nahm er sich 1938 im KZ Dachau das Leben.

Zu den ersten verfolgten jüdischen Anwälten zählten auch die drei Brüder Ernst, Kurt und Fritz Ball. Die Balls führten eine Anwaltskanzlei mit Notariat am Viktoria-Luise-Platz 1. Fritz Ball hatte einen ausführlichen Bericht darüber verfasst, wie SA-Einheiten die Kanzlei am 30. März 1933 gestürmt haben. Ball wurde in die berüchtigte SA-Kaserne an der General-Pape-Straße gebracht und dort Zeuge und selbst Opfer von Folter und Gewalttätigkeiten. Es gelang ihm freizukommen. Er verlor seine Zulassung und emigrierte 1939 nach Großbritannien. Sein Bruder Kurt engagierte sich in der 1953 gegründeten nationalen Gedenkstätte Israels, Yad Vashem.

Die deutliche Mehrheit jüdischer Kanzleien befand sich im Berliner Westen in Tiergarten sowie rund um den Kurfürstendamm bis zur Potsdamer Straße und in Schöneberg. Weitere Kanzleien waren in der alten Berliner Innenstadt zu finden mit dem Schwerpunkt Friedrich- und Dorotheenstadt zwischen Halleschem Tor und Unter den Linden.

Ein ähnliches Schicksal wie die jüdischen Juristen erlitten die jüdischen Ärzte. Bereits mit dem Gesetz zur Wiederherstellung des Berufsbeamtentums vom 7. April 1933 wurde im Deutschen Reich eine Vielzahl von jüdischen Medizinern aus dem öffentlichen Dienst, den Krankenhäusern und universitären Instituten entlassen. Im Juli 1933 hatte man nichtjüdischen Ärzten verboten, Patienten an ihre jüdischen Berufskollegen zu überweisen. Ab Januar 1934 war es nur noch sehr eingeschränkt möglich, als jüdischer Mediziner den Doktortitel zu erwerben. Zwei Jahre darauf durften sich Beamte nicht mehr bei jüdischen Ärzten behandeln lassen. Schließlich wurde jüdischen Ärzten am 30. September 1938 per Gesetz die Approbation entzogen. Fortan durften die Mediziner nur noch als soge-

Maschinenschrift-
liches Entlassungs-
schreiben wegen
der Bestimmungen
des Berufsbeam-
tengesetzes vom
April 1933: Arthur
Daniel durfte als
Notar nicht mehr
tätig werden.

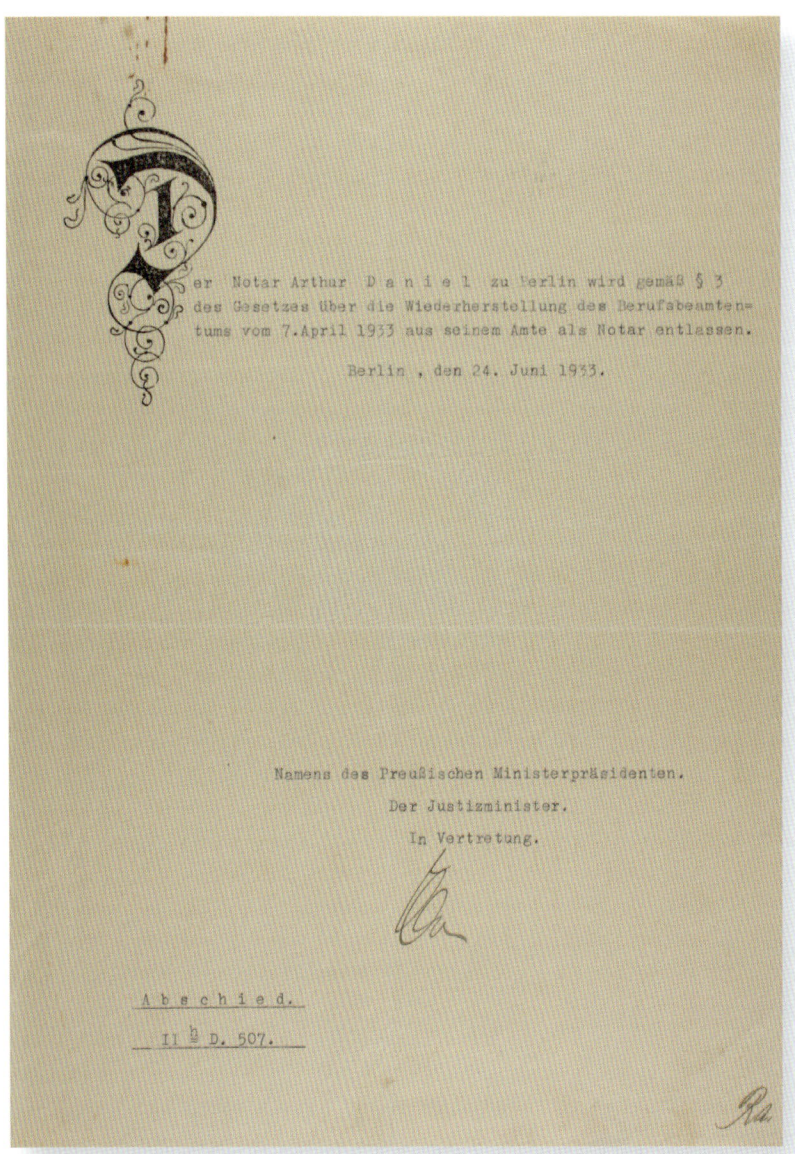

Der Notar Arthur D a n i e l zu Berlin wird gemäß § 3
des Gesetzes über die Wiederherstellung des Berufsbeamten=
tums vom 7.April 1933 aus seinem Amte als Notar entlassen.

Berlin , den 24. Juni 1933.

Namens des Preußischen Ministerpräsidenten.

Der Justizminister.

In Vertretung.

A b s c h i e d .

II ᵇ D. 507.

nannte Krankenbehandler praktizieren. Die nichtjüdischen Ärzte, die zu 45 Prozent der NSDAP beigetreten waren, profitierten von der systematischen Entrechtung, Ausgrenzung und schließlich Verfolgung und Ermordung ihrer jüdischen Berufskollegen, indem sie einen beträchtlichen Zuwachs an Patienten und damit wirtschaftliche Prosperität verzeichneten.

Der aus Hoyerswerda stammende Arzt Martin Wollsteiner (1877–1943) beispielsweise betrieb eine Praxis in der Schönhauser Allee direkt gegenüber dem gleichnamigen S-Bahnhof. Nach der Schließung der Praxis zog Wollsteiner zu seinem sieben Jahre älteren Bruder Arthur und dessen Frau Selma in die Hektorstraße 16 nach Wilmersdorf. Arthur Wollsteiner unterhielt in der Jerusalemer Straße 32 – also im jüdischen Konfektionsviertel um den Hausvogteiplatz – eine Fabrik und einen Vertrieb für Röcke und Regenmäntel. Der erst 1932 gegründete Betrieb wurde 1941 liquidiert. Gertrud Hensel aus der Thulestraße 15 in Pankow war eine nichtjüdische Patientin bei Martin Wollsteiner. Beide blieben auch nach der Auflösung seiner Praxis freundschaftlich miteinander verbunden. Auf seinen Wunsch hin hatte sie noch im Winter 1941/42 einen geringen Teil seines Hausrats im Kinderwagen der Tochter Ute aus der Wohnung in der Hektorstraße 16 herausgeschafft mit der Bitte, die Sachen aufzubewahren. Unter dem Bett des Babys befand sich neben wenigem gerettetem Leinen und etwas Silberbesteck unter anderem eine zehnbändige Lederausgabe von Heinrich Heine. Kurz vor seiner Deportation gab Martin Wollsteiner einen – offenbar letzten – Brief auf. Der Brief ist auf den 1. September 1942 datiert und erreichte Frau Hensel zwei Tage später in Pankow. Darin ist zu lesen: „… Jetzt hat auch mich das Schicksal meiner Angehörigen erreicht. Ich gehe voraussichtlich morgen einer dunklen Zukunft entgegen." Das Ehepaar Arthur Wollsteiner wurde am 5. August 1942 auf dem 38. Transport nach Theresienstadt deportiert, Martin Wollsteiner folgte auf dem 65. Transport am 14. September 1942. Der jüdische Arzt wurde dort am 21. Januar 1943 ermordet. Zumindest Arthur Wollsteiner konnte nach dem Ende des Krieges nach Berlin zurückkehren.

Nach dem Krieg besuchte Frau Hensel gemeinsam mit ihrer Tochter Arthur Wollsteiner in Wilmersdorf. Ihm war als alter und gebrochener Mann eine Alt-Berliner Wohnung unweit des Kurfürstendamms zugesprochen worden. Ob es sich dabei um die Wohnung des kriegsunbeschädigten Hauses in der Hektorstraße 16 handelte? Seit dem 14. April 2015 sind vor dem Haus mittlerweile zehn Stolpersteine verlegt; drei davon erinnern an die Familie Wollsteiner.

Juristen und Ärzte wurden ebenso verdrängt wie jüdische Wissenschaftler. Das bekannteste Beispiel ist Albert Einstein. Ihm wurde am 24. März 1934 die deutsche Staatsbürgerschaft entzogen. Das Reichsministerium des Innern gab als Grund an, dass der Nobelpreisträger und Leiter des Kaiser-Wilhelm-Instituts für Physik gegen die „Pflicht zur Treue gegen Volk und Reich" verstoßen habe. Damit einher ging die Beschlagnahmung seines Privateigentums. Einstein selbst hatte bereits kurz nach der Machtübernahme Hitlers seinen Pass in der deutschen Botschaft in Brüssel abgegeben und am 28. März 1933 seinen Austritt aus der Akademie der Wissenschaften erklärt, womit er einem Ausschluss zuvorgekommen war. Die Akademie sah sich veranlasst zu erklären, sie habe „keinen Anlass, den Austritt Einsteins zu bedauern."

Die Ausgrenzung der Juden aus dem deutschen Hochschul- und Wissenschaftsbereich sowie aus den kulturellen Einrichtungen fand ihren Anfang durch die Veröffentlichung von zwölf Leitsätzen „Wider den undeutschen Geist" an allen deutschen Universitäten. Am 13. April 1933 hatten nationalsozialistische Studenten Plakate mit diesen Thesen auch an der Friedrich-Wilhelms-Universität Unter den Linden angebracht. Gefordert wurde die „Säuberung" der Hochschulen von jüdischen Lehrern und Studenten. Vier Wochen später wurden am 10. Mai 1933 in Deutschland, gesteuert durch das Reichsministerium für Propaganda, Bücherverbrennungen inszeniert. Das zentrale Autodafé fand in Berlin auf dem Opernplatz gegenüber dem Hauptgebäude der Universität statt.

Aufenthaltsraum im Jüdischen Krankenhaus in der Iranischen Straße 2 ca. 1935

Am 10. Mai 1933 verbrannten Studenten der Berliner Universität auf dem Opernplatz ca. 20 000 Bücher verfemter Autoren.

20 000 Bücher mit etwa 12 000 verschiedenen Titeln wurden zuvor den ganzen Tag über aus den verschiedenen Bibliotheken Berlins gesammelt und verbrannt. Die Dichter und Denker, deren Bücher den Flammen zum Opfer fielen, gehörten beinahe alle zum Who's who der deutschsprachigen Literatur, Philosophie und Publizistik. Werke von jüdischen Autoren wie Franz Kafka, Else Lasker-Schüler, Joseph Roth, Kurt Tucholsky, Franz Werfel und Stefan Zweig wurden zum Raub der Flammen. Auch Bücher großer nicht-jüdischer Autoren wie Thomas und Heinrich Mann oder Bertolt Brecht wurden auf Scheiterhaufen geworfen. Heute ist am Bebelplatz eine Gedenktafel in den Boden eingelassen mit den Worten Heinrich Heines: „Das war ein Vorspiel nur – dort, wo man Bücher verbrennt, verbrennt man am Ende auch Menschen." Eine Vielzahl der regimekritischen und vor allem der jüdischen Intellektuellen hatte bereits nach dem Reichstagsbrand Deutschland verlassen, weitere folgten.

Mit dem Exodus der liberalen Kurfürstendamm-Boheme, zu der nationale und international arrivierte Literaten und Künstler zählten, verloren auch ihre Treffpunkte rund um die Gedächtniskirche ihren Charme und ihren eigenwilligen Charakter. Das 1916 im Romanischen Haus gegründete „Romanische Café", das nach der völligen Zerstörung im Zweiten Weltkrieg mit dem Europa-Center überbaut worden ist, war eines dieser Treffpunkte.

Die am 7. Juni 1907 in Galizien geborene Lyrikerin Mascha Kaléko empfand als junge Frau Berlin als ihre erste richtige Heimat. Die Familie hatte aus Angst vor Pogromen gegen die jüdische Bevölkerung die Donaumonarchie verlassen. Schnell fand die junge Jüdin Anschluss an die intellektuellen Kreise Berlins. Sie setzte mit dem Gedicht „Auf einen Café-Tisch gekritzelt" dem Café ein Denkmal. Es heißt in der dritten Strophe:

Halbeins. So spät! Die Gäste sind zu zählen.
Ich packe meinen Optimismus ein.
In dieser Stadt mit vier Millionen Seelen
Scheint eine Seele ziemlich rar zu sein.

Der jüdischen Künstlerin gelang 1938 die Flucht in die USA. Ab 1959 siedelte sie nach Israel über; sie verstarb 1975 in Zürich.

Die jüdische Wirtschaft wird ausgeschaltet

Der Schlag gegen die jüdischen Angehörigen der kulturellen Eliten war sichtbar und propagandistisch wirkungsvoll. Vor allem aber hatte er keine negativen wirtschaftlichen Folgen für das Reich. Im Gegenteil: Ein entlassener jüdischer Gerichtspräsident oder ein mit Berufsverbot belegter jüdischer Anwalt vermehrte für Nichtjuden die Aussicht auf einen lukrativen Posten im Staats- und öffentlichen Dienst oder auf weitere Mandate. Antisemitismus schien sich für die nichtjüdische Mehrheitsbevölkerung zu „rechnen". Die wirtschaftliche Vorteilsnahme gleich welcher Größenordnung, die Verwertung jüdischen Eigentums, ja am Ende die Verwertung jüdischen Lebens, war ein starkes Handlungsmotiv, das einen nicht unwesentlichen Teil der deutschen Bevölkerung bestimmte.

Anders verhielt es sich mit den wirtschaftlichen Risiken, die staatlich gelenkte oder aber auch einzeln motivierte Pogrome mit sich bringen konnten. Der erste große Schlag gegen die Juden in der deutschen Wirtschaft erfolgte – sichtbar für die deutsche Öffentlichkeit wie für das Ausland – bereits am 1. April 1933. An diesem Sonnabend wurde im gesamten Reichsgebiet eine Vielzahl von jüdischen Warenhäusern, Geschäften und Dienstleistungsbetrieben beschmiert und beschädigt, immer mit dem Hinweis: „Wehrt Euch! Kauft nicht bei Juden!"

In der alten Berliner Innenstadt um die heutige Rathausstraße herum betraf der Boykottaufruf in erster Linie das traditionsreiche Warenhaus Israel. Die Israels waren mit dem Beginn der Regierungszeit Friedrichs II. 1741 als sogenannte Schutzjuden nach Berlin eingewandert. Der Gründungsvater Nathan betrieb in der Jüdenstraße 18 ein Trödelgeschäft, aus dem sich bis 1899 das größte Warenhaus der Stadt entwickelt hatte. In dem mondänen sechsgeschossigen Geschäftshaus an der Spandauer Straße, das im frühen 20. Jahrhundert nahezu ein Drittel des historischen Nikolaiviertels einnahm, beschäftigten die Israels fast 2000 Angestellte. Ein Kindergarten mit ausgebildeten Erzieherinnen und Aufzüge gehörten ebenso zum Standard wie ein Liefer- und ein erster Reiseservice. Vor diesem Haus hatten sich SA-Leute lärmend aufgebaut.

Aufruf zum Boykott jüdischer Geschäfte am 1. April 1933

Ebenso verhielt es sich im Berliner Westen. Das größte Schuhgeschäft in Berlin vor dem Zweiten Weltkrieg war das heute noch bestehende Schuhhaus Leiser in der Tauentzienstraße 29. 1906, ein Jahr vor dem KaDeWe, war das Geschäft in bester Lage von Julius Klausner eröffnet worden. Anders als die altansässigen Israels war Klausner als galizischer Jude kurz vor der Wende zum 20. Jahrhundert nach Berlin gekommen. Sein Onkel, ein Eiergroßhändler in der heutigen Reichenberger Straße in Kreuzberg, verhalf ihm zu genügend Startkapital, um eine Kette mit insgesamt 23 Schuhgeschäften aufzubauen. Das Stammhaus befand sich im heute noch bestehenden Gebäude in der Oranienstraße 34, das „Flaggschiff" eben im feinen Westen in der Nähe der Gedächtniskirche.

Leiser hatte einen Marktanteil von gut einem Viertel des Gesamtumsatzes im Berliner Schuhhandel und war – ebenso wie das Haus Israel – eine feste und bekannte Größe in der Geschäftswelt. Deshalb konnte der Berliner Kundschaft nicht so ohne Weiteres über Nacht aufgezwungen werden, in diesen und anderen etablierten Häusern wie dem großen Wertheim-Haus am Leipziger Platz nicht mehr einzukaufen, wenn auch dieses Geschäft beschmiert wurde. Der Aufruf zum Boykott jüdischer Geschäfte beschäftigte tags darauf auch die internationale Presse. Die jüdischen Fabrikanten, Kaufleute, Händler und Gewerbetreibenden befanden sich in einem fein und eng geflochtenen Netz von nationalen und internationalen Geschäfts- und Wirtschaftsbeziehungen. Die Verluste für die deutsche Wirtschaft schienen unkalkulierbar und in jedem Falle zu hoch, wenn man einfach alle jüdischen Geschäfte verboten hätte.

Namentlich die amerikanische Öffentlichkeit war empört über das aggressive Vorgehen nationalsozialistischer Schlägertrupps gegen die jüdische Handels- und Warenwelt. Es wurde sogar erwogen, ein Embargo gegen Deutschland zu verhängen. So wurden der Boykott und die Ausgrenzung jüdischen Wirtschaftslebens in Deutschland aus Eigeninteresse selbst der neuen Machthaber erst einmal aufgeschoben. Von weiteren Attacken gegen jüdisches Eigentum nahm man zunächst Abstand.

Die Nürnberger Gesetze

Mehr und mehr wurde die Ausgrenzung mit staatlichen Mitteln und durch staatliche Behörden systematisiert. Nicht länger betraf sie nur einzelne Personen. Die Verabschiedung der Nürnberger Gesetze vom 15. September 1935 stellte einen weiteren Höhepunkt in der Beschränkung und Begrenzung des jüdischen Lebens in Deutschland dar. Nun wurden die Maßnahmen, die sich bislang und in erster Linie gegen die Spitzen der Gesellschaft und vor allem gegen die jüdischen Akademiker gerichtet hatten, auch auf alle anderen angewandt. Die Nürnberger Gesetze – dazu gehörten das „Reichsbürgergesetz" und das „Gesetz zum Schutze des deutschen Blutes und der deutschen Ehre" – waren für alle verbindlich und bestimmten fortan den Umgang der nichtjüdischen Mehrheit mit der Minderheit. Ziel der Gesetze war es, die Juden in Deutschland mit juristischer Grundlage weiter auszugrenzen und den Druck auf sie zu erhöhen, das Reichsgebiet zu verlassen.

Das „Reichsbürgergesetz" sorgte dafür, dass politische Rechte wie das Wahlrecht oder die Bekleidung öffentlicher Ämter nur noch gegen den Nachweis „arischer Abstammung" erteilt wurden. Als „Rassenschande" wurden im „Blutschutzgesetz" Eheschließungen und außereheliche Beziehungen zwischen Deutschen und Juden verboten und konnten mit Gefängnisstrafen geahndet werden. Zudem war es weiblichen Haushaltshilfen unter 45 Jahren fortan verboten, in jüdischen Haushalten zu arbeiten. Bei jeder Eheschließung vor einem deutschen Standesamt war es nun zwingend notwendig, einen Stammbaum vorzulegen, der als sogenannter Ariernachweis galt und mit dessen Hilfe festgestellt wurde, ob man jüdische Vorfahren hatte. Den Beweis „arischer Abstammung" musste man lückenlos bis zum Jahr 1800 erbringen.

Der Verabschiedung der Nürnberger Gesetze folgte die Erste Verordnung zum „Reichsbürgergesetz" vom 14. November 1935. Hier wurde klassifiziert, wer im Deutschen Reich als „Volljude", als „Halb- oder Vierteljude" bzw. als Mischling ersten oder zweiten Grades zu gelten habe. Dazu zählten nunmehr

Nr. 75 / Jahrgang 40 — Preis 25 Rpf.

JÜDISCHE RUNDSCHAU

BERLIN

י״ט אלול תרצ״ה

DIENSTAG, 17. SEPTEMBER 1935

Schriftleitung, Verlag u. Anzeigenverwaltung: Berlin W15, Meinekestr. 10. Fernruf: Sammel-Nr. J1 Bismarck 3181/82, 7165/70, 7240/42. – Bezugspreis einschl. Bestellgeld je Monat RM 2,–, je Vierteljahr RM 5,75, bei Abholung RM 1,88 bzw. RM 5,39. – Postscheck-Konten der Vertriebs-Abteilung: Berlin 715 73 (für Groß-Berlin), Berlin 173 92 (für das übrige Reich). In Fällen höherer Gewalt besteht kein Anspruch auf Nachlieferung oder Erstattung etwa schon gezahlter Bezugsgebühren. — Erscheint jeden Dienstag und Freitag.

Anzeigenpreisliste Nr. 3 gültig. Die 12 gespaltene mm-Zeile 20 Rpf, für Familiennachrichten 15 Rpf. Aufnahme von Anzeigen an bestimmten Tagen oder Stellen und in bestimmte Ausgaben kann nicht gewährleistet werden. Einzelanzeigen nur bei Vorauszahlung auf Postscheck-Konto Berlin 716 18 oder bar Montag bis Donnerstag 9–18 Uhr, Freitag 9–16 Uhr. Annahmeschluß für die Dienstag-Ausgabe Montag 10 Uhr, für die Freitag-Ausgabe Mittwoch 13 Uhr (Für Familienanzeigen am Tag vor Erscheinen 12 Uhr)

Der Zionismus erstrebt für das jüdische Volk die Schaffung einer öffentlich-rechtlich gesicherten Heimstätte in Palästina. (Baseler Programm)

Die Nürnberger Gesetze

Gesetz über das Reichsbürgerrecht

Der Reichstag hat einstimmig das folgende Gesetz beschlossen, das hiermit verkündet wird:

§ 1.

(1) Staatsangehöriger ist, wer dem Schutzverband des Deutschen Reiches angehört und ihm dafür besonders verpflichtet ist.

(2) Die Staatsangehörigkeit wird nach den Vorschriften des Reichs- und Staatsangehörigkeitsgesetzes erworben.

§ 2.

(1) Reichsbürger ist nur der Staatsangehörige deutschen oder artverwandten Blutes, der durch sein Verhalten beweist, daß er gewillt und geeignet ist, in Treue dem deutschen Volk und Reich zu dienen.

(2) Das Reichsbürgerrecht wird durch Verleihung des Reichsbürgerbriefes erworben.

(3) Der Reichsbürger ist der alleinige Träger der vollen politischen Rechte nach Maßgabe der Gesetze.

§ 3.

Der Reichsminister des Innern erläßt im Einvernehmen mit dem Stellvertreter des Führers die zur Durchführung und Ergänzung des Gesetzes erforderlichen Rechts- und Verwaltungsvorschriften.

Nürnberg, 15. September 1935

Der Führer und Reichskanzler
Der Reichsminister des Innern

Gesetz zum Schutze des deutschen Blutes und der deutschen Ehre

Durchdrungen von der Erkenntnis, daß die Reinheit des deutschen Blutes die Voraussetzung für den Fortbestand des deutschen Volkes ist, und beseelt von dem unbeugsamen Willen, die deutsche Nation für alle Zukunft zu sichern, hat der Reichstag einstimmig das folgende Gesetz beschlossen, das hiermit verkündet wird.

§ 1.

(1) Eheschließungen zwischen Juden und Staatsangehörigen deutschen oder artverwandten Blutes sind verboten. Trotzdem geschlossene Ehen sind nichtig, auch wenn sie zur Umgehung dieses Gesetzes im Auslande geschlossen sind.

(2) Die Nichtigkeitsklage kann nur der Staatsanwalt erheben.

§ 2.

Außerehelicher Verkehr zwischen Juden und Staatsangehörigen deutschen oder artverwandten Blutes ist verboten.

§ 3.

Juden dürfen weibliche Staatsangehörige deutschen oder artverwandten Blutes unter 45 Jahren nicht in ihrem Haushalt beschäftigen.

§ 4.

(1) Juden ist das Hissen der Reichs- und Nationalflagge und das Zeigen der Reichsfarben verboten.

(2) Dagegen ist ihnen das Zeigen der jüdischen Farben gestattet. Die Ausübung dieser Befugnis steht unter staatlichem Schutz.

§ 5.

(1) Wer dem Verbot des § 1 zuwiderhandelt, wird mit Zuchthaus bestraft.

(2) Der Mann, der dem Verbot des § 2 zuwiderhandelt, wird mit Gefängnis oder mit Zuchthaus bestraft.

(3) Wer den Bestimmungen der §§ 3 oder 4 zuwiderhandelt, wird mit Gefängnis bis zu einem Jahre und mit Geldstrafe oder mit einer dieser Strafen bestraft.

§ 6.

Der Reichsminister des Innern erläßt im Einvernehmen mit dem Stellvertreter des Führers und dem Reichsminister der Justiz die zur Durchführung und Ergänzung des Gesetzes erforderlichen Rechts- und Verwaltungsvorschriften.

§ 7.

Das Gesetz tritt am Tage nach der Verkündung, § 3 jedoch erst am 1. Januar 1936 in Kraft.

Nürnberg, 15. September 1935

Der Führer und Reichskanzler
Der Reichsminister des Innern
Der Reichsminister der Justiz
Der Stellvertreter des Führers

Befehl gegen Einzelaktionen

DNB meldet aus Nürnberg:

„Am Sonntagabend nach der Reichstagssitzung hatte der Führer eine Reihe leitender Persönlichkeiten der Partei aus allen Gebieten Deutschlands zu einer Abschiedsfeier in den Deutschen Hof geladen.

Bei diesem Zusammensein sprach der Führer den verantwortlichen Leitern der Reichsparteitagorganisation seinen Dank aus für die geleistete Arbeit und nahm die Gelegenheit wahr, die Bedeutung der neu erlassenen Gesetze zu unterstreichen und darauf hinzuweisen, daß diese nationalsozialistische Gesetzgebung die einzige Möglichkeit eröffne, mit den in Deutschland lebenden Juden in ein erträgliches Verhältnis zu kommen.

Der Führer betonte insbesondere, daß den Juden in Deutschland nach diesen Gesetzen Möglichkeiten ihres völkischen Eigenlebens auf allen Gebieten eröffnet würden, wie sie bisher in keinem anderen Lande zu verzeichnen wären. Im Hinblick darauf erneuerte der Führer den Befehl für die Partei, jede Einzelaktion gegen Juden wie bisher zu unterlassen."

Wer ist Jude im Sinne der neuen Gesetze?

Wie das DNB von maßgebender Seite zu den vom Reichstag neu verabschiedeten Gesetzen erfährt, beziehen sich diese Gesetze nur auf Volljuden.

Aus der Reichstagsrede des Reichskanzlers

„... Diese internationale Unruhe der Welt scheint leider auch im Judentum in Deutschland die Auffassung erweckt zu haben, daß nunmehr die Zeit gekommen sei, den deutschen Nationalinteressen im Reiche die jüdischen bemerkbar entgegenzustellen. Aus zahllosen Orten wird auf das heftigste geklagt über das provozierende Vorgehen einzelner Angehöriger dieses Volkes, das in der auffälligen Häufung und der Uebereinstimmung des Inhaltes der Anzeigen auf eine gewisse Planmäßigkeit der Handlungen schließen läßt.

Dieses Verhalten steigerte sich bis zu Demonstrationen, die in einem Berliner Kino gegen einen an sich harmlosen ausländischen Film stattfanden, durch den sich aber die jüdischen Kreise gestört glaubten.

Soll dieses Vorgehen nicht zu sehr entschlossenen, im einzelnen nicht übersehbaren Abwehraktionen der empörten Bevölkerung führen, bleibt nur der Weg einer gesetzlichen Regelung des Problems übrig. Die deutsche Reichsregierung ist dabei beherrscht von dem Gedanken, durch eine einmalige säkulare Lösung vielleicht doch eine Ebene schaffen zu können, auf der es dem deutschen Volke möglich wird, ein erträgliches Verhältnis zum jüdischen Volk finden zu können.

Sollte sich diese Hoffnung nicht erfüllen, die innerdeutsche und internationale jüdische Hetze ihren Fortgang nehmen, wird eine neue Ueberprüfung der Lage stattfinden.

Ich schlage nun dem Reichstag die Annahme der Gesetze vor, die Ihnen Parteigenosse Göring verlesen wird.

Das erste und zweite Gesetz tragen eine Dankesschuld an die Bewegung ab, unter deren Symbol Deutschland die Freiheit zurückgewonnen hat, indem es das Programm der Nationalsozialistischen Partei in einem wichtigen Punkt erfüllt.

Das zweite ist der Versuch der gesetzlichen Regelung eines Problems, das im Falle des abermaligen Scheiterns dann durch Gesetz zur endgültigen Lösung der Nationalsozialistischen Partei übertragen werden müßte. Hinter allen drei Gesetzen steht die Nationalsozialistische Partei und mit ihr und hinter ihr die deutsche Nation."

Ein Kommentar des DNB

Im Deutschen Dienst schreibt der Hauptschriftleiter des Deutschen Nachrichtenbüros, Alfred-Ingemar Berndt, zu den neuen Reichstagsgesetzen u. a.:

„Die vom Reichstag auf dem Parteitag der Freiheit verabschiedeten neuen Gesetze, und zwar sowohl das Reichsbürgergesetz als auch das Gesetz zum Schutz des deutschen Blutes und der deutschen Ehre, schaffen nach Jahren des Kampfes zwischen Deutschtum und Judentum ganz klare Verhältnisse. Es ist dadurch unmißverständlich zum Ausdruck gebracht, daß das deutsche Volk gegen den Juden, solange er ein Angehöriger des jüdischen Volkes sein will und danach handelt, nichts einzuwenden hat, daß es aber andererseits ablehnt, den Juden als deutschen Volksgenossen anzusehen und ihm die gleichen Rechte und Pflichten wie den Deutschen zuzuerkennen.

Soeben tagte in der Schweiz der Internationale Zionistenkongreß, ein Kongreß, auf dem ebenfalls in aller Deutlichkeit mit dem Gerede ein Ende gemacht wurde, als handele es sich beim Judentum nur um eine Religion. Die Redner auf dem Zionistenkongreß haben festgestellt, daß die Juden ein eigenes Volk sind und die völkischen Ansprüche des Judentums erneut angemeldet.

Deutschland hat nur die praktischen Folgerungen daraus gezogen und kommt den Forderungen des Internationalen Zionistenkongresses entgegen, wenn es heute die in Deutschland lebenden Juden zur nationalen Minderheit macht. Dadurch, daß das Judentum zu einer nationalen Minderheit gestempelt wird, ist es überhaupt wieder möglich, normale Beziehungen zwischen Deutschtum und Judentum herzustellen.

Die jüdische Minderheit in Deutschland erhält durch die neuen Gesetze ihr eigenes Kulturleben, ein eigenes völkisches Leben. Sie kann sich eigene Schulen, eigene Theater, eigene Sportverbände schaffen, kurzum, auf allen Gebieten des völkischen Lebens sich ihre Zukunft selbst gestalten. Zum andern aber ist es selbstverständlich, daß jede Einmischung in Regierungsfragen des deutschen Volkes, jede Einmischung in die völkischen Belange der deutschen Nation von nun an für alle Zukunft unterbleiben muß.

Das deutsche Volk ist überzeugt davon, daß es mit diesen Gesetzen eine auch für das Judentum in Deutschland selbst heilsame und nützliche Tat vollbracht hat. Indem Deutschland der jüdischen Minderheit Gelegenheit gibt, sich selbst zu leben und diesem Eigenleben der jüdischen Minderheit den staatlichen Schutz gewährt, fördert es die Volkwerdung des Judentums und trägt dazu bei, das Verhältnis zwischen den beiden Nationen wieder erträglicher zu gestalten."

*

Durch die Gesetze, die am 15. September in Nürnberg verkündet worden sind, ist der Status der Juden in Deutschland auf bestimmten Gebieten in eine feste Form gebracht worden. Es ist selbstverständlich, daß eine tiefe Erschütterung unserer Lebensbasis, die jetzt ihre gesetzliche Fixierung gefunden hat, uns Juden im Innersten aufwühlt. Alles kommt für uns jetzt darauf an, in Besonnenheit die neue Lage zu überdenken.

Wir Juden sind in allen Ländern der Diaspora nur Objekte der Gesetzgebung. Wie unsere Stellung im Staate sein soll, bestimmen nicht wir, sondern die, die im Staate regieren. Diese Erkenntnis war vor 40 Jahren eine der wesentlichsten Triebfedern für die moderne nationale Bewegung der Juden, die darauf ausgeht, eine neue jüdische Daseinsform zu schaffen, bei der der Jude wieder Subjekt der Geschichte wird und seiner inneren Bestimmung leben kann; das ist der tiefere Sinn des Nationalheims in Palästina.

Die Juden-Gesetze in Deutschland eröffnen ein neues Kapitel in unserer Golusgeschichte. Wir haben das, was geschehen ist, nicht politisch zu betrachten, sondern in seinen realen Auswirkungen und in seiner geschichtlichen Bedeutung: Als ein Ereignis von großer Tragweite, aus dem wir Lehren ziehen müssen über die Eigentümlichkeit des jüdischen Daseins und über die Stellung unseres Volkes unter den Völkern. Alle diese Betrachtungen werden nur dann von Wert sein, wenn wir, unsere Gefühle meisternd, die Dinge unter dem Gesichtspunkt des jüdischen Schicksals sehen und daraus die Erkenntnis und die Kraft schöpfen, uns über die Notwendigkeit einer grundlegenden neuen Gestaltung des jüdischen Lebens, die nur unser eigenes Werk sein kann, klar zu werden.

Welche Veränderungen bringen die neuen Gesetze für uns?

Ein wichtiger Abschnitt der Geschichte der Juden in Deutschland ist zu Ende. In dem geistigen und politischen Prozeß, den wir die Emanzipation nennen, ist der Jude im Laufe des 19. Jahrhunderts Vollbürger des Staates geworden, in dem er lebte. Nunmehr ist in Deutschland eine grundlegende Aenderung vollzogen

Die „Jüdische Rundschau" veröffentlichte am 17. September 1935 die Nürnberger Gesetze einschließlich des Kommentars des DNB (Deutsches Nachrichtenbüro, Presseagentur des Deutschen Reichs) und einer eigenen Stellungnahme rechts unten.

nicht nur die nach den religiösen Gesetzen des Judentums bestimmten Angehörigen mosaischen Glaubens, sondern auch die zum christlichen Glauben konvertierten Juden und deren Nachfahren.

Per Anordnung des Präsidenten der Reichspressekammer vom 15. April 1936 durften Journalisten und Mitarbeiter, deren Familienstammbaum nicht vollständig ohne jüdische Angehörige war, im Pressewesen nicht länger tätig sein. Eine weitere Einschränkung betraf im selben Frühjahr die Mediziner. Atteste von jüdischen Ärzten wurden nicht mehr anerkannt. Die Rechtswissenschaft wurde im Oktober 1936 endgültig „arisiert". Lehrbücher jüdischer Juristen wurden entfernt, die Verlage hatten Neuauflagen unverzüglich einzustellen.

Sport und Freizeit „judenfrei"

Im Sommer 1936 aber verschleierten die Nazis ihre antijüdischen Repressionen. Im August 1936 nämlich war die Reichshauptstadt Berlin Gastgeber der XI. Olympischen Sommerspiele. Nun waren die Machthaber gezwungen, gute Miene zum bösen Spiel zu machen. Hitler wollte unter gar keinen Umständen einen Olympiaboykott der USA riskieren. Die Amerikaner hatten klargemacht, man werde nur dann an die Spree kommen, wenn die jüdischen Sportler an den Wettkämpfen beteiligt werden würden.

Im Jahr der Olympischen Spiele 1936 gab es in zwei großen jüdischen Sportvereinigungen noch etwa 40 000 aktive jüdische Sportler. Allerdings waren die meisten von ihnen von Sportplätzen und Trainingsanlagen schon weitgehend ausgeschlossen. Seit 1933 durften Juden an deutschen Sportveranstaltungen nicht mehr teilnehmen, obwohl das Reichsministerium des Innern auf einer internationalen Sportkonferenz in Wien 1933 noch einmal mehr bekräftigt hatte, dass „die deutschen Juden aus der deutschen Mannschaft nicht ausgeschlossen werden".

Aufmarsch der Jungen auf dem Jugendsportfest des Bar Kochba Hakoah Berlin auf dem Sportplatz Grunewald im Juni 1936

Bei den Olympischen Spielen 1936 gewann Helene Mayer Silber im Fechten nach der Ungarin Ilona Elek-Schacherer. Obwohl Halbjüdin, zeigte Mayer wie alle deutschen Gewinner den Hitlergruß.

Ihre eigenen Veranstaltungen, wie zum Beispiel die jüdischen Makkabi-Meisterschaften als ein Leichtathletikwettkampf im Grunewald-Stadion im Herbst 1933, wurden von SA-Schlägertrupps aufgebracht und verhindert. Es sollte über 80 Jahre dauern, bis im Sommer 2015 wieder Makkabi-Spiele in Berlin stattfanden.

1934 erneuert, war die amtliche Aussage, jüdische Sportler am Sportgeschehen Deutschlands zu beteiligen, nur noch ein Lippenbekenntnis. Tatsächlich erreichte nur eine einzige Sportlerin jüdischer Abstammung die Leistungskriterien, um im Berliner Olympiastadion an den Fechtkämpfen teilnehmen zu können. Die gebürtige Offenbacherin Helene Mayer (1910–53) – Tochter einer protestantischen Mutter – hatte ihr bereits gewähltes Exil in den USA noch einmal für die Sommerspiele verlassen, noch einmal die deutsche Staatsangehörigkeit angenommen und die Silbermedaille für das Deutsche Reich gewonnen.

Der gebürtige Berliner Rudi Ball (1911–75) gilt als einer der bedeutendsten Eishockeyspieler in der deutschen Sportgeschichte. Als Mitglied des 1893 gegründeten Berliner Schlittschuhklubs nahm er zwischen 1928 und 1932 an sechs Deutschen Meisterschaften teil. Der Spielort in Berlin war der legendäre Sportpalast in Schöneberg. 1930 wurde die deutsche Mannschaft Europameister und gleichzeitig Vizeweltmeister. 1932 konnte Ball in Lake Placid bei den Olympischen Spielen mit seiner Mannschaft die Bronzemedaille erringen.

1933 emigrierte Ball nach St. Moritz und spielte für den dortigen Eishockeyklub sowie ein Jahr darauf für den Mailänder Klub „Diavoli Rossoneri". Für die XI. Olympischen Sommerspiele in seiner Heimatstadt Berlin kehrte er zurück und spielte für die deutsche Nationalmannschaft. Da nur sein Vater jüdischer Herkunft war, wurde Ball als „Halbjude" eingestuft und war von weiterer Verfolgung zunächst unberührt. Er führte die Berliner Mannschaft sogar noch 1936 und 1937 zur Deutschen Meisterschaft.

Rudi Ball überlebte den Nationalsozialismus und spielte ab Ende 1946 wieder im Berliner Sportpalast. Er konnte an seine Vorkriegskarriere nahtlos anknüpfen, wanderte dann aber während der Berliner Blockade mit seinem Bruder Gerhard Ende 1948 nach Südafrika aus. Dort war bereits seit 1935 der gemeinsame Bruder Heinz ansässig. Rudi Ball beendete seine Sportkarriere 1952 und starb im September 1975 in Johannesburg.

Im April 1937 wurde durch Erlass der Geheimen Staatspolizei (Gestapo) erstmals ein vorübergehendes Verbot aller öffentlichen jüdischen Veranstaltungen ausgesprochen. Etwa ein Jahr zuvor war der Gebrauch der hebräischen Sprache in solchen Versammlungen in einem Erlass der Gestapo vom 4. April 1936 verboten worden, da eine „ordnungsgemäße Überwachung ... hierdurch unmöglich gemacht" werde.

Ein weiterer Höhepunkt der Ausgrenzung war im Juni 1937 in Berlin erreicht. Am Strandbad Wannsee, dem größten Freibad Europas, hatte man bereits seit 1935 Hinweisschilder aufgestellt, dass „Juden unerwünscht" seien. Nur zu den Olympischen Spielen waren die Schilder auf Wunsch des Auswärtigen Amtes vorübergehend entfernt worden. Die gezielten Demütigungen der Juden führten ab Frühjahr 1938 sogar zu dem Verbot, Parkbänke in öffentlichen Grünanlagen zu benutzen. Ab August 1938 mussten alle Juden in ihren Ausweispapieren die Namen „Sarah" oder „Israel" annehmen. Mehr und mehr wurde den Juden der Lebensraum entzogen. Ab April 1942 war es ihnen verboten, öffentliche Verkehrsmittel zu nutzen.

Am 3. Juni 1937 beschäftigte sich der Berliner Stadtrat im Roten Rathaus mit der Frage, inwieweit eine endgültige Regelung durchzusetzen sei, die Juden von der Nutzung öffentlicher Schwimm- und Freibäder ausschließen sollte. Offen diskutierten die Ratsherren darüber, wie Juden am Zutritt des Wannseebades gehindert und – mehr noch – wie sie nach einem unerwünschten Besuch aus dem Bad herausgedrängt werden könnten. In einem stenografischen Protokoll dazu heißt es: „Im Strandbad Wannsee … haben sich die SA-Leute vorher beim Standbadleiter gemeldet. Der Bademeister hat dann den Betreffenden (das heißt den jüdischen Badegast) aufgefordert, das Bad sofort zu verlassen. Wo es nötig schien, haben die wackeren SA-Leute draußen im Walde außerhalb des Badebetriebes ein bisschen gewartet, bis der Mann herauskam, und ihm dann das Nötigste eröffnet. (Heiterkeit)"

Das Verbot betraf alle öffentlichen Schwimmbäder. In der Gartenstraße 5 etwa ließ der Magistrat von Berlin 1929–30 das heute noch bestehende Stadtbad Mitte errichten. In der Volksbadeanstalt – eingerichtet vor allem, um den oftmals sozial schwachen Bewohnern der Spandauer Vorstadt Waschmöglichkeiten zu gewähren – gab es neben 46 Duschzellen und 80 Wannenbädern auch ein russisch-römisches Dampfbad. Ein 50-Meter-Schwimmbecken und eine große Sonnenterrasse auf dem Flachdach stellten in der Wirtschaftskrise eine Sensation dar. Finanzier dieser großen sozialpolitischen Wohltätigkeit, die Juden und vor allem jüdische Arbeiterkinder nun nicht mehr betreten durften, war der jüdische Bankier James Henry Simon.

Die Reichspogromnacht in Berlin

Bis zum Ende des Jahres 1937 hatten etwa 20 Prozent der deutschen Juden ihr Heimatland verlassen, fast 400 000 lebten noch in Deutschland. Die Regierung setzte alles daran, die Zahl weiter zu reduzieren. In der Nacht vom 28. auf den 29. Oktober 1938 wurden zumeist männliche Juden polnischer Abstammung an die östliche Reichsgrenze verbracht, um hier über deutsch-polnische Grenzbahnhöfe abgeschoben zu werden. Der 2013 verstorbene Literaturkritiker und Auschwitz-Überlebende Marcel Reich-Ranicki war einer jener 17 000 Abgeschobenen. Zu ihnen zählten auch die Eltern des aus Hannover stammenden Juden Herschel Grynszpan. Nachdem er von der Abschiebung seiner Eltern gehört hatte, schoss der 17-Jährige in Paris auf den deutschen Diplomaten Ernst vom Rath, der zwei Tage später starb. Der von der französischen Polizei verhaftete Grynszpan wurde nach der Besetzung Frankreichs ins KZ Sachsenhausen gebracht, wo er vermutlich 1942 ermordet wurde.

Dieses Attentat nutzten die Nationalsozialisten zu einem staatlich organisierten Pogrom, das endgültig allen verbliebenen Juden klarmachen musste, wie ihre Lage in Deutschland zu bewerten war. 70 000 weitere Personen konnten Deutschland bis zum Kriegsbeginn verlassen. Wer emigrieren wollte, brauchte aber genug Geld, das nicht allen Bedrohten und Bedrängten zur Verfügung stand.

Die sogenannte Reichs-
kristallnacht vom 9. auf den
10. November 1938, als die
sie viele Jahrzehnte lang ver-
harmlosend bezeichnet wurde,
richtete sich vor allem gegen
jüdische Gotteshäuser, aber
auch gegen jüdische Einrichtungen, Privathäuser und Geschäfte insgesamt. Ende 1938
war die deutsche Wirtschaft
in wesentlichen Bereichen so
stark aufgestellt, dass brennende jüdische Synagogen, Geschäftshäuser und Wohnungen
aus Sicht der Regierenden
kein „wirtschaftliches Risiko"
mehr darstellten. Im Lauf der
Aktionen wurden in Deutschland zwischen 26 000 und
30 000 Juden in die Konzentrationslager Sachsenhausen,
Buchenwald und Dachau verschleppt.

Fast 1600 Synagogen
und Betstuben wurden in
Deutschland zerstört. In
Berlin blieben von den etwa
100 jüdischen Einrichtungen
nur einige wenige unbeschädigt, da sie sich in dicht be-
bautem Gebiet befanden und

In der Nacht vom 9. zum 10. November 1938 brannten die Synagogen im gesamten Deutschen Reich, darunter die Synagoge in der Prinzregentenstraße 69–70.

die nichtjüdische Nachbarschaft nicht gefährdet werden sollte. In Berlin gab es etwa 6000 jüdische
Betriebe, mindestens 3000 davon – vor allem Einzelhandelsgeschäfte – wurden beschädigt oder sogar
ganz zerstört.

Ein Polizist bewies in der Pogromnacht seltene Zivilcourage. Wilhelm Krützfeld verhinderte als Poli-
zeioberleutnant und Leiter des Polizeireviers 16 am nahe gelegenen Hackeschen Markt, dass die Hauptsynagoge in der Oranienburger Straße völlig zerstört wurde. Ihm war es gelungen, die marodierende SA zu-
rückzudrängen und sogleich die Berliner Feuerwehr erfolgreich zu bewegen, den bereits entfachten Brand
zu ersticken. Der 1880 im Kreis Segeberg geborene Krützfeld erhielt am Tag nach der Brandnacht vom
Berliner Polizeipräsidenten Graf von Helldorf eine Verwarnung. 1940 freiwillig aus dem Dienst ausgeschie-
den, überlebte Krützfeld Krieg und Gewaltherrschaft in seiner Heimat in Schleswig-Holstein. 1947 war er
im sowjetischen Sektor Berlins am Wiederaufbau der Polizeiinspektion Mitte beteiligt. Ein Ehrengrab des
mit 72 Jahren im Oktober 1953 verstorbenen couragierten Mannes befindet sich in Berlin-Weißensee.

Am 3. Dezember 1938 erging schließlich die „Verordnung über den Einsatz des jüdischen Vermögens". Die Ausgrenzung und Entrechtung der Juden erfasste nun explizit den wirtschaftlichen Bereich.
Juden mussten ihren Grundbesitz veräußern, Gewerbebetriebe liquidieren und ihre Wertpapiere bei einer Devisenbank hinterlegen. Juwelen, Edelmetalle und Kunstgegenstände durften fortan nicht mehr frei
veräußert werden.

Werner Michael Blumenthal, 1997 bis 2014 Direktor des Jüdischen Museums Berlin, erinnert sich in seinem Buch „Die unsichtbare Mauer" an die Novemberpogrome in Berlin:

„Am deutlichsten erinnere ich mich natürlich an die ‚Kristallnacht' – an die brennende Synagoge in der Nähe, an den demolierten und ausgeplünderten Laden der Familie, die eingeschlagenen Schaufenster … und die Festnahme meines Vaters, der später gebrochen, bis auf die Knochen abgemagert und bis zur Unkenntlichkeit verändert aus dem Konzentrationslager Buchenwald zurückkam. … Ich erinnere mich an die Barbarei auf der Straße und an die Ohnmacht meiner Eltern … (und) auch an die Menge, die schweigend zuschaute, als die Synagoge an der Fasanenstraße in Flammen stand. … Auch die Tränen habe ich nicht vergessen, die meine Mutter vergoss, als die Scharen gieriger Billigkäufer sich durch unsere Zimmer drängten – ein Ritual, das sich damals in ganz Berlin in den Wohnungen von Juden abspielte."

Der Weg zum Holocaust

Nach der Einführung der Kennzeichnungspflicht im September 1941 mussten Juden den „Judenstern" an der Kleidung tragen.

In den Wochen nach der Pogromnacht hatte sich die Lage weiter verschlechtert. In Berlin wurde im Dezember desselben Jahres die „Zentrale Dienststelle für Juden" in der Fontanepromenade 15 in Kreuzberg – unweit vom heutigen Südstern – eingerichtet. In dem heute noch bestehenden eingeschossigen Gebäude mussten sich alle arbeitslosen, später dann alle in Berlin verbliebenen Juden zur Vermittlung von Zwangsarbeit melden. Zeitzeugen berichten, dass man die Menschen aus „purer Schikane" in einem „ganz finsteren und engen Gang" warten ließ. Im Volksmund lautete die Adresse längst „Schikanepromenade 15".

Die jüdischen Zwangsarbeiter waren nahezu schutzlos. Löhne und Sozialleistungen unterlagen der reinen Willkür der Betriebe, zu denen neben den namhaften großen deutschen Firmen wie Siemens, AEG oder Mercedes-Benz auch kleinere Unternehmen wie die Firma Warnecke & Böhm gehörten, die in der Goethestraße 15–19 in Weißensee Farben und Lacke produzierte. Der mittelständische Produktionsbetrieb zahlte 1940 den jüdischen Zwangsarbeitern einen deutlich geringeren Lohn als nichtjüdischen Deutschen, anfänglich gewährte Sonderzulagen wurden nach Protest der nichtjüdischen Kollegen wieder gestrichen. „Die Leistungsfähigkeit der jüdischen Arbeiter (sei) erheblich geringer", lautete dazu die offizielle Begründung der Geschäftsleitung.

Der Lebensraum der in Deutschland verbliebenen Juden verkleinerte sich von Tag zu Tag. Ab Neujahr 1939 durften Juden keine Handwerks-, Handels- und Gewerbebetriebe mehr führen. Am 30. April 1939 erging das „Gesetz über Mietverhältnisse mit Juden". Allen jüdischen Mietern war fristlos zu kündigen, die Gettoisierung in sogenannten Judenhäusern begann.

Jüdische Winterhilfe 1936 / 1937

Niemand darf hungern und frieren. Nach besten Kräften. Mit freudigem He...

Diese Gettoisierung wurde in Berlin maßgeblich von Albert Speer vorangetrieben, der als Generalbauinspektor Hitlers megalomanische Pläne für die zukünftige Stadt „Germania" umsetzen sollte. Zu diesem Zweck wurden in Berlin in großem Stil Wohngebäude abgerissen. Die Mieter in diesen Gebäuden brauchten Ersatzwohnraum – und den erhielten sie durch die „Entmietung" Tausender Juden.

Die schon im Februar 1933 gegründete Reichsvertretung der Deutschen Juden umfasste fast alle bedeutenden jüdischen Organisationen sowie alle größeren Kultusgemeinden. Zu den wesentlichen Aufgaben zählten die jüdische Selbsthilfe und vor allem die Hachschara (hebräisch „Vorbereitung") für die rettende Auswanderung nach Palästina. Nach dem Erlass der Nürnberger Rassengesetze musste sich der Verband 1935 in Reichsvertretung der Juden in Deutschland umbenennen. 1938 wurde daraus der Reichsverband der Juden in Deutschland. Die Arbeit wurde durch die Massenflucht der deutschen Juden zusehends schwieriger, da die verbliebenen Juden nicht länger die Gemeinden verwalten und alle notwendigen Aufgaben erfüllen konnten.

1939 wurde diese bislang selbstständige jüdische Interessenvertretung nochmals umbenannt in Reichsvereinigung der Juden in Deutschland und nun von den NS-Behörden kontrolliert. Der „RV" gehörten 3250 jüdische Gemeinden und Organisationen an. Die jüdische Wohlfahrtspflege und die Organisation des jüdischen Schulwesens waren weiterhin Kernaufgaben der Vereinigung. Sie wurde schrittweise bis zum Juli 1943 aufgelöst, bis dahin hatte sie ihren Sitz in der Kantstraße 158. In diesem im Bombenkrieg nur leicht beschädigten Wohnhaus nahe dem Bahnhof Zoologischer Garten wurde am 6. Mai 1945 der erste jüdische Gottesdienst nach der Schoah abgehalten.

Nach 1938 wurde es zunehmend schwieriger, Deutschland zu verlassen. Über die jüdischen Gemeinden, die im Reichsverband organisiert waren, konnten noch etwa 10 000 jüdische Kinder und Jugendliche bis 16 Jahren von Deutschland, Österreich, der Tschechoslowakei und Polen nach England evakuiert werden. Eine Barschaft von umgerechnet 50 Britischen Pfund musste nachgewiesen werden, damit die Kinder von England aus gegebenenfalls weitertransportiert werden konnten. Die Kinder

Ein Orchester unter der Leitung von Hans Wilhelm Steinberg spielt in der Synagoge Prinzregentenstraße zur feierlichen Eröffnung der Jüdischen Winterhilfe am 11. Oktober 1936. Die Rabbiner Leo Baeck und Heinrich Stahl, der Vorsitzende der Berliner Jüdischen Gemeinde, hielten Ansprachen.

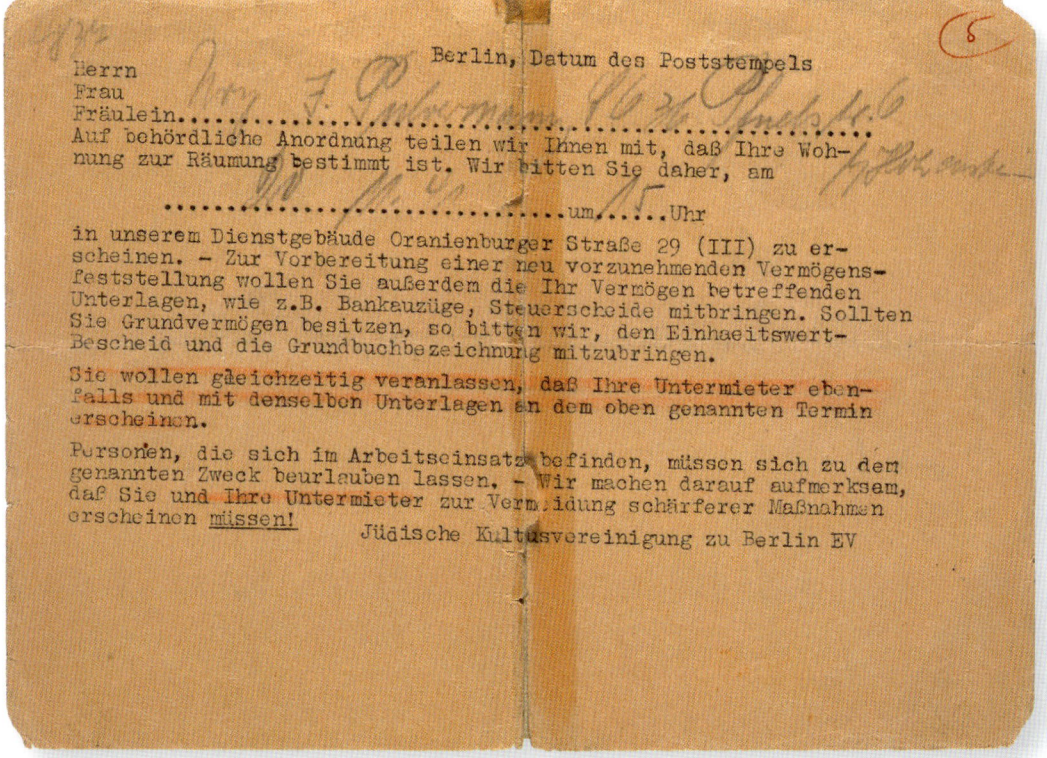

Berlin, Datum des Poststempels

Herrn
Frau
Fräulein.........

Auf behördliche Anordnung teilen wir Ihnen mit, daß Ihre Wohnung zur Räumung bestimmt ist. Wir bitten Sie daher, am

.... um .....Uhr

in unserem Dienstgebäude Oranienburger Straße 29 (III) zu erscheinen. — Zur Vorbereitung einer neu vorzunehmenden Vermögensfeststellung wollen Sie außerdem die Ihr Vermögen betreffenden Unterlagen, wie z.B. Bankauszüge, Steuerscheide mitbringen. Sollten Sie Grundvermögen besitzen, so bitten wir, den Einheitswert-Bescheid und die Grundbuchbezeichnung mitzubringen.

Sie wollen gleichzeitig veranlassen, daß Ihre Untermieter ebenfalls und mit denselben Unterlagen an dem oben genannten Termin erscheinen.

Personen, die sich im Arbeitseinsatz befinden, müssen sich zu dem genannten Zweck beurlauben lassen. — Wir machen darauf aufmerksam, daß Sie und Ihre Untermieter zur Vermeidung schärferer Maßnahmen erscheinen müssen!

Jüdische Kultusvereinigung zu Berlin EV

Mitteilung der Jüdischen Kultusvereinigung an Paul Pulvermann vom 20. November 1941 über die behördliche Anordnung zur Wohnungsräumung. Pulvermann sollte sich in der Oranienburger Straße melden, was einer Aufforderung zur Deportation gleichkam. Er ging nicht hin, sondern tauchte vorübergehend unter.

mussten zudem gesundheitlich stabil, das heißt vor allem reisefähig sein. Die oftmals spontan und ohne Vorlauf organisierte Rettung war nur zwischen Dezember 1938 und September 1939 möglich. Die betroffenen Familien waren sich oft klar, dass es vermutlich kein Wiedersehen geben würde. Von den geretteten Kindern sah höchstens ein Drittel nach dem Krieg die Eltern wieder.

Der erste Transport verließ am 30. November 1938 Berlin. 196 Kinder eines jüdischen Waisenhauses, auf das zuvor ein Brandanschlag verübt worden war, konnten so gerettet werden. Zwei Tage später erreichte die Fähre die englische Küste bei Harwich. Auch Beate Berger, der tatkräftigen Leiterin des Waisenhauses „Beith Ahawah" („Haus der Liebe") in der Augustraße 14–16, war es noch gelungen, in der Zeit von 1933 bis 1939 etwa 100 Kinder nach Palästina zu evakuieren. Die 1886 in der Pfalz geborene Krankenschwester hatte das Kinderheim 1922 gegründet, um vor allem entwurzelte Kinder aus Osteuropa zu pflegen und zu betreuen. Sie starb 1940 in Palästina.

Hitler verkündete am 30. Januar 1939, zum sechsten Jahrestag seines Machtantritts, dass er „die Vernichtung der jüdischen Rasse in Europa" durchsetzen wolle. Mit dem Überfall auf Polen am 1. September 1939 gerieten die verbliebenen Juden im Reichsgebiet und in den bald von der Wehrmacht besetzten Teilen Europas endgültig in höchste Lebensgefahr. Im Sommer 1941 befanden sich immer noch schätzungsweise 64 000 Juden in der Reichshauptstadt. Die Situation verschärfte sich zusehends. Im Juli wurden erste Vorbereitungen zur „Endlösung der Judenfrage in Europa" getroffen, mit der Hermann Göring den Chef des Reichssicherheitshauptamtes mit Sitz in der Prinz-Albrecht-Straße, Reinhard Heydrich, beauftragte.

Ab dem 19. September 1941 mussten alle Juden in Deutschland ab dem vollendeten sechsten Lebensjahr den gelben Davidstern verpflichtend und sichtbar auf der linken Brustseite an ihren Kleidungsstücken tragen. Im selben Monat wurden alle jüdischen Synagogen und verbliebenen jüdischen Kultureinrichtungen geschlossen. Die Synagoge in der Oranienburger Straße wurde zum Heeresbekleidungsamt umgewandelt, fortan lagerten in dem Gotteshaus Uniformstoffe.

Die ersten planmäßigen Deportationen begannen ab dem 18. Oktober 1941 vom Bahnhof Grunewald. Auf dem ersten Transport wurden etwa 1000 Personen in das Getto Litzmannstadt (Łódź) verbracht. Von Grunewald und später vom Bahnhof Putlitzstraße gingen Monat für Monat die Transporte in die Vernichtungslager ab. Die nationalsozialistischen Verantwortlichen glaubten, dass die Verschickung der Menschen vom Bahnhof Putlitzstraße im Industriegebiet im Nordwesten der Berliner Innenstadt

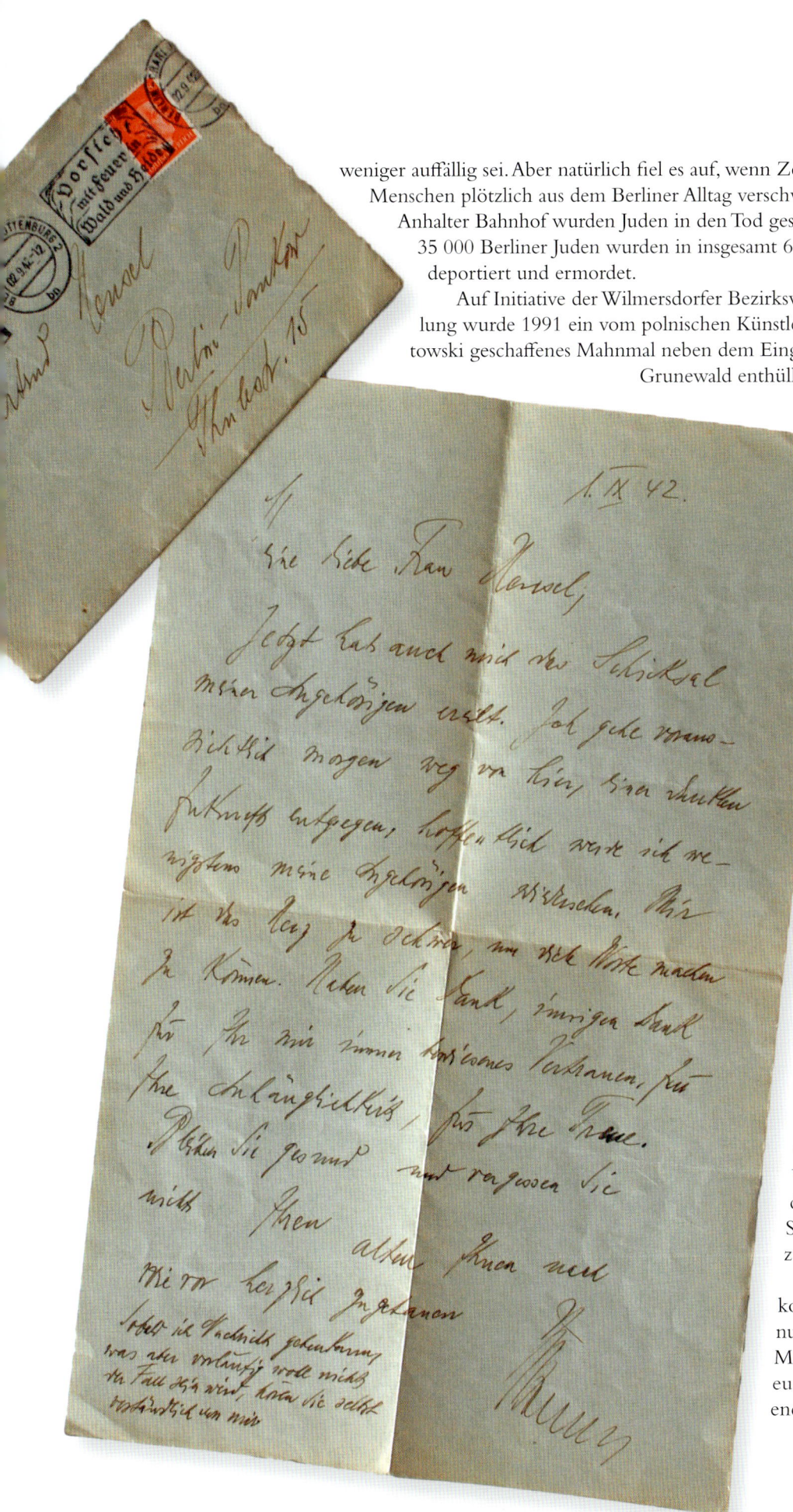

weniger auffällig sei. Aber natürlich fiel es auf, wenn Zehntausende von Menschen plötzlich aus dem Berliner Alltag verschwanden. Auch vom Anhalter Bahnhof wurden Juden in den Tod geschickt. Mehr als 35 000 Berliner Juden wurden in insgesamt 61 „Osttransporten" deportiert und ermordet.

Auf Initiative der Wilmersdorfer Bezirksverordnetenversammlung wurde 1991 ein vom polnischen Künstler Karol Broniatowski geschaffenes Mahnmal neben dem Eingang zum Bahnhof Grunewald enthüllt. Es besteht unter anderem aus einer Betonmauer mit Negativabdrücken menschlicher Körperformen. 1998 wurde das Mahnmal ergänzt. Aneinandergereihte Metallplatten dokumentieren am ehemaligen Bahnsteig die Deportationen in die Konzentrationslager.

Am 23. Oktober 1941 schließlich wurde ein Auswanderungsverbot für das Reich und für alle bis dahin von Deutschland bereits besetzten und kontrollierten Teile Europas erlassen. Nun waren endgültig alle Wege verschlossen, doch noch in letzter Sekunde Deutschland zu verlassen.

Mit der Wannseekonferenz am 20. Januar 1942 wurde der Massenmord an den europäischen Juden endgültig in den Rang

Kurz vor seiner Deportation gab der jüdische Arzt Martin Wollsteiner einen Brief an Gertrud Hensel, eine ehemalige Patientin von ihm, auf. Martin Wollsteiner wurde auf dem 65. Transport am 14. September 1942 nach Theresienstadt deportiert und am 21. Januar 1943 ermordet.

Siemensstadt, den 11.7.47

B e r i c h t

über die Entlassung der beiden Juden Edgar Schmul und Leo Reich.

1) Edgar Schmul   Schmul war nach Aussage des Herrn Bronowski,
der seinerzeit Vorarbeiter in der Abt.144/122
war, ein stinkend fauler Kerl. Ermahnungen
im Guten und alle Verwarnungen waren völlig
erfolglos.
Wie in dem Bericht vom 22.4.47 bereits erwähnt, bestand für uns die Möglichkeit, die
Juden gegen Polen auszutauschen. Wir machten in diesem Fall aus den oben angeführten
Gründen hiervon Gebrauch und brachten Schm.
zur Entlassung.

2) Leo Reich   Reich war sehr faul. Er versuchte ständig,
sich vor der Arbeit zu drücken. Damit ihm
dies besser gelingt, entfernte er von seiner
Kleidung den Judenstern. Nachdem er von uns
zweimal dabei ertappt worden war und auf
unsere Ermahnungen hin nicht den geringsten
Arbeitseifer zeigte und auch sein sonstiges
Verhalten zu wünschen übrig liess, nahmen
wir die Gelegenheit wahr, ihn gegen einen
Polen auszutauschen.

Noch 1947 recht-
fertigte ein Bericht
die Entlassung von
zwei jüdischen
Zwangsarbeitern.
Schmul und Reich
waren nach ihrer
Entlassung depor-
tiert worden.

einer nationalen Aufgabe erhoben, an der sich alle relevanten staatlichen Einrichtungen beteiligten, allen voran auch das Auswärtige Amt mit seinen diplomatischen Vertretern. Maßgeblich beteiligt an der Umsetzung der Konferenzbeschlüsse war der gebürtige Solinger Adolf Eichmann. Sein Referat IV des Reichssicherheitshauptamtes hatte das Gebäude des Jüdischen Brüdervereins in der Kurfürstenstraße 115/116 beschlagnahmt. Von hier aus organisierte und koordinierte Eichmann die Todeszüge nach Osten.

Während mehr und mehr Deutsche jüdischen Glaubens in die östlichen Vernichtungslager deportiert wurden, gestaltete sich das Überleben der verbliebenen Juden immer schwieriger. Fast täglich wurden neue einschneidende Verordnungen erlassen. So mussten die Berliner Juden im Mai 1942 ihre Haustiere zur Tötung im Jüdischen Krankenhaus in der Iranischen Straße abgeben. Im selben Monat wurden verhaftete Berliner Juden und jüdische Häftlinge im KZ Sachsenhausen allein deshalb erschossen, weil eine kommunistische Widerstandsgruppe um den jungen Studenten Herbert Baum einen Brandanschlag auf eine Nazi-Propagandaausstellung zum „sowjetischen Untermenschen" am Lustgarten verübt hatte.

Am 22. September 1942 forderte Hitler, die noch etwa 76 000 im Reichsgebiet befindlichen Juden, die zur Zwangsarbeit verpflichtet worden waren, in die Vernichtungslager zu deportieren. Diese Juden sollten in den Rüstungsbetrieben durch andere Zwangsarbeiter aus den besetzten Teilen Europas ersetzt werden. Anfang 1943 lebten noch ca. 15 000 Juden in Berlin. Eichmann bestimmte per Erlass vom 20. Februar 1943, nunmehr mit dem Abtransport zu beginnen. In Berlin waren von der „Großaktion Juden" etwa 8000 Juden in 100 Betrieben betroffen. In der gesamten Stadt verhaftete man Zwangsarbeiter in ihren Wohnungen und an ihren Arbeitsstätten. Neben der Synagoge an der Levetzowstraße gab es weitere Sammlungsorte. Zu nennen sind unter anderem einige Lagerhallen in der ehemaligen Hermann-Göring-Kaserne (heute Julius-Leber-Kaserne im Wedding), das Jüdische Altersheim in der Großen Hamburger Straße 26 und das Konzerthaus „Clou" in der Zimmerstraße 90/91 in nächster Nachbarschaft zum Reichsluftfahrtministerium in der Wilhelmstraße. Überlebende bezeichneten die Großrazzia nach 1945 als „Fabrikaktion".

Während dieser Razzia wurden ohne Vorwarnung auch die Kleinsten der jüdischen Zwangsarbeiter und -arbeiterinnen mit ihren Pflegerinnen nach Auschwitz deportiert. Ähnlich war es zuvor den minderjährigen Schutzbedürftigen in Pankow ergangen. Das dortige Waisenhaus in der Berliner Straße 121 wurde im Dezember 1941 geschlossen. Die verbliebenen Kinder wurden mit den Kindern aus anderen jüdischen Heimen zunächst in das Baruch Auerbach'sche Waisenhaus in der Schönhauser Allee 162 gegenüber dem Jüdischen Friedhof verlegt. Im Herbst 1942 wurden die Kinder mit ihren Pflegern in die Vernichtungslager nach Osten deportiert und ermordet. Heute erinnert eine Gedenkinstallation am Ort an die Opfer.

Im Untergrund überlebten schätzungsweise 1400 Juden unter abenteuerlichen und lebensgefährlichen Umständen. Den Berichten dieser Überlebenden liegt ein gemeinsames Muster zugrunde. Fortdauernd war man auf die Gunst von Bekannten und Freunden, oft auch von Fremden angewiesen, die sich dadurch ihrerseits in eine lebensgefährliche Situation brachten. Permanent mussten diese sogenannten jüdischen „U-Boote" das Versteck wechseln, um misstrauischen Nachbarn und Denunzianten auszuweichen. Die zunehmenden Bombenangriffe auf Berlin begünstigten paradoxerweise dieses lebensgefährliche Katz-und-Maus-Spiel.

Wie viele Juden in Wohnungen und Einrichtungen versteckt waren, die durch die Bombenangriffe zerstört wurden, kann nie aufgeklärt werden. Luftschutzkeller und Bunker jedenfalls konnten die Schutzbedürftigen nicht aufsuchen. Zu groß wäre die Gefahr gewesen, erkannt zu werden – selbst ohne den Davidstern. Manche Juden haben das Inferno überlebt, indem sie wie die ausgebombten Berliner in die Außenbezirke und auf das Land auswichen.

In den großen Massenvernichtungslagern vor allem in den Ostgebieten – allen voran Auschwitz – fanden bis zu sechs Millionen europäische Juden den Tod. Berlin verlor 55 000 Einwohner durch den organisierten Massenmord.

Inge Deutschkron

Die Journalistin Inge Deutschkron gehört zu den bekannteren Überlebenden des Holocaust. Seit dem Ende des Zweiten Weltkrieges hat sie sich dem Lebenswerk verschrieben, das Geschehene zu thematisieren und gegen das Vergessen zu wirken. 1978 erschien ihre Autobiografie „Ich trug den gelben Stern", die sofort für große Aufmerksamkeit sorgte und Inge Deutschkron einer großen Öffentlichkeit bekannt machte. Das Grips-Theater am Hansaplatz, das vor allem für Kinder und Jugendliche spielt, brachte die Erinnerungen als Theaterstück „Ab heute heißt du Sara" erfolgreich auf die Bühne.

Inge Deutschkron wurde am 23. August 1922 im brandenburgischen Finsterlwalde als Tochter eines sozialdemokratischen Gymnasiallehrers geboren. Die Familie zog 1927 nach Schöneberg in die Bamberger Straße 22. Erst 1933 erfuhr Inge Deutschkron im Zuge der Entlassung ihres Vaters aus dem Schuldienst wegen „politischer Unzuverlässigkeit", dass die Familie jüdisch ist. Dem Vater gelang es 1939 noch rechtzeitig, nach London zu emigrieren. Er wollte Frau und Tochter nachholen, jedoch verhinderte der Kriegsbeginn die Flucht der beiden.

1941 tauchten sie in der Blindenwerkstatt von Otto Weidt in der Rosenthaler Straße 39 unter. Im Hinterhof des unscheinbaren und heute noch stehenden Hauses betrieb der Kleinunternehmer eine Bürsten- und Besenwerkstatt. Dazu war es ihm gelungen, auch jüdische Arbeiter an den Betrieb zu binden und sie damit vor der Deportation zu bewahren. Als auch dies ab Januar 1943 nicht mehr möglich war, tauchten die Deutschkrons bei nichtjüdischen Freunden in immer wieder wechselnden Verstecken unter. 1945 gehörten sie zu den wenigen Geretteten, die den Krieg in Berlin überlebt hatten. Bis 1946 war Inge Deutschkron Sekretärin in der Zentralverwaltung für Volksbildung in der sowjetisch besetzten Zone. Dann gingen Mutter und Tochter zum Vater nach London.

Inge Deutschkron, die jahrzehntelang als freie Journalistin tätig war, erhielt 1966 die israelische Staatsbürgerschaft. 2001 kehrte sie nach Berlin zurück. 2006 gründete die Schriftstellerin eine nach ihr benannte Stiftung mit Sitz in der Sophienstraße 28-29. Die Erinnerung an „stille Helden" wie Otto Weidt hält sie wach mit dem von ihr initiierten Förderverein „Blindes Vertrauen e. V.", der seinen Sitz in Weidts ehemaliger Werkstatt in Nachbarschaft zu den Hackeschen Höfen hat. Am 30. Januar 2013 hielt Inge Deutschkron im Rahmen der alljährlichen Gedenkfeier in Erinnerung an die Befreiung des Konzentrationslagers Auschwitz am 27. Januar 1945 die Gedenkrede im Deutschen Bundestag.

Inge Deutschkron (1. Reihe, 2. v. l.) tauchte in der Blindenwerkstatt von Otto Weidt unter, Fotografie um 1941/42.

Marcel Reich-Ranicki

Marceli Reich wurde am 2. Juni 1920 im polnischen Włocławek als Sohn des Bauunternehmers David Reich geboren. Die Mutter Helene Auerbach entstammte einer alten Rabbinerfamilie. Die Reichs waren eine assimilierte jüdische, deutsch-polnische Familie. Die Weltwirtschaftskrise ruinierte die Familie.

Marceli wurde 1929 als Kind nach Berlin zu reichen Verwandten gegeben, die Eltern und Geschwister zogen später nach. Untergebracht waren sie nahe dem Bahnhof Charlottenburg. Von 1934 bis 1938 lebte Reich dann mit seiner Familie in der Güntzelstraße 53 in Wilmersdorf. Anfänglich besuchte er das 1903 von linksliberalen Reformern

gegründete Werner-Siemens-Realgymnasium in der Hohenstaufenstraße 47/Ecke Münchner Straße. Die Bildungseinrichtung, die 1909 die erste Schülervertretung in Preußen überhaupt zugelassen hatte, erfreute sich unter den oftmals wohlsituierten jüdischen Familien im Bayerischen Viertel großer Beliebtheit. Im Mai 1935 wurde die Schule von den Nationalsozialisten aufgelöst, das Schulhaus ist bis heute erhalten.

Später besuchte Reich das Fichte-Gymnasium in Wilmersdorf. Seine Leidenschaft galt dem Theater. Er hatte eine Vielzahl von Aufführungen im Schauspielhaus besucht, das von Gustaf Gründgens geleitet wurde. Der jüdische Generalmusikdirektor Leo Blech garantierte bis 1937 ein hohes künstlerisches Niveau an der Staatsoper Unter den Linden. Im Frühjahr 1938 konnte er noch sein Abitur ablegen, die Friedrich-Wilhelms-Universität verweigerte ihm als Juden jedoch danach die Immatrikulation.

Am 28. Oktober 1938, wenige Tage vor dem Pogrom am 9. November 1938, wurde der 18-jährige Reich mit weiteren 17 000 Juden nach Polen abgeschoben. Ohne Vorwarnung und nur mit einer einzigen Aktentasche und fünf Reichsmark trat er am frühen Morgen den Weg zum Sammelort am Polizeipräsidium am Sophie-Charlotte-Platz in Charlottenburg an. Von dort wurden die Juden mit Polizeiautos zum Schlesischen Bahnhof (heute: Ost-

bahnhof) gebracht. Reich fuhr nach Warschau, das er nicht kannte, und musste die polnische Sprache erst lernen. Im November 1940 wurde er mit seiner späteren Frau Teofila im Warschauer Getto interniert. Kurz vor der geplanten Deportation der Bewohner des Gettos gelang dem jungen Ehepaar am 3. Februar 1943 die Flucht. Sie überlebten in einem Versteck eines arbeitslosen polnischen Schriftsetzers.

Nach dem Zweiten Weltkrieg arbeitete Reich, der alsbald seinem deutschstämmigen Familiennamen den polonisierten Namen Ranicki anhängte, für den polnischen Geheimdienst. 1948 war er auch kurzfristig an der polnischen Botschaft in London akkreditiert.

1958 gelang die Übersiedlung zunächst nach Frankfurt/Main, dann nach Hamburg. Auf Vermittlung des Historikers Joachim Fest leitete Reich-Ranicki bis 1988 das Feuilleton der „Frankfurter Allgemeinen Zeitung". Von 1988 bis 2002 wurde der Literaturkritiker einem größeren Fernsehpublikum mit seinem „Literarischen Quartett" bekannt. Reich-Ranicki starb am 18. September 2013 und wurde in Frankfurt/Main beerdigt.

Die Freie Universität verlieh ihm 2006 die Ehrendoktorwürde, die Humboldt-Universität folgte mit der Verleihung einer zweiten Berliner Ehrendoktorwürde am 16. Februar 2007.

Marcel Reich-Ranicki in seinem Element, umgeben von Büchern, 1997

Max Liebermann

Der Grafiker und Maler Max Liebermann war einer der bedeutendsten Vertreter des deutschen Impressionismus. Liebermann wurde am 20. Juli 1847 in der Burgstraße 29 nahe dem Hackeschen Markt geboren. Sein Vater Louis war ein vermögender Textilhändler. Die Familie bezog 1859 mit den vier Kindern jenes Haus am Pariser Platz 7, das direkt an das Brandenburger Tor grenzte. Im elterlichen Haus erhielt Liebermann Privatunterricht. In Malerei wurde er von Eduard Holbein und Carl Steffeck unterrichtet.

1869 bis 1872 studierte er an der Kunstschule in Weimar und lebte anschließend in Paris und Holland. Nach Deutschland zurückgekehrt, wohnte Liebermann zunächst in München, wo er 1884 Martha Marckwald heiratete. Aus der Ehe ging die einzige Tochter Käthe (1885–1952) hervor. Spätestens 1889 war Liebermann als Künstler etabliert. Trotz der Anfeindungen wegen seiner jüdischen Glaubenszugehörigkeit bereitete er den deutschen Pavillon auf der Weltausstellung 1889 in Paris mit vor.

Nach dem Tod des Vaters erbte Liebermann ein Millionenvermögen und wohnte ab 1892 bis zu seinem Lebensende im elterlichen Haus am Brandenburger Tor. 1897 erhielt er eine Professur an der seiner Wohnung gegenüberliegenden Königlichen Akademie der Künste. Ein Jahr später gehörte er zu den Gründern der „Berliner Secession", deren Präsident er im ersten Jahr zudem war. Zu seinem 70. Geburtstag ehrte die Akademie der Künste den Meister mit einer Gesamtschau, drei Jahre später wurde Liebermann 1920 zu ihrem Präsidenten berufen. Im Juni 1927 trug die Reichshauptstadt dem Künstler zu seinem 80. Geburtstag die Ehrenbürgerschaft an.

1910 hatten sich die Liebermanns Am Großen Wannsee 42 eine Villa errichten lassen, die sie fortan als Sommersitz nutzten – die heutige Liebermann-Villa. Sie ist seit 1958 im Besitz des Landes Berlin und beherbergt seit 2006 ein Museum, das an den großen Meister erinnert.

Mit dem Machtantritt Adolf Hitlers setzte sofort die offizielle Stigmatisierung und Ausgrenzung des gefeierten Künstlers ein. Liebermann trat unter Protest am 8. Mai 1933 aus der Akademie aus. Er erhielt fortan Berufsverbot, seine

Werke wurden als „entartet" eingestuft. Dennoch blieben die Liebermanns in Berlin. Der Künstler starb in seiner Heimatstadt am 8. Februar 1935. Noch einmal gab es eine große Gedenkausstellung, wenn auch nunmehr lediglich in den Räumlichkeiten der Jüdischen Gemeinde in der Oranienburger Straße. Dem Trauerzug zum Jüdischen Friedhof an der Schönhauser Allee ging die bedeutende Grafikerin Käthe Kollwitz aus Freundschaft und Protest vor der nationalsozialistischen Kulturpolitik voran. Liebermanns Ehefrau Martha entzog sich der angekündigten Deportation am 10. März 1943 durch Suizid. Das Stadthaus am Pariser Platz wurde im Bombenhagel des Zweiten Weltkrieges vollkommen zerstört.

Max Liebermann in seiner Atelierwohnung am Pariser Platz 1934

Hugo Heimann

Hugo Heimann wurde im westpreußischen Provinzstädtchen Konitz am 15. April 1859 als Sohn des jüdischen Kommunalpolitikers Eduard Heimann und seiner Frau Marie geboren. Nach der Übersiedlung nach Berlin besuchte Heimann das evangelische Gymnasium Zum Grauen Kloster. Er absolvierte eine Buchhändlerausbildung in Berlin und London und wurde Partner, später Alleininhaber der juristischen Verlagsbuchhandlung J. Guttentag in Berlin.

1900 verkaufte er dieses erfolgreiche Unternehmen, das später dem Verlag von Walter de Gruyter & Co. angegliedert wurde. Die Heimanns unternahmen Reisen nach Indien, Ägypten und Algerien. Mit seiner Frau Caecilie, die er 1888 geheiratet hatte, stiftete er die „Öffentliche Bibliothek und Lesehalle zu unentgeltlicher Benutzung für jedermann", die er 1919 der Stadt Berlin zum Geschenk machte. Diese öffentliche Bibliothek, die mehrere Millionen Nutzer hatte, befand sich in der Kreuzberger Alexandrinenstraße nahe dem Halleschen Tor.

Heimann pflegte freundschaftlichen Umgang mit den führenden Sozialdemokraten August Bebel und Paul Singer. Er gehörte von 1908 bis 1910 als einer der ersten fünf sozialdemokratischen Abgeordneten überhaupt dem Preußischen Landtag an. 1899 bis 1933 war Heimann SPD-Stadtverordneter von Berlin. Nach dem preußischen Dreiklassenwahlrecht konnte eine Partei nur dann in die städtische Bürgerversammlung einziehen, wenn die Hälfte der gewählten Abgeordneten Hausbesitz nachweisen konnte. Deshalb ließ Heimann 1901 in der Prinzenallee 46 in Wedding einen Häuserkomplex mit acht Wohnhäusern errichten, den er offiziell der SPD überließ. Vier Häuser wurden im Zweiten Weltkrieg zerstört, die anderen vier wurden 1958 abgerissen.

Nach dem Ende des Ersten Weltkrieges war Heimann Volksbeauftragter von Berlin. In dieser Funktion nahm er im Dezember 1918 an der Konferenz des Rates der Volksbeauftragten im Preußischen Landtagsgebäude teil. Hier wurden die verfassungsrechtlichen Grundlagen zur Weimarer Republik festgelegt. Am 19. Januar 1919 wurde er in die Verfassunggebende Nationalversammlung gewählt. Bis 1932 war er ununterbrochen Mitglied des Reichstages. Als „Vorkämpfer des Fortschritts" erhielt er 1926 die Ehrenbürgerwürde der Stadt Berlin. Mit dem Machtantritt der Nationalsozialisten wurde ihm diese Würde aberkannt.

Hugo Heimann um 1930

Heimann gehörte auch zu den Gründungsvätern der Einheitsgemeinde Groß-Berlin, die 1920 gebildet worden war und bis heute – mit geringen Abweichungen – das Gebiet des Bundeslandes Berlin bildet.

Hugo und Caecilie Heimann, die in der Keithstraße 2 nahe dem Wittenbergplatz wohnten, besuchten ihren Sohn Eduard im Frühjahr 1934 in den USA, kehrten aber dennoch nach Berlin zurück. Im selben Jahr wurde Heimann daran gehindert, die von ihm gestiftete Bibliothek zu betreten. Trotz dieser und anderer fortlaufender Demütigungen entschlossen sich die Heimanns erst in letzter Minute, Deutschland zu verlassen.

Der britische Konsul vermittelte die notwendigen Papiere zur Ausreise. Über Southampton erreichten die Heimanns am Weihnachtsabend 1939 den Boden der USA. Sie blieben in New York. Dort verstarb Hugo Heimann am 23. Februar 1950 in einem Altersheim. Noch zu seinen Lebzeiten war ihm im Dezember 1947 die Ehrenbürgerschaft Berlins wieder zuerkannt worden.

Regina Jonas

Die am 3. August 1902 in ärmlichen Verhältnissen als Tochter des strenggläubigen Kleinhändlers Wolf Jonas im Scheunenviertel geborene Regina Jonas gilt als die erste Rabbinerin in der Geschichte des Judentums.

Die 1913 früh verwitwete Mutter Sara Jonas zog mit ihrer Tochter und dem Sohn Abraham in den Prenzlauer Berg um. An der Synagoge in der Rykestraße wurde auf die religiöse Erziehung von Mädchen besonders geachtet. Regina bestand 1923 das Abitur am Oberlyzeum in der Parkstraße 101 in Weißensee. Ein Jahr darauf schrieb sich die junge Frau an der Hochschule für die Wissenschaft des Judentums in der Artilleriestraße (heute Tucholskystraße) nahe der Synagoge in der Oranienburger Straße ein. Ihre Abschlussarbeit trug den Titel: „Kann die Frau das rabbinische Amt bekleiden?" Obwohl man die Arbeit gut benotet hatte, wurde sie nicht zur Ordination zugelassen. Einer ihrer Prüfer war Leo Baeck. Im Dezember 1930 erhielt sie lediglich ein Zeugnis darüber, die Religionslehrerprüfung abgelegt zu haben.

Das Rabbinatsdiplom erhielt Regina Jonas 1935 in Offenbach von dem Geschäftsführer des Liberalen Rabbinerverbandes, Max Dienemann. Als Rabbinerin war sie an der Synagoge im Jüdischen Krankenhaus in der Iranischen Straße im Wedding tätig. Im Auftrag der Reichsvereinigung der Juden in Deutschland versorgte Regina Jonas seelsorgerisch die Gemeinden im preußischen Landesverband, die durch Exil und Verfolgung immer mehr ohne geistlichen Beistand blieben.

Noch 1939 war für Regina Jonas nicht die Gleichheit der Geschlechter bedeutend, sondern aus tiefster religiöser Überzeugung die Gleichberechtigung der Geschlechter vor Gott. Für die junge Rabbinerin war es unvereinbar, diesen Beruf als verheiratete Frau auszuüben. Keuschheit war für sie unverzichtbar.

Mit Rücksicht auf die Mutter hatte Regina Jonas offensichtlich keine Flucht aus Deutschland erwogen. 1942 verpflichtete man sie zur Zwangsarbeit in Lichtenberg. Am 6. November desselben Jahres wurde sie mit ihrer Mutter auf dem 73. Alterstransport nach Theresienstadt deportiert. Es ist gesichert, dass sie im Konzentrationslager noch mindestens 44 Vorträge hielt. Am 12. Oktober 1944 wurde sie nach Auschwitz verschleppt, wo sie am 12. Dezember 1944 ermordet wurde.

Anlässlich der zweiten Bet-Debora-Konferenz für europäische Rabbinerinnen, Kantorinnen und interessierte Jüdinnen im Juni 2001 wurde in der Krausnickstraße 6, nur wenige Schritte von der Synagoge Oranienburger Straße entfernt, eine Gedenktafel angebracht. In dem im Zweiten Weltkrieg zerbombten Wohnhaus wohnte Jonas bis zu ihrer Deportation.

Das Foto entstand anlässlich der Verabschiedung des Lehrers Ismar Elbogen, der 1938 in die USA emigrierte, und zeigt Studenten und Dozenten der Lehranstalt für die Wissenschaft des Judentums, an der auch Regina Jonas studiert hatte.

Klaus Gysi

Klaus Gysi, einer der einflussreichsten SED-Politiker in der DDR, wurde am 3. März 1912 in Berlin-Neukölln als Sohn eines Arztes und einer französisch-jüdischen Buchhalterin geboren. Nach seinem Besuch der Volksschule und des Realgymnasiums legte er 1931 in Darmstadt sein Abitur ab. Seit 1928 gehörte er dem drei Jahre zuvor gegründeten Kommunistischen Jugendverband Deutschlands an, ab 1931 war er Mitglied der KPD. Während seines Volkswirtschaftsstudiums lernte er seine Frau Irene Lessing kennen. Seit 1933 gehörte Gysi der illegalen Reichsleitung der Roten Studentenbewegung an, die in Frankfurt und in Berlin operierte. 1935 wurde er unehrenhaft vom Hochschulbetrieb ausgeschlossen.

Mit Beginn des Zweiten Weltkrieges war Gysi Mitglied der Studentenleitung der KPD in Paris und gelangte 1940 mit seiner Frau nach kurzzeitiger Internierung wieder nach Berlin. Beide konnten als freie Mitarbeiter im katholischen Verlag Hoppenstedt & Co. in Berlin ihrer illegalen politischen Arbeit weiter nachgehen. Sie blieben unbehelligt. Der Verlag war auf die Publikation von Wirtschaftsdaten spezialisiert. Das Verlagshaus befand sich bis zu seiner Zerstörung im Zweiten Weltkrieg in der Wallstraße 31 nahe dem Hausvogteiplatz.

Von der sowjetischen Administration wurde Gysi 1945 als Bezirksbürgermeister von Zehlendorf eingesetzt. Als Gründungsmitglieder der SED machten sowohl Irene Gysi als auch er Karriere im Verlagswesen der DDR. Neben anderen leitete Gysi von 1957 bis 1966 den Aufbau-Verlag und war gleichzeitig von 1957 bis 1977 Mitglied des Präsidiums des Kulturbundes der DDR, zudem von 1958 bis 1962 Stadtverordneter in Berlin. 1959 wurde die Ehe von Klaus und Irene Gysi geschieden. 1966 bis 1973 war Gysi Minister für Kultur der DDR und anschließend Staatssekretär für Kirchenfragen sowie Botschafter der DDR in Italien und in Malta. Am 6. März 1999 starb Gysi als Mitglied der PDS. Er war Vater von Gregor Gysi, dem langjährigen Vorsitzenden der Fraktion Die Linke (vormals PDS), und der Schauspielerin und Regisseurin Gabriele Gysi.

Klaus Gysi um 1950

Marie Simon

Am 4. April 1922 wurde Marie Simon als Tochter des Rechtsanwalts Hermann Jalowicz und dessen Ehefrau Betti in Berlin geboren. Der Vater führte eine Kanzlei in der Prenzlauer Straße 19a, die Wohnung der Familie befand sich nur wenige Häuser weiter in der Prenzlauer Straße 9. Die Straße bestand bis 1969 und wurde mit der Neugestaltung Ost-Berlins aufgehoben. Das Gelände wurde mit einer kompletten Neubebauung um das Geschäftshaus des Berliner Verlages versehen.

1938 war Hermann Jalowicz, dessen Frau noch im selben Jahr gestorben war, gezwungen, die Kanzlei aufzugeben. Die Wohnung wurde beschlagnahmt. Vater und Tochter versuchten vergeblich, aus Deutschland auszureisen. Hermann Jalowicz starb am 18. März 1941.

Zu dieser Zeit war die 18-jährige Vollwaise bereits bei Siemens zur Zwangsarbeit verpflichtet worden. Einem Deportationsbescheid entging sie im Juni 1942 durch Flucht. Seitdem tauchte sie bis zum Ende der nationalsozialistischen Gewaltherrschaft 1945 in Berlin unter. 1945 trat sie der KPD bei.

1947 lernte sie im Studium den späteren Orientalisten und Judaisten Heinrich Simon kennen. Simon war am 26. Mai 1921 in Berlin geboren worden. Seine jüdische Familie hatte

Glück im Unglück gehabt: Noch 1939 konnten die Simons nach Palästina ausreisen. Heinrich Simon war 1947 als britischer Besatzungssoldat in seine Heimatstadt zurückgekehrt. 1948 heiratete das Studentenpaar, ein Jahr später wurde der einzige Sohn Hermann geboren.

Beide wurden bei der Philosophin und Theologin Lieselotte Richter (1906-68) promoviert. Richter ihrerseits war Schülerin von Martin Heidegger und Edmund Husserl. Als erste Professorin für (reine) Philosophie gehörte sie zu den bedeutendsten Hochschullehrern an der Humboldt-Universität in Ost-Berlin. Heinrich und Marie Simon avancierten zu einem der wichtigsten Wissenschaftlerpaare der DDR. Heinrich hatte einen Lehrstuhl für Hebraistik und Arabistik am Vorderasiatischen Institut inne, während Marie als Professorin für Antike Literatur- und Kulturgeschichte an der Humboldt-Universität arbeitete.

Der Historiker Hermann Simon ist seit der Gründung der Stiftung Neue Synagoge Berlin - Centrum Judaicum 1988 ihr Direktor. Kurz vor dem Tod seiner Mutter hielt er ihre Erinnerungen an ihr Überleben im Untergrund in Berlin während des Krieges auf Tonbändern fest. 2014 wurden die Erinnerungen publiziert.

Vor der Ruine der Neuen Synagoge in der Oranienburger Straße wurde 1988 zum 50. Jahrestag der Reichspogromnacht eine Gedenkfeier abgehalten, an der Hermann Simon (im Vordergrund), Direktor der neu gegründeten Stiftung Neue Synagoge Berlin, sowie seine Eltern Heinrich und Marie Simon (rechts hinter Hermann Simon) teilnahmen.

Leo Baeck

Der Rabbiner Leo Baeck war vor 1933 der bedeutendste Vertreter des liberalen Judentums in Deutschland. Er erblickte in Lissa in der preußischen Provinz Posen am 23. Mai 1873 im Haus des strengreligiösen und konservativen Rabbiners Samuel Baeck und dessen Ehefrau Eva das Licht der Welt. Baeck hatte vier Schwestern, die in Konzentrationslagern ermordet wurden. In Breslau legte Baeck sein Abitur ab und absolvierte dort anschließend ein Studium am konservativen Rabbinerseminar sowie ein Philosophiestudium an der dortigen Universität. 1894 siedelte Baeck nach Berlin über und studierte weiter an der Friedrich-Wilhelms-Universität und an der Hochschule für die Wissenschaft des Judentums, wo er im Mai 1895 über den Philosophen Spinoza promovierte. Danach lebte er in Schlesien, später in Düsseldorf. In dieser Zeit erschien sein Hauptwerk „Das Wesen des Judentums" (1905).

1912 kehrte er – nunmehr verheiratet und Vater einer Tochter – nach Berlin zurück und trat in der Jüdischen Gemeinde eine Rabbinerstelle an. Ab 1913 war er ununterbrochen bis zum 19. Juli 1942 als Dozent an der Hochschule für die Wissenschaft des Judentums tätig. Er lehrte Homiletik (Predigtlehre) und den Midrasch (Lehre von der Auslegung religiöser Texte im rabbinischen Judentum). Das ehemalige Lehrgebäude in der heutigen Tucholskystraße 9 trägt als Sitz des Zentralrats der Juden in Deutschland heute seinen Namen. Während des Ersten Weltkrieges war Leo Baeck als Feldrabbiner an der Ost- und an der Westfront tätig.

In der Weimarer Republik bekleidete Baeck eine Vielzahl von hohen Ämtern. Dazu zählten ab 1922 der Vorsitz des Allgemeinen Rabbinerverbandes in Deutschland und ab 1925 der Vorsitz der Zentralwohlfahrtstelle der Juden in Deutschland. Zudem war er Präsident der Großloge der deutschen Sektion von B'nai B'rith in der Schöneberger Kleiststraße. Dort waren über hundert jüdische Einzellogen zusammengefasst. Nach 1933 fungierte er als Präsident der Reichsvertretung der Deutschen

Juden. 1943 wurde Baeck in das KZ Theresienstadt deportiert. Schweizer Freunden gelang es, Baeck aus dem KZ zu befreien. Er überlebte die Schoah. Nach 1945 wirkte er in London als Präsident der Weltunion für progressives Judentum und hatte viele Jahre eine Gastprofessur für hebräische Studien in Cincinnatti/USA inne. 1955 wurde in Jerusalem eine Forschungsstätte für die Geschichte und Kultur des deutschsprachigen Judentums gegründet, die seinen Namen trägt.

Baeck starb am 2. November 1956 in London. Sein Grab befindet sich im Norden Londons in Barnet, jenem Stadtteil Londons, der heute eine Städtepartnerschaft mit dem Bezirk Tempelhof-Schöneberg unterhält, wo sich die Wohnung der Baecks in der Fritz-Elsas-Straße 15 befand.

Leo Baeck um 1935

Neues Leben, neue Kultur

VON 1945 BIS HEUTE

Die ab Herbst 1943 verstärkten Flächenbombardements hatten große und irreparable Schäden auch bei denjenigen jüdischen Einrichtungen und Gotteshäusern Berlins verursacht, die in der Reichspogromnacht 1938 noch nicht vollständig zerstört worden waren. Vollständig ausgebrannt waren nunmehr die Hauptsynagoge in der Oranienburger Straße und die Synagoge in der Levetzowstraße, von wo kurz zuvor noch die letzten Sammeltransporte in die Vernichtungslager abgegangen waren. Traditionelle jüdische Handels- und Dienstleistungsbetriebe im Berliner Westen, das Hotel Kempinski am Kurfürstendamm, das KaDeWe und das benachbarte Schuhhaus Leiser in der Tauentzienstraße, waren ausgeglühte Ruinen.

Die Synagoge in der Rykestraße wurde am 31. August 2007 in einem Festakt durch den Rabbiner Ernst Stein feierlich wiedereröffnet.

Etwa zwei Millionen Berliner hatten das Ende der nationalsozialistischen Gewaltherrschaft überlebt. Eine Volkszählung ergab, dass im Oktober 1946 exakt 7584 jüdische Personen in der zerstörten Stadt lebten. In den ersten Nachkriegstagen ging der erste Vorsitzende der im Wiederaufbau befindlichen Jüdischen Gemeinde, Dr. Erich Nelhans, von etwa 1500 Überlebenden aus, die unmittelbar mit dem Ende des Krieges aus den Konzentrationslagern nach Berlin zurückgekehrt waren. Etwas mehr als 4000 Juden aus „Mischehen" überlebten die Schoah in Berlin, außerdem über 1400 jüdische Berliner, die das Dritte Reich unter abenteuerlichen und lebensgefährlichen Umständen im Untergrund überstanden hatten, darunter der gebürtige Berliner und spätere Entertainer Hans Rosenthal (1925–87) und die Journalistin Inge Deutschkron.

Die mit den Nürnberger Rassengesetzen vorgenommene Einteilung in verschiedene Abstammungsgrade war auch für jene Deutschen lebensgefährlich geworden, die selbst der jüdischen Religion, Kultur und Lebensweise in keiner Weise nahestanden. 4250 sogenannte Mischlinge verschiedenen Grades lebten im zerstörten Nachkriegsberlin. Neben den deutschen Juden hielt sich in Berlin aber auch eine Vielzahl von europäischen – in erster Linie osteuropäischen – Juden auf, die entweder als Besatzungssoldaten Angehörige der Siegermächte waren oder aus ihren Heimatländern verschleppt und zur Zwangsarbeit in Berlin gezwungen worden waren.

Die sowjetische Armee war in den unmittelbaren Tagen nach der Kapitulation die einzige Besatzungsmacht in der Stadt. Ein polnischer Oberrabbiner begleitete in sowjetischer Uniform die ersten Soldaten nach Berlin. Die Amerikaner und die Engländer übernahmen am 4. Juli 1945 die westlichen Sektoren Berlins.

Nach dem Ende der nationalsozialistischen Gewaltherrschaft existierten in Berlin nur noch zwei jüdische Einrichtungen. Eine war das Jüdische Krankenhaus in der Iranischen Straße im Wedding, von wo die letzten Transporte in die Vernichtungslager abgegangen waren. Außerdem existierte noch der Friedhof in Weißensee an der damaligen Lothringer Straße (heute Herbert-Baum-Straße). Das Krankenhaus in der Iranischen Straße wurde am 8. Mai 1945 zu einem ersten Aufnahmelager für die 470 noch im selben Monat aus Theresienstadt zurückgekehrten Juden.

Gleich im Mai gab es zwei „Befreiungsgottesdienste". Einer davon fand in einer Wartehalle für Trauernde am größten jüdischen Friedhof Europas in Weißensee statt. Am 11. Mai 1945 versammelten sich hier in der Nähe der weitgehend unversehrten Grabstätten der Berliner Juden sowohl sowjetische Soldaten als auch überlebende Berliner. Der polnische Oberrabbiner blies den Schofar. Bei einem Schofar handelt es sich um ein Widderhorn, das als Instrument aus dem Vorderen Orient heute

noch im jüdischen Leben und in den Synagogen verwendet wird. Mit diesem Widderhorn soll Gott an die Sühneleistung des Volkes Israel erinnert werden. Statt seines Sohnes Isaak brachte Abraham Gott einen geschlachteten Widder als Opfer dar.

Der Neuanfang

Das Blasen des Schofar symbolisierte drei Tage nach der bedingungslosen Kapitulation für die überlebenden Juden den Neuanfang jüdischen Lebens in Berlin. Sie standen vor gewaltigen Herausforderungen. Zunächst mussten die dringendsten Bedürfnisse befriedigt werden, um das Überleben zu sichern. Es fehlte vor allem an Nahrung, Wohnung und Kleidung. Die ersten zurückgekehrten KZ-Überlebenden besaßen nichts außer den Lumpen, die sie am Leibe trugen. Außerdem musste geklärt werden, wie die Juden fortan gesellschaftlich, vereins- und vermögensrechtlich in die Befehlsstrukturen der sowjetischen Besatzungsmacht einzuordnen seien. Und dann fehlte es zum Dritten an allem, was überhaupt jüdisches Leben, Kultur und Identität erst ausmachte. Alle Bibliotheken, Schulen und Synagogen waren geplündert und zerstört, es gab kein Lehrmaterial, keine Gebetbücher oder Ausstattungen zum Gottesdienst.

Die oberste militärische Instanz war der Stadtkommandant Generaloberst Nikolai E. Bersarin. Auch die überlebenden Juden waren seiner Autorität unterworfen. Aus einem Brief vom 12. Dezember 1945 des Vorstands der Jüdischen Gemeinde an die sowjetische Kommandantur geht hervor, dass es im Juni desselben Jahres zu einer Begegnung des Generaloberst Bersarin mit dem jüdischen Zahnarzt Martin Blum im Reichstagsgebäude gekommen war. Dort hatte Bersarin Blum zum Wiederaufbau einer Jüdischen Gemeinde ermuntert.

Sitz der Gemeinde wurde das nicht ganz so stark beschädigte Gebäude in der Oranienburger Straße 28. Das Haus war 1908/09 für das Zentralarchiv der deutschen Juden erbaut worden. Es befindet sich nun seit mehr als 100 Jahren im Besitz der Jüdischen Gemeinde. Einige Teilbestände der nach 1933 verwüsteten Archive sind heute wieder zusammengefasst, das meiste jedoch ging verloren.

Die amerikanische Besatzungsmacht konzentrierte sich nach ihrem Eintreffen in Berlin am 4. Juli 1945 zunächst weniger auf die deutschen Juden, die die Schoah überlebt hatten, als vielmehr auf die „Displaced Persons", also die ehemaligen Zwangsarbeiter vor allem aus Osteuropa, die nun im Nachkriegsdeutschland

Zur Erinnerung an die deportierten Juden wurde eine Gedenktafel am Bahnhof Grunewald angebracht.

gestrandet waren und größtenteils zurück in ihre Heimat wollten. Die internationale Hilfsorganisation UNRRA (United Nations Relief and Rehabilitation Administration) verfolgte erst einmal das primäre Ziel, Durchgangs- und Sammellager für die europäischen Juden zu schaffen, die den Status Displaced Person innehatten. Es galt, die entwurzelten und verschleppten Juden in ihre Heimatländer zurückzubringen. Die von David Ben-Gurion gegründete Organisation „Bericha" suchte unter den Überlebenden nach wehrfähigen Männern zur Einwanderung nach Palästina.

Die amerikanisch-jüdische Hilfsorganisation „Joint" kümmerte sich bald auch um die Versorgung der deutschen Juden, die in der allgemeinen Situation jedoch nur sehr schleppend voranging. Otto Weidt gehörte als einer der wenigen nichtjüdischen Berliner zu denen, die eine bessere Versorgung der bedrängten Menschen forderten.

Dem amerikanischen Präsidenten Dwight D. Eisenhower waren diese Probleme in der Zwischenzeit zu Ohren gekommen. Er ernannte den Rabbi Judah Nadich (1912–2007) zu seinem Sonderberater. Nadich war später langjähriger Präsident der Internationalen Vereinigung konservativer Rabbiner. Nadich berichtete über die bedrückenden Verhältnisse unter anderem, dass nur die amerikanische Besatzungsmacht das in ihrem Sektor liegende Grundvermögen der Jüdischen Gemeinde an diese zurückgab.

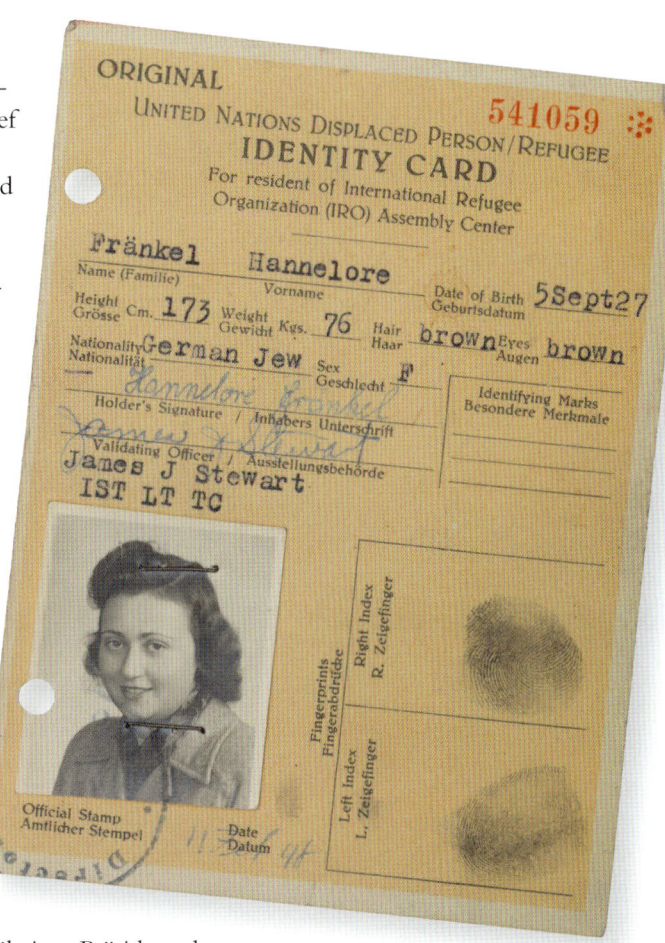

Nach dem Krieg meldete sich Hannelore Fränkel im DP-Lager Schlachtensee, um auszuwandern. Sie blieb jedoch in Berlin, da ihre Eltern zu einer Emigration nicht bereit waren. Ausweis der International Refugee Organization für Hannelore Fränkel vom Februar 1948

Am 1. Oktober 1945 wurde der Vorstand der Jüdischen Gemeinde gewählt. Erster Vorsitzender wurde der 1899 geborene Berliner Kaufmann Erich Nelhans. Nelhans setzte unter anderem die Instandsetzung des Jüdischen Friedhofs in Weißensee, aber auch die Herrichtung der Synagoge in der Rykestraße durch.

Im März 1948 wurde Nelhans in seiner Wohnung in der Prenzlauer Allee 35, die im sowjetischen Sektor lag, von der sowjetischen Geheimpolizei verhaftet. Ihm wurde antisowjetische Agitation vorgeworfen, weil er jüdischen Sowjetsoldaten, die desertiert waren, die Ausreise nach Palästina ermöglicht hatte. Nelhans wurde in die Sowjetunion verbracht und starb dort im Februar 1950 in einem Gefangenenlager. Erst 1997 wurde er von einem russischen Militärgericht rehabilitiert. Nach Nelhans' Verhaftung übernahm Hans Erich Fabian für knapp ein Jahr den Vorsitz. Fabian hatte das KZ Theresienstadt überlebt und emigrierte mit seiner Familie im April 1949 in die USA. Nachfolger wurde nun der gebürtige Westpreuße und Auschwitz-Überlebende Heinz Galinski. Galinski behielt den Vorsitz bis zu seinem Tod am 19. Juli 1992 und wurde so für über fünf Jahrzehnte zur führenden jüdischen Berliner Persönlichkeit.

Am 1. März 1946 erschien die erste Ausgabe der von Galinski herausgegebenen Zeitschrift „Der Weg", die eine Diskussion darüber entfachte, ob man sich als Neugründung verstehen oder aber historisch-juristisch an das alte jüdische Leben anknüpfen wolle, das heißt als Wiederbegründung jüdischen Lebens. Noch war nicht vollständig klar, ob es überhaupt zu einem Neuaufbau jüdischen Lebens in Berlin kommen sollte oder ob es nur ein „Übergangsleben" gebe, bis alle überlebenden Juden Deutschland endgültig verlassen hätten.

Die Kandidaten der Liste 1

1. Dr. Hans-Erich Fabian
geb. am 22. 9. 1902 in Bromberg.

Landgerichtsrat. 1943—1945 KZ Theresienstadt. Seit 1919 für die Interessen des Judentums in führenden Stellungen tätig. Früher Generalsekretär der Lehranstalt für die Wissenschaft des Judentums. Vorstandsmitglied der Jüdischen Gemeinde zu Berlin. Mitglied der Arbeitsgemeinschaft der jüdischen Gemeinden Deutschlands. Herausgeber der Zeitschrift „DER WEG". Vorstandsmitglied der VVN Groß-Berlin. Im Ausschuß OdF Wilmersdorf.

2. Heinz Galinski
geb. am 28. 11. 1912 in Marienburg/Westpreußen.

Stellvertretender Leiter des Hauptamtes Opfer des Faschismus, Abt. Nürnberger Gesetzgebung. Vorsitzender der VVN Groß-Berlin. 3 Jahre Zwangsarbeit bei Siemens. 3 Jahre KZ Auschwitz, Dora, Bergen-Belsen. Seit Anfang 1946 Repräsentant der Jüdischen Gemeinde zu Berlin. In verschiedenen Kommissionen tätig, u. a. Joint-Kommission. Innerhalb des Hauptamtes OdF und der Vereinigung der Verfolgten des Naziregimes Eintreten für die Forderungen a l l e r rassisch Verfolgten. Ständiger Mitarbeiter am WEG.

3. Richard May
geb. am 19. 5. 1886 in Berlin.

Bis zum Pressegesetz Chefredakteur an großen Zeitungen, dann 5 Jahre Zwangsarbeit, Sternträger, Redakteur am WEG. Bisher Repräsentant der Jüdischen Gemeinde zu Berlin. Vorstandsmitglied der VVN Groß-Berlin. Im Ausschuß OdF Wilmersdorf.

4. Jeannette Wolff, geb. Cohen
geb. am 22. 6. 1888 in Bocholt/Westfalen.

Stadtverordnete in Groß-Berlin. Vorsitzende einer Entnazifizierungs-Kommission in Berlin-Neukölln. Seit 1911 in der jüdischen Jugend- und Frauenbewegung tätig. Mitarbeiterin der liberal-jüdischen Vereinigung in Deutschland (Mitarbeiterin von Rabb. Dr. Leo Baeck). 1933 verhaftet. Nach Freilassung illegale Arbeit. Ab 1941 KZ Riga, Mühlgraben/Lettland, Stutthof/Danzig. Repräsentantin der Jüdischen Gemeinde zu Berlin, Vorsitzende der Jüdischen Frauengruppe Groß-Berlin. Mitglied der Joint-Kommission.

5. Fritz Sachs
geb. am 5. 5. 1881 in Kattowitz/Oberschlesien.

Kaufmann. Seit 1938 Zwangsarbeit. Seit langem in der Jüdischen Gemeinde zu Berlin tätig. Leiter der Bezirksstelle der Jüdischen Gemeinde im britischen Sektor und der Auswanderungsabteilung. Besondere Betreuung der nichtjüdischen Ehepartner. Vorsteher der Synagoge Pestalozzistraße und Repräsentant der Jüdischen Gemeinde zu Berlin.

In einer Beilage aus „Der Weg" vom 9. Januar 1948 werden 19 Kandidaten der jüdisch-liberalen Gruppe mit Bild und knappen Angaben vorgestellt, darunter Heinz Galinski und Jeanette Wolff. Abgebildet ist hier die erste Seite des Programms.

Die Beziehung zwischen den in und mit Deutschland verwurzelten Juden und den Displaced Persons, den zwangsweise in Berlin anwesenden nichtdeutschen Juden, blieb spannungsgeladen. Zu unterschiedlich waren die Positionen, ob nach dem Völkermord überhaupt eine Annäherung an alles Deutsche und an alle Deutschen möglich war. Besonders deutlich wurden die unterschiedlichen Positionen bei einem Konzert im Steglitzer Titania-Palast in der Schloßstraße.

Das im Januar 1928 eröffnete Luxuskino war im Bombenkrieg fast unversehrt geblieben und bot einen der wenigen intakten Säle im Nachkriegsberlin. Am 30. September 1947 gab hier der jüdische Violinist Yehudi Menuhin (1916–99) mit dem Berliner Philharmonischen Orchester unter dem Dirigenten Wilhelm Furtwängler (1886–1954) ein Konzert. Furtwängler war auch in der Zeit des Nationalsozialismus ein arrivierter Künstler gewesen. Durften jüdische Künstler und im Dritten Reich beschäftigte Künstler so kurz nach der Katastrophe überhaupt miteinander musizieren? Für den gebürtigen Amerikaner Menuhin, der einer ursprünglich chassidischen weißrussischen Familie entstammte, war das keine Frage. Er protestierte gegen die amerikanische Politik, durch die Furtwängler als belastet eingestuft worden war, was zu einem – zumindest kurzzeitigen – Auftrittsverbot des Dirigenten geführt hatte.

In Zeiten der beginnenden Teilung

Am 14. Mai 1948 war das britische Mandat über Palästina abgelaufen. Noch am selben Tage wurde der Staat Israel gegründet. Israel ist der einzige Staat der Welt, in dem Juden die Bevölkerungsmehrheit bilden. Die Staatsgründung wurde in der Berliner Bevölkerung kaum registriert. Hier hatte man seine eigenen Probleme: Berlin seinerseits lag im Spannungsfeld des Kalten Krieges.

Die politischen Differenzen zwischen der Sowjetunion und den Westmächten nahmen immer weiter zu. Einen Höhepunkt des Kalten Krieges markiert die sowjetische Blockade aller Wasser-, Straßen- und Schienenwege von und in die Westsektoren Berlins vom 24. Juni 1948 bis zum 12. Mai 1949. West-Berlin wurde daraufhin über eine sogenannte Luftbrücke mit allem Nötigen versorgt. Die im Berliner Volksmund schon bald als „Rosinenbomber" titulierten Flugzeuge flogen von Berlin-Tempelhof keineswegs leer auf ihre Basen in die westlichen Besatzungszonen Deutschlands zurück. Ab dem 23. Juli 1948 wurden etwa 5400 Personen aus den Sammellagern der DP-Camps aus Berlin ausgeflogen. Etwa 500 Personen blieben freiwillig zurück. Die Lager – vor allem das „Düppel Center" an der Potsdamer Chaussee 87 – wurden aufgelöst. Die Amerikaner wollten die überlebenden Juden keiner weiteren Gefahr aussetzen.

1949 erfolgte die Gründung der beiden deutschen Staaten. Diese in wenigen Wochen gestellten Weichen brachten Berlin in eine besondere Situation. Auch für die Jüdische Gemeinde wurde es zusehends schwieriger, zwischen den sowjetischen und westalliierten Interessen eine Balance zu finden. Während die Geschicke der jüdischen Gemeinde im Westen der Stadt in den Händen ihres Vorsitzenden Heinz Galinski lagen, versuchte Julius Meyer (1909–79) den Kontakt zu den sowjetischen Besatzungsbehörden zu pflegen. Meyer war vor 1933 Mitglied der KPD gewesen und trat nach 1946 der SED bei. Bis 1953 war Meyer für die Vereinigung der Verfolgten des Naziregimes (VVN) Mitglied der Volkskammer.

Plakat der Vereinigung der Verfolgten des Naziregimes (VVN) 1948

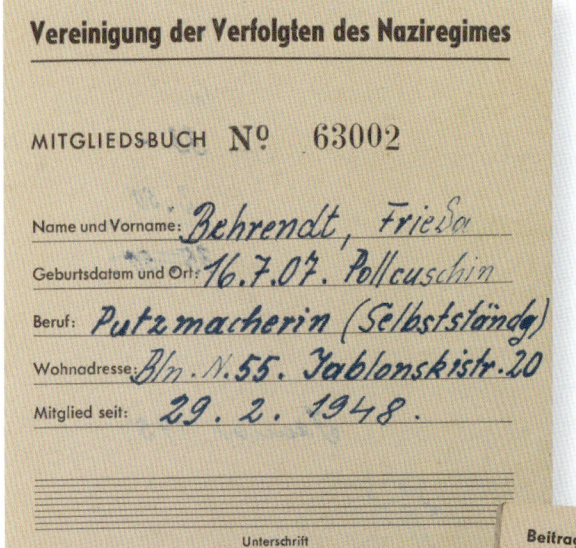

Vereinigung der Verfolgten des Naziregimes

MITGLIEDSBUCH № 63002

Name und Vorname: *Behrendt, Frieda*

Geburtsdatum und Ort: *16.7.07. Polleuschin*

Beruf: *Putzmacherin (Selbstständg)*

Wohnadresse: *Bln. N. 55. Jablonskistr. 20*

Mitglied seit: *29. 2. 1948.*

Unterschrift

Berliner Vereinigung der
Verfolgten des Naziregimes
Berlin W 8, Charlottenstraße 45

Die Gründung der VVN in der sowjetischen Besatzungszone (SBZ) war am 22./23. Februar 1947 von den Alliierten genehmigt worden. Heinz Galinski und die jüdische SPD-Politikerin Jeanette Wolff wirkten zunächst an der Gründung eines Berliner Landesverbandes der VVN mit, der sich dann im Januar 1948 konstituierte. Die Verfolgung der Nazi- und Kriegsverbrecher, die Bekämpfung der nationalsozialistischen Ideologie sowie die Aufklärung über das Geschehene und das Gedenken an die Opfer des Völkermords waren erklärte Ziele. Doch schon bald wurde erkennbar, dass die Interessen der Jüdischen Gemeinde zu Berlin nicht im Fokus der VVN standen. Während die Gemeinde stets versucht hatte, sich aus den Streitigkeiten der wieder- und neugegründeten Parteien herauszuhalten, verfolgte die VVN mit ihren führenden Mitgliedern, die mehrheitlich der SED angehörten, vordergründig politische Ziele. 1953 wurde die VVN in der DDR dennoch aufgelöst.

Beitragsmarken für das Jahr 1951

Beitragsmarken für das Jahr 1952

Aufbau- und Sondermarken

Aufbau- und

Ausweis der Vereinigung der Verfolgten des Naziregimes für Frieda Behrend inklusive der von ihr gesammelten Beitragsmarken für 1951 und 1952

An einer kommunistisch gesteuerten Vereinigung wollten Heinz Galinski und Jeanette Wolff nicht mitwirken und traten im Sommer 1948 aus. Im Westen übernahm der 1946 in Berlin gegründete Bund der Verfolgten des Naziregimes (BVN) die Interessenvertretung der Opfer. Am Steinplatz in Charlottenburg errichtete der BVN 1953 einen markanten Ort der Erinnerung: Aus Trümmersteinen der nahe gelegenen zerstörten Synagoge in der Fasanenstraße wurde ein Mahnmal für die Opfer des Nationalsozialismus geschaffen.

Jüdisches Leben in West-Berlin

Die ersten Bundesregierungen unter dem Kanzler Konrad Adenauer (CDU) waren bemüht, Entschädigungszahlungen und großzügige Regelungen für die im Nationalsozialismus verfolgten Juden zu beschließen.

Die 1951 gegründete Jewish Claims Conference (JCC) wollte möglichst schnell ein Entschädigungsprogramm für materielle Verluste jüdischer Personen im Einzelnen und des jüdischen Volkes im Gesamten gegenüber der deutschen Regierung durchsetzen. Israel und die Bundesrepublik unterzeichneten im September 1952 in Luxemburg das erste von mehr als zwei Dutzend Abkommen zur Wiedergutmachung. In dem Abkommen wurde zugesichert, die ehemaligen jüdischen Liegenschaften wie Gemeindehäuser und Synagogen wieder zurück zu übertragen. In West-Berlin verkaufte die Gemeinde Gebäude und Grundstücke, die sie nun angesichts der durch den Völkermord stark dezimierten Mitgliederzahl nicht mehr benötigte. Die in der Pogromnacht und im Bombenkrieg zerstörten Gottes- und Gesellschaftshäuser wurden oftmals abgerissen, die Grundstücke anderen Nutzungen zugeführt. Für West-Berlin hatte man in dem Abkommen geregelt, dass 30 Prozent des ehemaligen jüdischen Besitzes bei der neuen Gemeinde verbleiben sollten, die übrigen 70 Prozent aber über die JCC an Dritte veräußert werden sollten. Damit war eine sichere rechtliche Grundlage gegeben, die es nun ermöglichte, neue jüdische Einrichtungen in Berlin aufzubauen.

Bereits 1949 hatte man in der Joachimsthaler Straße unweit vom Kurfürstendamm einen jüdischen Kindergarten eingerichtet. Dieser zog 1986 in ein ehemaliges Schulgebäude in der Bleibtreustraße um. Heute unterhält die Jüdische Gemeinde in der Delbrückstraße 8 im Grunewald einen Hort.

Neben den Bemühungen, in Berlin wieder eine Jüdische Gemeinde mit dazugehörigen Einrichtungen zu etablieren, äußerten auch Nichtjuden den Wunsch nach Annäherung und Versöhnung. Engagierte Berliner gründeten am 24. November 1949 die Gesellschaft für Christlich-Jüdische Zusammenarbeit. Verständigung und eine Annäherung zwischen Christen und Juden waren wesentliche Ziele der Gründungsmitglieder. Erster jüdischer Vorsitzender bis 1970 war der 1886 in Hamburg geborene jüdische Kaufmann Siegmund Weltlinger, Jeanette Wolff war seine Stellvertreterin. Zeitweilig inhaftiert im KZ Sachsenhausen, war Weltlinger von 1959 bis 1967 als Mitglied der CDU-Fraktion Alterspräsident des Abgeordnetenhauses von Berlin und eine der führenden Persönlichkeiten des wiedererwachten jüdischen Lebens in Berlin. Weltlinger verstarb 1974. Er erhielt ein Ehrengrab auf dem Jüdischen Friedhof an der Heerstraße. 1999 konnte die Gesellschaft bereits auf ein 50-jähriges Vereinsjubiläum zurückblicken. Von Jeanette Wolff stammt das Motto in der Festschrift: „Wir wollen hoffen, dass unsere Arbeit von Gott gesegnet und von den Mitmenschen verstanden wird." Die 1888 geborene Sozialdemokratin hatte mehrere Konzentrationslager überlebt und dabei fast ihre gesamte Familie verloren. 1965 bis 1975 gehörte sie dem Zentralrat der Juden in Deutschland an. Nach ihrem Tod 1976 richtete ihr das Land Berlin in Westend ebenfalls ein Ehrengrab ein.

Titelblatt der Schmuckmappe der Jüdischen Gemeinde Berlin mit Spendenmarken zum Wiederaufbau der zerstörten Synagogen, 1949.

Jüdisches Leben in Ost-Berlin

Der Argwohn der kommunistischen Machthaber richtete sich in gesamt Osteuropa auf die überlebenden Juden. Ihnen wurde eine konspirative Nähe zu den amerikanischen Hilfsorganisationen nachgesagt. Nicht zuletzt deshalb war es in der UdSSR, in Ungarn und in der Tschechoslowakei zu antisemitischen und antiwestlichen Schauprozessen gegen einzelne Juden gekommen.

Ein erster Höhepunkt war Ende 1952 mit dem Prozess gegen den jüdischen Generalsekretär der tschechoslowakischen Kommunistischen Partei, Rudolf Slánský, erreicht. Der Prozess endete mit der

Verhängung mehrerer Todesurteile. Stalin versuchte in seinem Machtbereich fortan jede Verbindung zwischen den verbliebenen Juden in Osteuropa und westlichen Hilfsorganisationen zu unterbinden. Er fürchtete die Unterwanderung seines Machtbereichs mit Agenten und Spionen, die sich für ihn aus jenen kommunistischen Juden rekrutierten, die während des Krieges im westlichen Europa überlebt und danach in ihre Heimatländer zurückgekehrt waren.

Der Slánský-Prozess hatte für die kleinen und jungen Jüdischen Gemeinden in der DDR verheerende Folgen. Die Führung der SED begann auf Weisung Moskaus sofort, eine innerparteiliche Säuberung von ihren jüdischen Mitgliedern vorzunehmen. Der Verdacht des Antisemitismus wurde dabei von den offiziellen Organen der DDR empört zurückgewiesen. Bis zum Volksaufstand 1953 flüchteten die meisten Juden aus der DDR in den Westen, darunter auch prominente Vertreter der jungen DDR wie der Rektor der Potsdamer Akademie für Staat und Recht, Leo Zuckermann. Zuckermann hatte zwischenzeitig die Präsidialkanzlei von Wilhelm Pieck geleitet, dem ersten und einzigen Präsidenten der DDR.

Die Juden, die die DDR verlassen mussten, erhielten im Westen den Status von Flüchtlingen. Der Versuch, parallel im geteilten Berlin eine konstruktive Basis von zwei jüdischen Gemeinden unter zwei unterschiedlichen politischen Systemen herzustellen und miteinander zu kooperieren, war gescheitert. Unmittelbar nach dem Trauma der nationalsozialistischen Gewaltherrschaft war für die meisten Juden in der DDR ein dortiger Verbleib unmöglich geworden. Zu groß war die Angst vor neuer Ausgrenzung und Verfolgung.

Außerdem wurde in der kommunistischen Hemisphäre der Atheismus, die Abkehr von jeder Religion, grundsätzlich zur ideologischen Doktrin erhoben. Das bedeutete neben der Abkehr von der orthodoxen und der christlichen Kirche auch zunehmend eine Eliminierung der soeben erst wieder im Aufbau befindlichen jüdischen Gemeinden.

Die Situation spitzte sich in Ost-Berlin bis zum Volksaufstand am 17. Juni 1953 so weit zu, dass der West-Berliner Rabbiner Nathan Peter Levinson die Berliner Juden im Ostteil der Stadt in einer Pressekonferenz aufrief, in den Westen überzusiedeln. Die SED versuchte, die Zügel noch stärker anzuziehen, was sich auf die Jüdische Gemeinde auswirkte, die als „amerikanisch gesteuerte" Einrichtung entmachtet werden sollte. 570 jüdische Flüchtlinge kamen 1953 vom Ost- in den Westteil Berlins. Etwa die Hälfte von ihnen verließ Berlin dann ganz.

In der Zeit des geteilten Berlin zwischen 1961 und 1989 waren nur noch sehr wenige Juden im Ostteil der Stadt verblieben. Die etwa 200 Personen verfügten in Ost-Berlin – anders als im Westen – über kein offizielles kulturelles Podium.

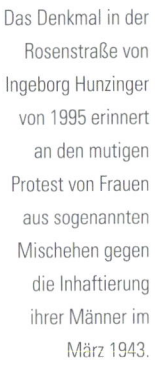

Das Denkmal in der Rosenstraße von Ingeborg Hunzinger von 1995 erinnert an den mutigen Protest von Frauen aus sogenannten Mischehen gegen die Inhaftierung ihrer Männer im März 1943.

Eine Aufarbeitung des Holocaust wurde erst in den letzten Jahren der DDR angegangen. Das politische und geschichtliche Interesse daran war unter der Herrschaft der SED nur sehr gering und nicht erwünscht.

Verdienste um eine würdige Aufarbeitung hat sich unter diesen schwierigen Verhältnissen die Bildhauerin Ingeborg Hunzinger erworben. Die Künstlerin wurde am 3. Februar 1915 als Tochter des Chemikers Hans Heinrich Franck und seiner jüdischen Ehefrau in Berlin geboren. 1932 in die KPD eingetreten, verließ Hunzinger 1939 Deutschland und lebte bis 1942 auf Sizilien. Sie hatte zuvor ein Berufsverbot von der Reichskulturkammer erhalten. Unerkannt kam die Künstlerin bereits 1942 wieder nach Deutschland und kehrte 1949 aus ihrem Versteck im Hochschwarzwald nach Ost-Berlin zurück. Im Schwarzwald hatte sie den Spanienkämpfer Adolf Hunzinger kennengelernt und geheiratet.

1951 nahm Ingeborg Hunzinger ihr vor dem Krieg abgebrochenes Kunststudium wieder auf und war nun an der Kunsthochschule Berlin-Weißensee Meisterschülerin von Fritz Cremer und Gustav Seitz, der wiederum Schüler von Käthe Kollwitz gewesen war. 1953 eröffnete Hunzinger südöstlich von Berlin in Rahnsdorf ein eigenes Atelier. Obwohl Mitglied der SED, lehnte Hunzinger bis zum Ende der DDR alle staatlichen Ehrungen ab. Sie wollte als freie Künstlerin verstanden werden.

Eines ihrer wichtigsten Werke war die Installation „Block der Frauen", die 1995 auf dem Trümmergrundstück Rosenstraße 2–4 aufgestellt wurde. Bis dahin erinnerte nichts an den berühmten „Frauenprotest" in der Rosenstraße. Um die Erinnerung an diesen Protest wachzuhalten, schuf die Künstlerin aus eigener Motivation ab 1985 eine Installation aus sechs Sandsteinblöcken, an der sie zehn Jahre lang gearbeitet hatte. Die mehr als zwei Meter hohen Stelen erinnern an Widerstand, Trennung und Wiedersehen.

Jüdische Riten und Institutionen

Offenbar gab es im mittelalterlichen Teil von Berlin einen weiteren jüdischen Begräbnisplatz, der um 1539 angelegt worden sein dürfte. Es ist nicht eindeutig geklärt, ob dieser Begräbnisplatz bis 1573 dauerhaft für jüdische Bestattungen zur Verfügung stand oder vielmehr ein Ort war, an dem die jüdischen Opfer der Pogrome des 16. Jahrhunderts bestattet wurden. Dieser älteste Begräbnisplatz im Kern des mittelalterlichen Berlin war in der Gollnowgasse angelegt worden. Nördlich vom Alexanderplatz verläuft dort heute der völlig veränderte Straßenverlauf zwischen Mollstraße und dem Beginn der Landsberger Allee. Bis 1827 folgte die Anlage des Begräbnisplatzes an der Großen Hamburger Straße, 1827 kamen der Friedhof an der Schönhauser Allee und 1880 der Friedhof in Weißensee hinzu.

Die Aufteilung Berlins in drei, später in vier Sektoren brachte es mit sich, dass nun alle historischen Begräbnisplätze im sowjetischen Sektor von Berlin lagen. Zwar waren nach der Reichsgründung 1871 viele Berliner Juden – wie viele Bewohner der jungen Reichshauptstadt – in den Westen gezogen, nach Tiergarten, Schöneberg, Wilmersdorf und Charlottenburg. An den Begräbnisplätzen im Osten Berlins hielten sie jedoch fest. Der Grund liegt im Totenkult: Jüdische Gräber haben – anders als im Christentum – Ewigkeitswert und dürfen nicht aufgehoben werden.

Berlin stand als Viersektorenstadt im Brennpunkt der Auseinandersetzungen zwischen der Sowjetunion und den drei Westmächten. Spätestens mit der sowjetischen Blockade der Westsektoren Berlins 1948/49 hatte sich dieser Konflikt verschärft, der mehr und mehr zur Spaltung der Stadt führen sollte. Mit der damit verbundenen Spaltung der Jüdischen Gemeinde standen seit 1953 nun die Juden im Westteil Berlins vor der Schwierigkeit, ihre Toten in Ost-Berlin bestatten zu müssen. Ein ungehinderter Besuch des Jüdischen Friedhofs wurde aber schon vor dem Bau der Mauer im Jahre 1961 immer schwieriger. 1955 endlich wurde südlich des britischen Militärfriedhofs am Scholzplatz an der Heerstraße der bislang jüngste jüdische Friedhof Berlins feierlich eingeweiht. Auf dem heute etwa 68 Hektar großen Begräbnisplatz befinden sich unter den mehr als 4500 Grabstellen auch die Gräber von Heinz Galinski, Hans Rosenthal und Jeanette Wolff. Am 5. August 2015 wurde hier auch Jerzy Kanal bestattet, der mit seinem Freund Heinz Galinski zusammen die Jüdische Gemeinde wiederaufgebaut hatte und 1992 nach Galinskis Tod Vorsitzender geworden war.

Heinz Galinski gelang es, dass sich die Jüdische Gemeinde zu Berlin nach 1945 überhaupt etablierte und sich ihre Mitglieder zum Bleiben in Deutschland entschlossen. Sichtbar wurde das durch den Neubau des Jüdischen Gemeindehauses in der Fasanenstraße 79/80. Zunächst musste man die 1912 eingeweihte und 1938 in der Pogromnacht zerstörte alte Synagoge abtragen. Im August 1957 fasste der Senat von Berlin den Beschluss, das Grundstück der Jüdischen Gemeinde unentgeltlich zur Verfügung zu stellen sowie Abbruch und Neubau zu übernehmen. Im September 1959 wurde das neue Gemeindehaus feierlich eingeweiht. Portal und Säulenrelikte des alten zerstörten Gotteshauses sind symbolisch im Eingangsbereich eingelassen.

Seit der Einweihung ist das neue Haus Sitz des Vorsitzenden der Jüdischen Gemeinde. Die 600 Plätze im Mehrzwecksaal dienen Veranstaltungen zu hohen jüdischen Feiertagen. Die für alle Berliner nutzbare Bibliothek mit ihren mehr als 60 000 Bänden soll ebenso wie die übrigen Kultureinrichtungen und Veranstaltungen im Hause offen in die Stadt Berlin und ihre Gesellschaft hineinwirken. Dazu zählt auch die seit März 1962 hier ansässige und ein Jahr zuvor begründete Jüdische Volkshochschule.

Kurz nach der Katastrophe des Völkermords an den europäischen Juden war es für die christlichen Kirchen, ihre Organisationen und die Gläubigen oftmals noch ein Tabu, ihre Verstrickungen zu erkennen, zuzugeben und sich mit ihnen auseinanderzusetzen. Daneben gab es nach 1945 eine weitere Schwierigkeit in der Aufarbeitung der jüngsten Geschichte. Viele praktizierende Christen setzten ihren Glauben absolut und taten sich deshalb schwer, mit der jüdischen Welt in einen Dialog einzutreten, geschweige denn Fragen von Täterschaft zu erörtern.

Nicht unumstritten war deshalb die sogenannte Woche der Brüderlichkeit 1951, in der sich führende Christen und Juden der Berliner Gesellschaft zu einem gemeinsamen Dialog versammelten. Ein Jahr darauf fand am 4. Mai 1952 eine weitere Begegnung dieser Veranstaltungsreihe im Sitzungssaal des Abgeordnetenhauses von Berlin im Schöneberger Rathaus statt. Die Freie Universität, die Technische Universität sowie die Medien waren am Programm beteiligt. Im RIAS hielt der Bundespräsident Theodor Heuss (FDP) die Eröffnungsansprache. Politiker wie Ella Barowsky (FDP) und Jeanette Wolff (SPD) wirkten ebenso mit wie die Witwe des 1945 hingerichteten Widerstandskämpfers Julius Leber (SPD), Annedore Leber. Prominente Christen und Juden versuchten der Mehrheitsgesellschaft begreiflich zu machen, dass ein Miteinander der Religionen positiv sei, dass durch Versöhnung Schuld abgebaut werden könne und für die Zukunft Vorbehalte zwischen den Religionen beseitigt werden können.

Der Eingang zum Jüdischen Friedhof Weißensee

Auch andere Hilfen ließ der Berliner Senat der Jüdischen Gemeinde zukommen: Das Jüdische Krankenhaus mit seinen 400 Betten in der Iranischen Straße im Wedding wurde der Gemeinde mit ihren 6000 Mitgliedern bald zu einer finanziellen Belastung. 1963 wurde das 1914 eröffnete Krankenhaus mithilfe des Berliner Senats in eine Stiftung des öffentlichen Rechts umgewandelt. Damit blieb der Bestand des Hauses dauerhaft gesichert, das als einzige jüdische Institution auf deutschem Boden die nationalsozialistische Gewaltherrschaft überstanden hatte. In der Einrichtung wurde am 20. Mai 2003 eine kleine Synagoge neu eingeweiht. Der in Berlin weitgehend unbekannte Betraum war ohne Beschädigungen durch die NS-Zeit gekommen. Er wurde seit den 1960er-Jahren als Umkleide- und Therapieraum benutzt und dient heute – durch Privatspenden finanziert – als gemeinsamer Gebetsraum für Männer und Frauen.

Im März 1952 fand die „Woche der Brüderlichkeit" bundesweit an 19 Orten statt, in Berlin vom 4. bis 11. Mai. Ein Plakat wirbt in Frankfurt am Main für den Besuch der Veranstaltungen.

Jüdische Berliner kehren zurück

1961 wurde Julius Posener an den Lehrstuhl für Baugeschichte an der Hochschule für Bildende Künste in Charlottenburg berufen, den er bis 1971 innehatte. Die Rückkehr des berühmten Architekturhistorikers in seine Heimatstadt erinnerte an den Glanz des ehemaligen großen jüdischen Architekturbetriebs der Weimarer Zeit.

Posener wurde am 4. November 1904 in behütete, großbürgerliche Verhältnisse hineingeboren. Seine Eltern, der Maler Moritz Posener und dessen Ehefrau aus der Familie Oppenheim, hatten eine große Villa in Lichterfelde. Posener studierte von 1923 bis 1929 an der Technischen Hochschule in Charlottenburg Architektur unter anderem bei Hans Poelzig und war danach im Büro von Erich Mendelsohn tätig. An den Planungen für das Columbus-Hochhaus am Potsdamer Platz war er beteiligt. Wie Mendelsohn floh auch Posener aus Deutschland und kam 1935 nach Palästina. Als Soldat der britischen Armee kehrte er erstmals 1945 nach Deutschland als Journalist zurück, ehe er 1961 in Berlin blieb. Hier starb er am 29. Januar 1996.

Zuvor hatte sich Posener für den Erhalt des Landhauses Cramer in der Pacelliallee 18 in Dahlem eingesetzt. Die 1912–13 errichtete Villa nach den Plänen des bedeutenden Architekten Hermann Muthesius sollte nach einer Gasexplosion abgerissen werden. Posener sensibilisierte mit dem Erhalt des heutigen Baudenkmals seine Heimatstadt, sorgsamer mit ihrer historischen Bausubstanz umzugehen.

1965 kam die jüdische Historikerin Cécile Lowenthal-Hensel nach Berlin. Sie war eine Nachfahrin von Fanny Hensel und gehörte somit zur großen Familie der Mendelssohns in Berlin. Die 44-Jährige trat eine wissenschaftliche Mitarbeiterstelle im Geheimen Preußischen Staatsarchiv an und gründete zwei Jahre später die Mendelssohn-Gesellschaft. Im Zentrum der Gesellschaft steht die Erforschung und Bewahrung des familiären geschichtlichen Erbes. 1979 war die Mendelssohn-Gesellschaft an der Begründung des Moses-Mendelssohn-Preises zur „Förderung der Toleranz gegenüber Andersdenkenden und zwischen den Völkern, Rassen und Religionen" beteiligt.

Der Architektur-
historiker Julius
Posener kehrte
1961 nach Berlin
zurück, Foto um
1995.

2009 schloss sich die Mendelssohn-Gesellschaft mit dem
Geschichtsforum Jägerstraße
e. V. zusammen. Unter der
Schirmherrschaft von Daniel
Barenboim widmen sich beide
gemeinnützigen Vereine in Form
von Konzerten, Ausstellungen,
Führungen sowie der wissen-
schaftlichen Erforschung und
Sammlung von Exponaten weiterhin dem Werden und Wirken
Moses Mendelssohns und seiner
Familie. Die Mendelssohn-
Gesellschaft firmiert unter dem
Logo eines Kranichs, der auf
einem Bein steht und mit dem
anderen einen Stein hält. Dieses
aus der Antike stammende Bild,
das die Mendelssohns seit ihrer Erhebung in den Adelsstand 1888 als Familienwappen gewählt hatten,
gilt als Symbol der wachsamen Fürsorge. Die langjährige Vorsitzende Cécile Lowenthal-Hensel ist am
21. Januar 2012 verstorben.

Der Senat von Berlin fasste 1969 den Beschluss, zweimal im Jahr Juden in ihre Heimatstadt einzuladen,
denen es mit ihren Familien rechtzeitig gelungen war, Deutschland zu verlassen. Etwa 35 000 Gäste haben
bis zum Jahr 2010 an den Programmen teilgenommen. Sie reisten oft mit ihren Kindern und Enkelkindern
aus aller Welt an und hatten die Möglichkeit, die Stätten ihrer Kindheit und Jugend wiederzusehen – viele
zum ersten Mal seit ihrer Flucht. Für viele stellten die Aufregung und die Angst vor der Begegnung mit der
eigenen Vergangenheit eine große emotionale Herausforderung dar.

Jüdisches Museum und Jüdische Kulturtage

1971 feierte die Jüdische Gemeinde zu Berlin ihr 300-jähriges Bestehen. Zwischen dem Senat von
Berlin und der Gemeinde wurde am 8. Januar 1971 eine „Vereinbarung zur Regelung gemeinsam inte-
ressierender Fragen" geschlossen. Darin wurde festgelegt, dass die Jüdische Gemeinde eine Körperschaft
des öffentlichen Rechts ist. Somit übernahm der Senat bestimmte finanzielle Verpflichtungen, wie sie in
sozialer, religiöser und kultureller Hinsicht auch gegenüber der Katholischen und Evangelischen Kirche
garantiert werden.

Dabei ist auch die Idee entstanden, ein neues Jüdisches Museum in Berlin dauerhaft einzurichten.
Das kriegszerstörte ehemalige Preußische Kammergerichtsgebäude in der Kreuzberger Lindenstraße
wurde bis 1968 wieder aufgebaut und war seitdem Sitz des Berlin Museums. Darin hatte man eine „Jüdische Abteilung" eingerichtet. Diese erinnerte auch an das ehemalige Jüdische Museum, das am 24. Januar 1933 – nur wenige Tage vor dem Machtantritt Adolf Hitlers – in der Oranienburger Straße 31 eröffnet und im Zuge der Pogromnacht am 9. November 1938 von der Gestapo geschlossen worden war.

Nach 1990 führte die Wiedervereinigung Berlins zu einem vollständigen Umbau des Kultur- und Mu-
seumswesens. 1995 wurde die Stiftung Stadtmuseum Berlin ins Leben gerufen. Im Rahmen dieser Stiftung
avancierte die „Jüdische Abteilung" zum „Jüdischen Museum". 1998 erlangte das junge Museum den Status einer landesunmittelbaren rechtsfähigen Stiftung öffentlichen Rechts. Damit verbunden war die institu-
tionelle Autonomie des Hauses. Grundsätzliche Aufgabe des Museums ist es, jüdisches Leben in Berlin im

Besonderen und in Deutschland im Allgemeinen abzubilden und das Miteinander von Juden und Nichtjuden aufzuzeigen. Die Sammlungen umfassen die Epochen von der Römerzeit bis in die Gegenwart.

Das barocke ehemalige Kammergerichtsgebäude aus dem 18. Jahrhundert wurde durch eine moderne Architektur nach den Plänen von Daniel Libeskind ergänzt. Bereits 1989 hatte der Architekt erste Pläne vorgelegt. Die Eröffnung des Hauses erfolgte 2001. Mit mehr als 700 000 Besuchern pro Jahr zählt das Museum, dem von 1997 bis 2014 W. Michael Blumenthal vorstand, zu den meistbesuchten Kulturstätten Berlins. Seit 2014 ist der Judaist Peter Schäfer Direktor des Museums. Die unter großer öffentlicher Anteilnahme diskutierte Architektur lässt verschiedene Deutungsmuster zu. Nicht wenige Betrachter erkennen in dem Grundriss des Neubaus einen zerstörten Davidstern, der die Vernichtung jüdischen Lebens und jüdischer Kultur in der deutschen Geschichte verdeutlicht.

1987 begingen Ost- und West-Berlin – getrennt und unabhängig voneinander – die 750-Jahr-Feier. Im Westen der Stadt wurden im Rahmen der Feierlichkeiten die „Jüdischen Kulturtage" gegründet, die bis 2014 alljährlich in der ersten Septemberhälfte stattfanden. Erstmals 2015 wurden sie aus finanziellen Gründen abgesagt. Diese Kulturtage schaffen einen weiteren kulturellen Rahmen, der allen Berlinern und ihren Gästen Einblick in jüdische Kultur und jüdisches Leben ermöglicht. Jedes Jahr gab es einen anderen inhaltlichen Schwerpunkt. Musiker, Sänger, Literaten und andere Künstler aus aller Welt beteiligten sich an den Programmen.

Nach dem Fall der Mauer

Der Fall der Mauer veränderte schlagartig das Verhältnis der DDR zu den noch verbliebenen, wenigen Juden im Osten Deutschlands. Am 18. März 1990 fanden die ersten und einzigen freien und geheimen Wahlen zur Volkskammer der DDR statt. Bereits im April gab die Volksvertretung eine Erklärung ab mit der Bitte um Vergebung von allen Juden der Welt – zum ersten Mal wurde in der Geschichte der DDR damit offiziell bekundet, dass auch dieser Teil Deutschlands Verantwortung an dem Völkermord an den europäischen Juden trägt.

Blick auf den Neubau von Daniel Libeskind und den dahinterliegenden Altbau des Jüdischen Museums

Nach der Wiederherstellung der Deutschen Einheit besuchte Bundespräsident Richard von Weizsäcker (Mitte) am 31. Oktober 1990 den Jüdischen Friedhof in Berlin-Weißensee zusammen mit dem Vorsitzenden der Jüdischen Gemeinde in Ost-Berlin, Peter Kirchner (links), und dem Dirigenten Daniel Barenboim (rechts).

Schon vor dem Zusammenbruch der Sowjetunion hatte sich unter den osteuropäischen Juden Sorge über einen neuen aufbrechenden Antisemitismus breitgemacht. Etwa 3000 sowjetische Juden waren vor dem Fall der Mauer in die Bundesrepublik ausgewandert. Wegen der stark ansteigenden Zahl jüdischer Flüchtlinge – zumeist aus dem Gebiet der Sowjetunion – beschloss die Bundesregierung im April 1991 eine neue Regelung. Diese sah vor, dass die Betreffenden bereits in ihrem Heimatland einen Antrag auf Einwanderung stellen sollten. Ziel dieser Regelung war es, die Einwanderung auf jene zu beschränken, die tatsächlich jüdischen Glaubens waren.

1990 bis etwa 2005 machten mehr als 200 000 Menschen von dieser Möglichkeit der Einwanderung Gebrauch. Mehr als 50 Prozent der Menschen kamen aus den GUS-Staaten. Die deutschen jüdischen Gemeinden waren nicht nur durch die hohe Anzahl von Einwanderern überfordert. Es stellte sich zudem die Frage, ob überhaupt alle Neuankömmlinge jüdischen Glaubens waren, und wenn ja, ob sie praktizierten und überhaupt Kenntnisse der jüdischen Religion und Kultur im Alltag hatten.

In dieser Zeit war Ignatz Bubis (1927–99) der 1. Vorsitzende des Direktoriums des Zentralrats der Juden in Deutschland. Als Überlebender des Zwangsarbeiterlagers im polnischen Tschenstochau gehörte der Kaufmann seit 1966 dem Vorstand der Jüdischen Gemeinde in Frankfurt/Main an. 1978 in das Direktorium des Zentralrats gewählt, übernahm er nach dem Tod von Heinz Galinski im Jahre 1992 dessen Posten und bekleidete dieses Amt bis zu seinem Tod am 13. August 1999.

Die deutschen jüdischen Stammgemeinden standen in jenen Jahren nach der deutschen Einheit vor der Herausforderung, dass vielerorts mehr als 75 Prozent der Juden aus Russland, Weißrussland, der Ukraine oder Moldawien kamen. Zwar verfügten laut des Zentralrats der Juden in Deutschland viele dieser Einwanderer über einen überdurchschnittlich hohen Bildungsgrad, jedoch handelte es sich um Ärzte, Anwälte, Ingenieure und Künstler ohne gelebte jüdische Tradition.

Die Jüdische Gemeinde Berlins unterstützte die Integration der Juden aus dem Gebiet der ehemaligen Sowjetunion mit verschiedenen Maßnahmen. Das Projekt „Impuls" wurde 1997 gegründet. Mit etwa 40 Veranstaltungen pro Jahr haben die zumeist älteren Gemeindemitglieder damit eine Plattform für gesellschaftliche Teilnahme am jüdischen Leben in Berlin.

Ähnlichen Zielen verschrieb sich der „Jüdische Kulturverein Berlin e. V." (JKB). Die Keimzelle des Vereins war die 1986 gegründete Gruppe „Wir für uns – Juden für Juden" in der nur noch sehr kleinen Ost-Berliner Gemeinde. Aus dieser Gruppe ging in der stürmischen Zeit zwischen Mauerfall und der Wiederherstellung der Deutschen Einheit der JKB hervor. Die Gründungsveranstaltung fand am 22. Januar 1990 statt, der Verein hatte seinen Sitz zu Anfang in der Oberwasserstraße in Mitte. Vertreter des Vereins saßen auch am Zentralen Runden Tisch der DDR, an dem Vertreter aller relevanten gesellschaftlichen Kräfte über die Zukunft der DDR nach dem Zusammenbruch der SED-Herrschaft berieten. Der JKB thematisierte den auch auf dem Gebiet der DDR anhaltenden Antisemitismus und forderte, ihn zu bekämpfen. Außerdem diskutierte man über die zu diesem Zeitpunkt bereits stattfindende Einwanderung von Ostjuden aus dem sowjetischen Herrschaftsbereich und darüber, wie die Migranten bestmöglich in die deutsche Gesellschaft zu integrieren seien. Der ausschließlich jüdischen und jüdischstämmigen Mitgliedern vorbehaltene Verein musste wegen anhaltender finanzieller Schwierigkeiten Ende 2009 Insolvenz anmelden.

Dass sich Deutschland überhaupt zum beliebtesten Einwanderungsland für osteuropäische Juden nach 1990 entwickelte, hat zwei wesentliche Gründe: Die USA hatten ihrerseits die Einwanderung so weit begrenzt, dass nur noch nahe Verwandte bereits immigrierter Juden nachfolgen durften. Und Israel schien vielen Einwanderern geografisch und kulturell zu weit entfernt.

Dass das wiedervereinte Deutschland nunmehr von einem Land der Verfolgung zu einem Land der Zuwanderung und der Zuflucht geworden war, zeigt sich an vielerlei Aspekten. 1999 wurde mit dem Abraham Geiger Kolleg, das der Universität Potsdam angegliedert ist, das erste Rabbinerseminar europaweit nach der Schoah gegründet. Es ist nach dem gebürtigen Frankfurter und liberalen Historiker und Theologen Abraham Geiger (1810–74) benannt, der 1870 in Berlin zu den Mitbegründern der Hochschule für die Wissenschaft des Judentums zählte.

Schoah-Gedenkstätte

Die Initiative, eine zentrale Gedenkstätte zur Erinnerung an den Völkermord zu errichten, wurde bereits kurz vor dem Fall der Mauer gestartet. 1989 schlug der „Förderkreis zur Errichtung eines Denkmals für die ermordeten Juden Europas e. V." vor, einen Teil der nun wieder zur Verfügung stehenden ehemaligen Ministergärten dafür bereitzuhalten. Südlich vom Brandenburger Tor und in unmittelbarer Nähe zur ehemaligen Reichskanzlei Adolf Hitlers wurde schließlich im Mai 2005 ein Denkmal auf einer Fläche von etwa 19 000 Quadratmetern nach den Plänen des amerikanischen Architekten Peter Eisenman eingeweiht.

Das Holocaust-Mahnmal wurde 2005 eingeweiht.

Im Entscheid um das Holocaust-Mahnmal belegte der Entwurf von Christine Jackob-Marks den ersten Platz. Umgesetzt wurde schließlich aber der Entwurf von Peter Eisen-man.

Vorausgegangen war eine heftige Debatte darüber, wie das Verhältnis des neuen Denkmals in der Mitte Berlins zu den bereits bestehenden Gedenkstätten wie der Topographie des Terrors oder dem Haus der Wannseekonferenz aussehen sollte. Und wie sollte man mit den weiteren Opfergruppen wie den Roma und Sinti innerhalb einer zentralen Gedenkinstallation umgehen? 2012 erhielten die Sinti und Roma eine eigene Gedenkstätte, die unmittelbar südlich vom Reichstagsgebäude realisiert wurde.

1993 beschlossen das Land Berlin und die Bundesregierung, jeweils vier Millionen Mark zur Realisierung eines Holocaust-Denkmals beizusteuern. Ein Jahr später wurde ein künstlerischer Wettbewerb ausgeschrieben, zu dem 527 Entwürfe eingegangen waren. Die Jury entschied sich 1995 für zwei gleichrangige erste Preise. In einem Stichentscheid wurde dann der Entwurf einer Künstlergruppe um Christine Jackob-Marks favorisiert. Die Künstlerin schlug eine etwa 100 mal 100 Meter große, schräg aufgestellte Betonplatte vor. Auf dieser Platte sollten die Namen aller jüdischen Opfer der Schoah eingemeißelt werden. Der amtierende Bundeskanzler Helmut Kohl und auch der Vorsitzende des Zentralrats der Juden in Deutschland, Ignatz Bubis, wandten sich gegen diesen Entwurf, und auch sonst wurde er von vielen als zu monumental empfunden.

1997 ging aus einem zweiten vom Berliner Senat veranstalteten und eingeschränkten Wettbewerb der Entwurf von Peter Eisenman als Sieger hervor. Eisenman erläuterte sein Stelenfeld damit, dass nach den Katastrophen von Auschwitz und Hiroshima traditionelle architektonische Mittel nicht mehr greifen würden. Die überdimensionierten Proportionen des Denkmals charakterisieren für Eisenman die Unfassbarkeit des Massenmordes an den europäischen Juden. Die Anzahl der Stelen – es sind genau 2711 – ist zufällig. Man kann zwischen den Stelen hindurchlaufen, der Boden zwischen den Betonblöcken, die bis zu vier Meter hoch sind, ist uneben. Beim Durchlaufen des Denkmals erhält der Besucher eine Vorstellung davon, wie unsicher die Lebenssituation für die europäischen Juden mehr und mehr geworden war und wie sehr sich der Lebensraum verengt hatte. Labyrinthe und Irrgärten vermitteln zudem einerseits den Verlust von Richtung und Weg, andererseits motivieren sie, den Weg neu zu denken und einem aussichtsreichen Ziel entgegenzusteuern.

Lebendige jüdische Kultur in Berlin

Es sind aber nicht allein die großen und einer breiten Öffentlichkeit bekannt gewordenen Projekte oder Institutionen wie das Jüdische Museum oder das Denkmal für die ermordeten Juden Europas, die heute ein vielfältiges Bild von lebendiger jüdischer Kultur in Berlin vermitteln.

Die 1987 gegründete amerikanische „Ronald S. Lauder Foundation" engagierte sich als erste ausländische Organisation nach der Wiederherstellung der Deutschen Einheit 1990 in Berlin für jüdische Belange. Der Kosmetikfabrikant Ronald S. Lauder, der dann 2007 Präsident des Jüdischen Weltkongresses wurde, ließ im Prenzlauer Berg im ehemaligen Rabbinerhaus vor der Synagoge in der Rykestraße eine orthodoxe Lehranstalt zur Ausbildung von Lehrern und Förderern der jüdischen Religion einrichten. Das Gebäude war vor 1933 eine von insgesamt 45 Religionsschulen in der ehemaligen Reichshauptstadt und wird seit 1999 wieder mit neuem jüdischen Leben erfüllt. Die im Hof gelegene Synagoge mit nahezu 2000 Sitzplätzen wurde nach umfassender Restaurierung 2007 wieder eingeweiht.

In das Jahr 1993 fiel die Neugründung der Jüdischen Oberschule. An der staatlich anerkannten Privatschule lernen heute etwa 450 jüdische und nichtjüdische Kinder. Zum Unterricht gehören Hebräisch und die jüdische Religionslehre. Gemeinsam wird in der Schule koscher gegessen. Hohe jüdische Feiertage werden zusammen begangen. Seit 2012 trägt die Bildungseinrichtung den offiziellen Namen „Jüdisches Gymnasium Moses Mendelssohn". Das Gymnasium befindet sich in der Großen Hamburger Straße 27. Das Schulhaus stammt aus dem Jahre 1906 und überstand Gewaltherrschaft und Krieg ohne große Beschädigungen. Seit 1862 war hier in einem Vorgängerbau schon die Jüdische Knabenschule ansässig, ehe sie 1931 mit der Jüdischen Mädchenschule fusionierte. 1942 wurde die Schule von den Nationalsozialisten geschlossen.

Im Hinterhof der Brunnenstraße 33 in Berlin-Mitte befindet sich ein jüdisches Gotteshaus, heute Synagoge der orthodoxen Gemeinde Kahal Adass Jisroel.

1995 hatte sich in Köln der Verein „Yachad" (hebräisch „gemeinsam") gegründet, der schon kurz darauf auch in Berlin entstand. Schwule, lesbische und bisexuelle Juden treffen sich regelmäßig, um ihre eigene Identität zu stärken. Homosexualität und Glaube schließen sich für sie nicht aus. Sie treffen sich auch an hohen jüdischen Feiertagen und versuchen, Vorurteile und Schranken innerhalb der Jüdischen Gemeinde abzubauen. Der Verein Yachad wirbt um Akzeptanz und Toleranz in orthodoxen Kreisen. Nach außen präsentierte sich der Verein in den vergangenen Jahren mehrfach mit einem eigenen Wagen zum alljährlich Ende Juni stattfindenden „Christopher Street Day". Yachad hat eine Anlaufstelle in der Motzstraße 5 nahe dem Nollendorfplatz unter dem Dach des „Mann-o-Meter e. V.", dem Zentrum für Lesben und Schwule in Berlin.

Das Beth-Café in der Tucholskystraße 40 bietet als gemeinnützige Einrichtung der Israelitischen Synagogen-Gemeinde koschere Speisen und Getränke an.

Kurz nach dem Ersten Weltkrieg gab es in Berlin etwa 100 private Synagogen und Beträume. Eine Synagoge hat sich in der Brunnenstraße 33 erhalten. Im September 1910 wurde das Gotteshaus auf dem Grundstück des nichtjüdischen Schirmfabrikanten Fritz Hellwig eingeweiht. Träger war die orthodoxe Gemeinde „Beth Zion", die 1869 in Berlin von deutschen Juden gegründet wurde, die aus den östlichen Provinzen Preußens eingewandert waren. Das im Bezirk Mitte gelegene Gotteshaus wurde in der Pogromnacht verwüstet, aber nicht vollständig zerstört. Nach der Enteignung nutzte es eine benachbarte Pharmaziefabrik als Lagerraum. Nach dem Zweiten Weltkrieg diente es als Lager für Pappe und ab 1984 hatte die Firma VEB Berlin Kosmetik in der Synagoge ihre Lagerräume. Hinter eingezogenen Decken und Wandverkleidungen haben sich jedoch wertvolle Bauelemente erhalten.

Die Kosmetikfirma ging 1992 in Konkurs. Nach lang andauernden Bemühungen, ungesicherten Besitzverhältnissen und Leerstand wurde 2007 in dem restaurierten und heute denkmalgeschützten Gotteshaus die Talmud-Thora-Schule „Beis Zion" eingerichtet. Zudem ist es Synagoge der orthodoxen Gemeinde Kahal Adass Jisroel (hebräisch „Versammlung des Volkes Israel"), die heute etwa 250 Mitglieder hat, deren Durchschnittsalter bei 35 Jahren liegt. Adass Jisroel ist durch ein bundesdeutsches Gerichtsurteil als Körperschaft öffentlichen Rechts anerkannt worden. Die orthodoxe jüdische Gemeinde grenzt sich bewusst von der Jüdischen Gemeinde zu Berlin ab, die den Glaubensmitgliedern dieser jüdischen Gemeinschaft zu liberal ist. Die Frage nach der richtigen Glaubensausrichtung und Lebensweise scheidet die in Berlin lebenden Juden seit ihrer Anwesenheit in der Stadt an der Spree.

Adass Jisroel war offiziell am 18. Dezember 1939 verboten worden. Bemühungen zu einer Wiederbegründung gab es in Ost-Berlin seit 1985. Exakt zum 50. Jahrestag des Verbots durch die Nationalsozialisten erfolgte die Neugründung durch Beschluss der Regierung der DDR unter ihrem Ministerpräsidenten Lothar de Maizière 1989. 1990 kehrten die ersten Vertreter in die alten Räumlichkeiten nahe der Oranienburger Straße zurück. Seitdem entstand unter der Leitung von Ari Abraham Offenberg, der Adass Jisroel bis zu seinem Tod 2007 führte, ein jüdisch-orthodoxes Gemeindezentrum. Dazu zählt auch das „Beth-Café" (hebräisch „Kaffee-Haus") in der Tucholskystraße 40, das im Juli 1991 eröffnet wurde. Schräg gegenüber liegt das im April 1992 eröffnete koschere Geschäft „Kolbo" (hebräisch „alles drin"). Im Übrigen gehört das „Kolbo" zu den wenigen Geschäften in Berlin, die nicht den gesetzlichen Regelungen des deutschen Ladenschlusses unterliegen. Nach Artikel vier des Grundgesetzes, der die Glaubens-, Religions- und Gewissensfreiheit als Grundrecht formuliert, ist eine Ladenschlussregelung mit den zeitlich variierenden jüdisch-orthodoxen Riten nicht vereinbar, sodass das Geschäft daran nicht gebunden ist.

In der Joachimsthaler Straße 13 befindet sich nahe dem Kurfürstendamm die einzige orthodoxe Synagoge der heutigen jüdischen Einheitsgemeinde, in der täglich gebetet wird. Im Kellergeschoss befindet sich eine Mikwe. Ursprünglich wurde das Gebäude für die jüdische Loge B'nai B'rith errichtet. Nach 1933 war hier die Joseph-Lehmann-Schule der jüdischen Reformgemeinde untergebracht. Die letzten Schüler wurden 1942 deportiert. Die Loge, der heute weltweit etwa eine halbe Million Mitglieder angehören, ist auch wieder in Berlin vertreten. Die Janusz-Korczak-Loge befindet sich hinter dem KaDeWe in der Passauer Straße 4.

Der Rabbiner Yehuda Teichtal und seine Frau Leah, Mitglieder der Jüdischen Gemeinde zu Berlin, waren 1997 Initiatoren einer weiteren streng orthodoxen Gemeinde, eines Seitenzweiges der Chabad-Gemeinde. Die in mehr als 70 Ländern bestehende Chabad-Lubawitsch-Gemeinde wurde vor etwa 250 Jahren in Weißrussland gegründet und folgt ultraorthodoxen jüdischen Riten. Die liberalen Mitglieder der Jüdischen Gemeinde zu Berlin beobachten diesen orthodoxen Teil der Gesamtgemeinde nicht ohne Skepsis. Die Chabad-Gemeinde verfügt in Wilmersdorf über ein Gemeindezentrum mit eigener Synagoge, Seminar- und Schulungsräumen, Festsälen und einer Bibliothek in der Münsterschen Straße 6. Für den Umbau des ehemaligen Transformatorenhauses der Bewag hatte Teichtal sieben Millionen Euro Eigenmittel aus der Gemeinde eingeworben. Die Gemeinde wirbt bewusst um eigene Öffentlichkeit abseits der großen jüdischen Berliner Zentren Fasanenstraße und Oranienburger Straße.

Die Jüdische Gemeinde zu Berlin heute

Heute gibt es in Deutschland 112 jüdische Gemeinden. Die größte ist mit etwa 10 500 Mitgliedern die Berliner Gemeinde. Zu ihr gehören neun Synagogen, vier Friedhöfe, zwei Schulen und eine Volkshochschule. Etwa zwei Drittel der heutigen Mitglieder der Jüdischen Gemeinde zu Berlin haben einen völlig anderen kulturellen, sozialen und religiösen Hintergrund als jene, die das Ende des Zweiten Weltkrieges in Berlin überlebt hatten oder kurz danach hierher zurückgekehrt waren. Daraus resultiert eine Vielzahl von Konflikten der Juden in Berlin untereinander. Aufgrund der starken Vergrößerung der Gemeinde

Stadtentwicklungs-senator Michael Müller (rechts) und der Vorsitzende der Jüdischen Gemeinde, Gideon Joffe, sahen sich am 24. April 2013 die Restaurierungs-arbeiten auf dem Jüdischen Friedhof Weißensee an.

kam es zudem zu wirtschaftlichen Schwierigkeiten und Diskussionen über die Höhe und Verwendung der seit 1971 gewährten jährlichen Zuschüsse des Landes Berlin.

Von 2008 bis 2012 war Lala Süsskind Vorsitzende der Jüdischen Gemeinde. 1946 im polnischen Niederschlesien geboren, flüchtete die Familie ein Jahr darauf nach Berlin. Lala Süsskind ist Vertreterin jenes Drittels der Berliner Juden, die als etabliert und wirtschaftlich abgesichert gelten. Süsskind sieht sich als liberale Jüdin und typische Vertreterin ihrer Generation, die sich vom Flüchtlingskind zur Eigentümerin einer Dahlemer Villa hochgearbeitet hat.

2012 übernahm Gideon Joffe zum zweiten Mal den Vorsitz der Gemeinde. Joffe wurde 1972 als Sohn lettischer Eltern in Tel Aviv geboren, die 1976 nach Berlin einwanderten. Joffe repräsentiert seinerseits die osteuropäische, oft orthodoxe Mehrheit der Juden in Berlin. Er spricht fließend Russisch.

Beide Repräsentanten – Süsskind und Joffe – verdeutlichen das Dilemma der schwierigen Zusammenführung beider jüdischer Gesellschaftskreise in Berlin. Die unüberbrückbar erscheinenden Gegensätze traten bereits bei der ersten Wahl Joffes zum Vorsitzenden 2006 deutlich zutage. Die etablierten Kräfte waren mit der Neuausrichtung der Gemeinde nicht einverstanden, Joffe wurde 2008 deshalb abgewählt. Seit seiner Wiederwahl im Januar 2012 steht die Gemeinde andauernd vor einer Zerreißprobe.

Im Einzelnen geht es um die Verwendung der Senatsmittel für die etwa 400 Beschäftigten der Gemeinde und um Personalfragen im Allgemeinen. Der Senat hatte dann die Zuwendungen an die Gemeinde mit der Begründung zurückgehalten, dass es nicht transparent sei, wie die etwa 5,5 Millionen Euro Personalkosten im Einzelnen verwendet würden. Eine buchhalterische Aufstellung blieb die Gemeinde der Landesregierung schuldig. Außerdem bemängelte der Senat das zu hohe Betriebsrentenniveau. Die rechtlich nicht abgesicherte Auszahlung der zu hohen Renten veranlasste den Senat, pro Monat etwa 100 000 Euro einzubehalten. Das führte zu einer weiteren finanziellen Anspannung in der Gemeinde und damit zu weiterem Streit. Die Zuwendungen des Landes Berlin betragen pro Jahr derzeit etwa 18 Millionen Euro.

In den vergangenen Jahren war es in der Oranienburger Straße in verschiedenen Sitzungen über die Zuständigkeiten und Entscheidungsbefugnisse des Vorstands sogar zu Handgreiflichkeiten gekommen. Im Februar 2014 scheiterte eine Abwahl Joffes als Vorsitzender. In den nächsten Jahren wird der tief greifende Konflikt das Leben innerhalb der Jüdischen Gemeinde vermutlich weiter bestimmen, so sehr nach außen das jüdische Leben in der Bundeshauptstadt kulturell vielfältig ist und verbindend sein soll.

Nach den letzten Wahlen zum Präsidium des Zentralrats der Juden in Deutschland am 30. November 2014 ist mit der Rechtsanwältin Milena Winter erstmals wieder eine Repräsentantin aus Berlin vertreten. Vorgeschlagen wurde sie von Gideon Joffe.

Beziehungen zu Israel

Die Bundesrepublik Deutschland unterhält seit Mai 1965 diplomatische Beziehungen zu Israel. Ein Neubau für die israelische Botschaft in Berlin wurde am 9. Mai 2001 in der Auguste-Viktoria-Straße 74 in Berlin-Schmargendorf eingeweiht. Der in zweijähriger Bauzeit nach den Plänen der Architektin Orit Willenberg-Giladi entworfene expressionistische Bau besteht aus sechs verschiedenen säulenartigen Steinelementen. Die Zahl sechs verweist auf die sechs Millionen Opfer der Schoah. Durchzogen ist der Neubau mit behauenem Stein aus Jerusalem.

Die angrenzende zweigeschossige im Zweiten Weltkrieg wenig beschädigte Villa ist heute die Residenz des Botschafters von Israel. 1929/30 war diese für den jüdischen Generaldirektor der Rudolph Karstadt AG, Hermann Schöndorff (1868–1936), errichtet worden. Schöndorff war auch der Initiator des Karstadt-Hauses am Herrmannplatz in Neukölln, seinerzeit das größte Haus des Konzerns in Deutschland und weltweit bestaunt aufgrund der Vielzahl von Aufzügen und den eben erst erfundenen Rolltreppen. Schöndorff konnte 1933 rechtzeitig emigrieren und verstarb an einer Krebserkrankung 1936 in Zürich.

In der von der Ronald S. Lauder Foundation unterstützten jüdischen Lehranstalt in der Rykestraße erhalten Schüler das religiöse Rüstzeug, um Rabbiner zu werden.

Der größeren Öffentlichkeit ist nicht immer bekannt, dass der Deutsche Bundestag eine Vielzahl von bi- bzw. multilateralen Parlamentariergruppen unterhält. Diese Gremien haben in erster Linie den intensiven Gedanken- und Erfahrungsaustausch mit Volksvertretern in aller Welt zur Aufgabe. Die Deutsch-Israelische Parlamentariergruppe wird derzeit von dem langjährigen Parlamentarischen Geschäftsführer der Fraktion Bündnis 90/Die Grünen, Volker Beck, geführt.

In der Martin-Buber-Straße 12 in Zehlendorf ist die Deutsch-Israelische Gesellschaft (DIG) untergebracht. Die Organisation hat das selbst gesetzte Ziel, „Freunde Israels in überparteilicher Zusammenarbeit" zusammenzubringen. Die Gesellschaft geht zurück auf die 1957 an der Freien Universität gegründeten deutsch-israelischen Studiengruppen. Gegründet wurde die DIG am 21. März 1966 in Bonn vor allem auf Initiative des Rektors der Kirchlichen Hochschule, Rolf Rendtorff. Die 1990 gegründete Gesellschaft DDR-Israel war der DIG im folgenden Jahr beigetreten. Die mehr als 4500 Mitglieder der Gesellschaft und ihre 52 regionalen Arbeitsgemeinschaften organisieren eine Vielzahl von kulturellen Veranstaltungen und Programmen zur Förderung der Solidarität mit Israel und seiner Bevölkerung. Seit Ende 2015 ist Hellmut Königshaus Präsident der DIG, die regionale DIG in Berlin und Potsdam wird seit 1999 von dem ehemaligen Bundestagsabgeordneten Jochen Feilcke geleitet.

Die Europäischen Makkabi-Spiele wurden 2015, 70 Jahre nach Ende des Holocaust, erstmals wieder in Deutschland ausgetragen.

Chanukkaleuchter um 1900: Jüdisches Leben prägte Berlin jahrhundertelang und ist heute wieder ein selbstverständlicher Teil der Metropole.

Eine internationale Brücke der Verständigung ist auch der Sport. Vom 27. Juli bis zum 5. August 2015 fanden in Berlin zum ersten Mal seit 1933 wieder die Europäischen Makkabi-Spiele statt. Die Makkabi-Spiele gehen auf den 1898 gegründeten jüdischen Sportbund Bar Kochba Berlin zurück, der sich den jüdischen Rebell Simon bar Kochba zum Namenspatron erkoren hatte. Simon bar Kochba hatte im 2. Jahrhundert n. Chr. einen Aufstand gegen den römischen Kaiser Hadrian angeführt. Bis 1930 gehörten diesem internationalen Sportbund etwa 40 000 Sportler in 24 Ländern der Welt an. Nach 1933 wurden in Deutschland jüdische Sportler von allen Sportveranstaltungen und Wettkämpfen ausgeschlossen. Im November 1970 hatte sich mit dem TuS Makkabi Berlin ein jüdischer Sportverein wiedergegründet, der die Tradition des Sportbundes Bar Kochba, der 1938 verboten worden war, wieder aufnahm. Heute gehören dem TuS Makkabi etwa 500 Mitglieder an. Die seit 1932 alle vier Jahre in Tel Aviv stattfindenden Maccabi-Wettkämpfe werden parallel in verschiedenen europäischen Städten ausgetragen. Zur 14. Europäischen Makkabiade 2015 in Berlin waren etwa 2300 Sportler aus 38 Ländern – darunter etwas mehr als 350 Teilnehmer aus Deutschland – angereist.

Ausblick

Die jüdische Philosophin Hannah Arendt hatte bei ihrer Flucht aus Deutschland 1933 ein fast fertiges Manuskript über Rahel Varnhagen im Gepäck. Das Buch über die „Lebensgeschichte einer deutschen Jüdin" erschien 1959 im Münchner Piper-Verlag. Am Ende der Biografie beschreibt Arendt, dass sich Rahel Varnhagen wie alle Juden in einer konfliktreichen gesellschaftlichen Situation befunden hatte:

„Nachdem man den Vorurteilen der Gesellschaft soweit entgegengekommen ist, dass man sich (als Jude) beinahe aus der Welt geändert hat ... und kein Kennzeichen des Judenseins übriggelassen hat, so soll man gleichzeitig verpflichtet bleiben ... immer den Überbleibseln einer großen, begabten und weit in Gotterkenntnis fortgeschrittenen Nation beizustehen."

Sich in die mehrheitschristliche Gesellschaft assimilieren zu wollen und zu können und doch immer Jude zu bleiben oder als ein solcher identifiziert zu werden, ist ein nahezu unauflösbarer Gegensatz. Deshalb ist die Assimilation der jüdischen Minderheit in die Gesellschaft offensichtlich bis heute nicht vollständig gelungen. Auschwitz bildete in der jahrhundertelangen Beziehungsgeschichte zwischen Nichtjuden und Juden den tragischen Höhepunkt eines Antisemitismus, der in seinem Ausmaß bis heute beispiellos ist.

Hannah Arendt attestierte dem gesamten Europa eine im „großen Ganzen judenfeindliche Gesellschaft". Aus dem tradierten christlich geprägten Antijudaismus war im 19. Jahrhundert der Antisemitismus erwachsen. Dabei blieben „die" Juden immer außerhalb der staatsrechtlich definierten Vokabel von „den" Deutschen, obwohl sie seit 1812 juristisch gleichgestellt waren.

Die Wahrnehmung von Juden und Deutschen ist bis heute verzerrt. Immer wieder wird betont, dass Felix Mendelssohn Bartholdy einer jüdischen Familie entstammte, nie wird aber betont, dass Richard Strauss ein evangelischer Komponist war. Beide waren deutsche Komponisten. Warum ist Kafka ein jüdischer Künstler, Brecht aber nie ein evangelischer? Es gibt Deutsche, die christlichen, jüdischen oder sonstigen Glaubens sind. Und es gibt Atheisten, die einer christlichen, jüdischen oder einer anderen Familie entstammen.

In den Salons, Ateliers und Werkstätten, in den Büros und hinter den Ladentischen und auch auf der Bühne standen Deutsche. Auch an der Rampe von Auschwitz und vor den Toren von Treblinka standen Deutsche. In der nationalsozialistischen Diktatur wurden Deutsche von Deutschen ermordet.

Und heute? Heute leben in Berlin ca. 12 000 Juden. Sie sind Deutsche jüdischen Glaubens oder mit jüdischer Familie. Ob mit oder ohne Kippa. Ob mit oder ohne regelmäßigen Besuch einer Synagoge.

Wenn sich die Menschen vorbehaltlos akzeptieren, ohne zu unterscheiden, ob sie Weihnachten oder Chanukka feiern, dann ist eine erfolgreiche Assimilierung vollzogen. Dann hätte das wichtige Grundrecht der Religions-, Glaubens- und Gewissensfreiheit, das die Gründungsmütter und -väter des Grundgesetzes aus gutem Grund ganz an den Anfang unserer bis heute gültigen Verfassung gesetzt haben, einen realen Bezug.

Heinz Galinski

Der langjährige Vorsitzende der Jüdischen Gemeinde zu Berlin, Heinz Galinski, war „maßgeblich an der Wiederherstellung des jüdischen Lebens und der Demokratie in Berlin beteiligt", steht an seinem ehemaligen Wohnhaus in der Schönhauser Allee 31/32 auf einer Gedenktafel. Dies beschreibt punktgenau das Leben und Wirken des wohl wichtigsten Repräsentanten der Juden in Berlin nach 1945.

Galinski wurde als Sohn des Kaufmanns Albert Galinski im westpreußischen Marienburg am 28. November 1912 geboren. Nachdem er dort 1933 eine Lehre als Textilkaufmann beendet hatte, siedelte er 1937 in das brandenburgische Rathenow über. Ab 1938 wohnte Galinski mit seiner Familie in der Schönhauser Allee 31/32 in Berlin – dauernden Anfeindungen ausgesetzt. Das Gebäude wurde in den letzten Kriegstagen vollständig zerstört.

Ab 1940 wurde die Familie Galinski zur Zwangsarbeit in der Rüstungsindustrie verpflichtet, ehe sie Anfang März 1943 nach Auschwitz deportiert wurde. Die Mutter und Galinskis erste Frau fanden dabei unmittelbar den Tod, der Vater war bereits auf dem Transport den Anstrengungen erlegen.

Unter Führung von Heinz Galinski, dem Vorsitzenden der Jüdischen Gemeinde zu Berlin, wurden die Thorarollen in die Synagoge in der Fasanenstraße gebracht. Nachdem die alte Synagoge in der Reichspogromnacht zerstört worden war, hatte man an derselben Stelle das neu errichtete Gemeindehaus 1959 eröffnet.

Galinski selbst überlebte die Zwangsarbeit im KZ Auschwitz-Monowitz und wurde im April 1945 im KZ Bergen-Belsen befreit. Anders als die meisten überlebenden Juden sah er nach der unermesslichen Katastrophe dennoch einen Weg des Neuanfangs.

Im August nach Berlin zurückgekehrt, betätigte er sich 1945 politisch bei der Gründung der „Vereinigung der Verfolgten des Naziregimes" (VVN), deren zweiter Vorsitzender er bis zu seinem Austritt 1948 war. Die VVN war zunehmend in den Sog der neu gegründeten SED geraten.

Galinski war vom 1. April 1949 bis zu seinem Tod am 19. Juli 1992 Vorsitzender der Jüdischen Gemeinde zu Berlin. Zeitgleich bekleidete er von 1954 bis 1963 und dann wieder von 1988 bis 1992 das Amt des Präsidenten des Zentralrats der Juden in Deutschland. Galinski widmete seine gesamte Kraft dem Aufbau einer neuen Jüdischen Gemeinde in Berlin. Ein wesentlicher Markstein war dabei die Einrichtung des jüdischen Gemeindezentrums in der Fasanenstraße nahe dem Kurfürstendamm 1957. Der neue gesellschaftliche Mittelpunkt der Jüdischen Gemeinde bedeutete einen Wendepunkt in der Nachkriegsgeschichte Berlins. Nicht länger wollten die überlebenden Juden Deutschland verlassen, sondern sie entschieden sich nach dem Vorbild Galinskis zu bleiben. 1987 wurde Galinski die Ehrenbürgerschaft Berlins verliehen. Als streitbarer Geist war Galinski dauernder Kritik ausgesetzt. 1975 Opfer eines Briefbombenattentats, wurde selbst nach seinem Tod sein Grab 1998 mehrfach geschändet.

Artur Brauner

Einer der bekanntesten Repräsentanten der Jüdischen Gemeinde in West-Berlin war zweifelsohne der Filmproduzent
Artur „Atze" Brauner. Als Sohn des jüdischen Holzgroßhänd-
lers Moshe Brauner am 1. August 1918 im polnischen Łódz
geboren, gelang Brauner mit seiner Familie 1940 die Flucht in
die Sowjetunion. Fast 50 weitere Familienangehörige wurden
in den Konzentrationslagern ermordet. Die Eltern Brauners
wanderten 1945 nach Palästina aus.

Artur Brauner gründete 1946 in Berlin die „Central
Cinema Compagnie" (CCC). In den Filmstudios in Berlin-
Haselhorst (Bezirk Spandau) entstanden in den folgenden
Jahrzehnten mehr als 500 Produktionen. Dem anfänglichen
Bestreben, die NS-Vergangenheit Deutschlands filmisch

aufzubereiten, war kein ökonomischer Erfolg beschieden.
Filme wie „Der 20. Juli", erschienen 1955, blieben die Aus-
nahme. Nach vielen Jahren in der Unterhaltungsfilmindustrie
erzielte Brauner mit dem 1990 produzierten Film „Hitler-
junge Salomon" wieder einen Achtungserfolg. Die wahre
Geschichte Sally Perels, seine Autobiografie, wurde erstmals
1992 in deutscher Sprache veröffentlicht. Insgesamt setzen
sich 21 Filme aus der „CCC"-Filmproduktion mit der NS-
Vergangenheit auseinander.

1991 gründete Brauner eine Stiftung mit seinem Namen,
die jährlich einen Preis von 25 000 Euro an Filmproduzenten
vergibt, die mit ihren Filmen die Verständigung zwischen
Juden und Christen fördern und unterstützen.

Artur Brauner auf
der Trauerfeier für
Heinz Galinski am
24. Juli 1992

Estrongo Nachama

Einer der wichtigsten Repräsentanten der Jüdischen Gemeinde, die nach der Schoah in Berlin lebten und wirkten, war der Sänger Estrongo Nachama. Seine Stimme hatte ihm im KZ Auschwitz das Leben gerettet.

ertränken wollte. Nachama gelang es zu fliehen. Er überlebte die Schoah in einem Hühnerstall in Falkensee nordwestlich von Berlin.

Völlig entkräftet gelangte er nach dem Ende des Krieges nach Charlottenburg. Hier kam er über seine spätere Frau Lilli

Am 9. November 1965 wurde auch unter Anwesenheit von Heinz Galinski (links) ein Gedenkstein vor der ehemaligen jüdischen Blindenanstalt in Berlin-Steglitz enthüllt. Die Insassen dieses Heims kamen 1940 im KZ um. Der Oberkantor Estrongo Nachama weihte das Mahnmal mit einem Gebet ein.

Estrongo wurde als Nachfahre sephardischer Juden am 4. Mai 1918 in Thessaloniki geboren. Sein Vater war der Getreidehändler Menachem Nachama. Am 9. April 1941 veränderte sich mit der Einnahme der nordgriechischen Metropole durch die Wehrmacht das Leben der griechischen Juden. Nachama wurde in das KZ Auschwitz deportiert, seine Eltern, seine beiden Schwestern und seine Verlobte wurden sofort in den Gaskammern ermordet. Die SS verschonte ihn, weil man seine stimmlichen Qualitäten erkannt hatte und Nachama nun mit seiner Baritonstimme die KZ-Aufseher mit italienischen Arien unterhielt.

Im Februar 1945 wurde Nachama mit etwa 12 000 Häftlingen auf einem acht Tage währenden Marsch in das KZ Sachsenhausen verlegt. Die wenigsten der Häftlinge erreichten das Ziel lebend. Der geschwächte Nachama wurde nach einem Brotdiebstahl an den Füßen aufgehängt. An den dabei verabreichten Schlägen litt er bis zu seinem Lebensende. Ein weiterer Todesmarsch von zehn Tagen führte dann vom Norden Berlins zur Ostsee, wo man die Häftlinge

Schlochauer, die in Berlin während des Krieges untergetaucht war, in Kontakt mit den Gründungsmitgliedern einer neuen Jüdischen Gemeinde zu Berlin. Schnell hatte es sich herumgesprochen, dass Nachama eine Goldstimme besaß. Nachama wurde seit dem Sommer 1945 Kantor, später – bis zu seinem Tod – Oberkantor bei der Jüdischen Gemeinde.

Nachama arbeitete für den Rundfunksender RIAS und konnte sich als griechischer Staatsbürger ungehindert zwischen den verschiedenen Sektoren Berlins bewegen. So war es ihm auch möglich, zwischen den Westrepräsentanten der Gemeinde, dem eigentlichen Gemeindezentrum in der Oranienburger Straße und den kommunistischen Machthabern zu vermitteln.

Estrongo Nachama verstarb am 13. Januar 2000 und wurde auf dem Jüdischen Friedhof an der Heerstraße bestattet. Sein Sohn Andreas Nachama, Historiker und Publizist, führte die Jüdische Gemeinde zu Berlin von 1997 bis 2001 und ist derzeit Geschäftsführer der Stiftung „Topographie des Terrors".

Jerzy Kanal

Nach dem Tod von Heinz Galinski am 19. Juli 1992 wurde Jerzy Kanal für fünf Jahre dessen Nachfolger als Vorsitzender der Jüdischen Gemeinde, der er schon seit 1967 als Vorstandsmitglied angehört hatte. Gleichzeitig vertrat Kanal von 1990 bis 1997 auch die Berliner Interessen als Mitglied im Direktorium des Zentralrats der Juden in Deutschland. Von Januar bis Juni 1997 bekleidete er das Amt des Zentralratsvorsitzenden.

Jerzy Kanal erblickte 1921 im polnischen Błaszki das Licht der Welt. Als Überlebender des Warschauer Gettos und der Konzentrationslager Majdanek und Auschwitz-Birkenau sagte Kanal als Zeuge im ersten der insgesamt sechs Auschwitz-Prozesse aus, die ab 1963 in Frankfurt/Main geführt wurden.

Nach Warschau zurückgekehrt, suchte er vergeblich nach seinen Eltern Marian und Rena Kanal sowie nach seiner Schwester, der Ärztin Perla Kanal. Sie waren Opfer der Schoah geworden. Über Prag ging Kanal 1949 für vier Jahre nach Paris, ehe er sich als Kaufmann für Pelz- und Lederwaren 1953 in Berlin niederließ. Mit seiner 1995 verstorbenen Frau hatte er zwei Töchter.

1962 trat er der Jüdischen Gemeinde zu Berlin bei. Mit seinem Freund Heinz Galinski gehörte er in dieser Zeit zu den tragenden Säulen beim Wiederaufbau der Gemeinde in Berlin. 1971 handelte er den Staatsvertrag zwischen dem Land Berlin und der Jüdischen Gemeinde zu Berlin mit aus. Auch die Einweihung der Neuen Synagoge in der Oranienburger Straße ist ohne sein Engagement nicht denkbar.

Jerzy Kanal in seinem Büro im Gemeindezentrum Fasanenstraße

Hans Rosenthal

Der Entertainer Hans Rosenthal wurde am 2. April 1925 im Jüdischen Krankenhaus im Wedding geboren. Er wuchs in der Winsstraße 63 in Prenzlauer Berg auf. Sein Vater Kurt wurde wegen seiner jüdischen Abstammung als Angestellter bei der Deutschen Bank 1937 entlassen und verstarb kurz darauf an Nierenversagen. Die Mutter Else erkrankte an Darmkrebs. Im katholischen St.-Hedwigs-Krankenhaus gepflegt und vor der drohenden Deportation zunächst geschützt, verstarb sie dort im Herbst 1941. Hans und sein jüngerer Bruder Gert wurden in ein Waisenhaus gebracht. Von dort wurde der zehnjährige Gert 1942 nach Riga deportiert und unmittelbar danach im KZ Majdanek ermordet.

Hans Rosenthal während seiner Show „Dalli Dalli" 1978

Hans musste als Totengräber in Fürstenwalde Zwangsarbeit leisten. Im März 1943 gelang es ihm, in einer Kleingartenanlage unweit des Roederplatzes in Berlin-Lichtenberg unterzutauchen, die einer Freundin der Mutter gehörte. Hier wurde Rosenthal am 25. April 1945 befreit. Diese Freundin Ida Jauch war 1944 verstorben. Im Oktober 2015 ehrte die israelische Gedenkstätte Yad Vashem die mutige nichtjüdische Berlinerin für den Einsatz ihres Lebens, um Juden zu retten, mit dem Titel „Gerechte unter den Völkern".

Unmittelbar nach Kriegsende arbeitete Rosenthal als Reporter beim Berliner Rundfunk. Als Betriebsrat geriet er in Konflikt mit den sowjetischen Kontrollinstanzen und wechselte 1948 zum RIAS in West-Berlin. Rosenthal entwickelte sich bald zu einem der prominentesten und erfolgreichsten Hörfunkmoderatoren. Neben vielen anderen Produktionen waren seine Sendungen „Allein gegen alle" (1963–77) und „Das klingende Sonntagsrätsel" (1965–87) ganzen Radiogenerationen bekannt.

Fernsehgeschichte schrieb er mit der Ratesendung „Dalli Dalli". Von 1971 bis 1986 wurde die Sendung 153 Mal produziert. Rosenthal unterstützte mit dem erspielten Geld Familien, die gesundheitlich oder wirtschaftlich in Not geraten waren.

Rosenthal war außerdem von 1965 bis 1973 Präsident des 1902 gegründeten Sportklubs Tennis Borussia Berlin. Anfänglich als Tennis- und Tischtennisverein aktiv, hatte sich der Verein in erster Linie zu einem Fußballklub entwickelt. Rosenthal engagierte sich auch innerhalb der Jüdischen Gemeinde zu Berlin. Bis 1980 war er ebenfalls Direktoriumsmitglied im Zentralrat der Juden in Deutschland.

Rosenthal starb am 10. Februar 1987 an Magenkrebs. Ein Ehrengrab des Landes Berlin befindet sich auf dem Friedhof an der Heerstraße. Seine Frau Traudl und sein Sohn Gert riefen in Kooperation mit der Jüdischen Gemeinde zu Berlin und dem ZDF die Hans-Rosenthal-Stiftung ins Leben. Bis heute unterstützt die Stiftung Menschen in Not, vor allem Familien mit schwerkranken Kindern. Die Stiftung ist in Berlin ansässig.

Stefan Heym

Der vielleicht wichtigste jüdische Vertreter in Ost-Berlin war Stefan Heym. Der Schriftsteller wurde als Helmut Flieg am 10. April 1913 in Chemnitz als Sohn eines jüdischen Kaufmanns geboren. 1932 legte er sein Abitur in Berlin ab und schrieb seine ersten Beiträge für die „Weltbühne", die von Carl von Ossietzky herausgegeben wurde. Nach dem Reichstagsbrand 1933 flüchtete Flieg nach Prag und nahm zum Schutz seiner Familie den Namen Stefan Heym an. Als Journalist siedelte er 1935 in die USA über. Die meisten seiner Familienangehörigen wurden Opfer der Schoah. 1942 erschien mit „Hostages" (deutsch „Der Fall Glasenapp") sein erster Roman, 1943 trat Heym der U.S. Army bei. In der Abteilung für psychologische Kriegsführung nahm er am „D-Day" teil, der Invasion in der Normandie am 6. Juni 1944.

Kommunistischer Umtriebe verdächtig, wurde Heym 1945 aus München in die USA zurückbeordert. Aus Protest gegen den Koreakrieg verließ Heym 1952 die USA und siedelte über Prag in die DDR über. Heym verfolgte als Schriftsteller und Journalist kritisch die politische Entwicklung der DDR. 1956 wurde sein Buch „Der Tag X" zum Aufstand des 17. Juni 1953 verboten. Heym verstand sich zeitlebens als Kritiker, nicht als Gegner des Marxismus.

Bis Mitte der 1970er-Jahre avancierte Heym zum meistgelesenen DDR-Autor im Westen. Dort wurden seine Bücher zumeist gedruckt. Der Autor gehörte zu den Künstlern, die sich 1976 gegen die Ausbürgerung des Liedermachers Wolf Biermann aussprachen. 1979 wurde er aus dem DDR-Schriftstellerverband ausgeschlossen. Am 4. November 1989 sprach er bei der größten Demonstration in der Geschichte der DDR auf dem Alexanderplatz und bekräftigte seine Forderung nach einem „neuen und besseren Sozialismus".

Heym wurde 1993 Ehrenpräsident des deutschen PEN-Zentrums Ost und war zudem mit Ehrendoktorwürden der Universitäten von Bern (1990) und Cambridge (1991) ausgezeichnet worden. Als Alterspräsident des 13. Deutschen Bundestages hielt er 1994 die Eröffnungsrede. Außer der Parlamentspräsidentin Rita Süssmuth versagte ihm die CDU/CSU den Applaus. Schon ein Jahr darauf gab Heym sein Mandat aus Protest gegen den Beschluss einer Diätenerhöhung zurück. Kurz vor seinem Tod am 16. Dezember 2001 während einer Konferenz in Jerusalem zeichnete ihn seine Heimatstadt Chemnitz mit der Ehrenbürgerwürde aus. Sein Grab befindet sich auf dem Jüdischen Friedhof in Weißensee.

Stefan Heym war einer der bedeutendsten Schriftsteller der DDR. Die Fotografie zeigt ihn auf der Frankfurter Buchmesse 1980.

Heinz Berggruen

Der Kunstsammler Heinz Berggruen wurde am 6. Januar 1914 als Sohn des jüdischen Kaufmanns Ludwig und seiner Frau Antonie in Berlin geboren. Die Eltern betrieben eine Papierwarenhandlung am Olivaer Platz am oberen Kurfürstendamm, nahebei lag die gutbürgerliche elterliche Wohnung in der Konstanzer Straße 54. Berggruen besuchte von 1923 bis zu seinem Abitur 1932 die Goethe-Schule in der Pfalzburger Straße 30. Anschließend studierte er in Berlin, Grenoble und Toulouse Kunst- und Literaturgeschichte und arbeitete zwischenzeitlich für die „Frankfurter Zeitung" und für die Zeitung des Centralvereins deutscher Staatsbürger jüdischen Glaubens. 1936 verließ er Deutschland in Richtung USA, da er ein Stipendium für ein Jahr erhalten hatte. Nach Ablauf dieses Jahres konnte er die amerikanische Staatsbürgerschaft annehmen. Im Mai 1939 verließen auch Berggruens Eltern Deutschland; 1942 kamen sie ebenfalls in die USA. 1940 kaufte Berggruen für 100 Dollar von einem deutschen Emigranten sein erstes Bild von Paul Klee. Als US-Soldat nahm er ab 1942 am Zweiten Weltkrieg teil. Nach dem Ende des Krieges war er bis 1947 Mitherausgeber der Kunstzeitschrift „Heute", die 1945 als erste deutschsprachige Illustrierte nach Kriegsende gegründet worden war.

Der Kunstsammler Heinz Berggruen 1996 vor einem Bild von Paul Cézanne

1947 ging er nach Paris, arbeitete für die UNESCO und eröffnete seine erste Kunstgalerie, die er bis 1980 betrieb. Als einer der führenden Spezialisten der europäischen Moderne verbanden ihn Freundschaften mit Pablo Picasso, Joan Miró und Henri Matisse. 1973 nahm er wieder die deutsche Staatsbürgerschaft an.

1996 kehrte der Galerist und Mäzen nach 60 Jahren in seine Heimatstadt Berlin zurück. Seine 200 Werke umfassende Privatsammlung mit Bildern von Picasso, Klee, Alberto Giacometti und anderen großen Künstlern der europäischen Moderne verkaufte er seiner Geburtsstadt im Jahre 2000 für die geringe Summe von 126 Millionen Euro. Für diese Sammlung stellte Berlin den sogenannten Stülerbau gegenüber dem Schloss Charlottenburg zur Verfügung. Hier unterhielt Berggruen auch seine privaten Wohnräume.

2004 verlieh ihm das Land Berlin die Ehrenbürgerschaft. Berggruen starb am 23. Februar 2007 in Paris, wo er nahe dem Jardin du Luxembourg einen zweiten Wohnsitz hatte.

Rolf Eden

Rolf Eden wurde als Rolf Sigmund (Shimon) Sostheim am 6. Februar 1930 als Sohn eines jüdischen Kaufmanns in Berlin-Tempelhof geboren. Die Familie verließ Berlin nach dem Machtantritt Adolf Hitlers und wanderte nach Palästina aus.

Nachdem der Vater 1936 in Konkurs gegangen war, verdingte er sich als Taxifahrer, dann eröffneten die Eltern eine Bar in Haifa. Shimon beendete die Schule nicht. Er wollte Berufsmusiker werden und erhielt eine künstlerische Ausbildung. Im israelischen Unabhängigkeitskrieg kämpfte er als Soldat von 1947 bis 1949 unter dem Kommando von Jitzchak Rabin. Shimon versuchte vergeblich, ein Einreisevisum in die USA zu erhalten, gelangte aber Anfang der 1950er-Jahre nach Paris. Dort schlug er sich mit Gelegenheitsjobs durch. West-Berlin bot jedem Arbeitnehmer eine Prämie von 6000 Mark, der seinen ständigen Wohnsitz mit Arbeitsplatz in der westlichen Teilstadt nehmen würde. Diese Gelegenheit nahm Shimon 1956 wahr. Eine Stadt, die seiner Familie und ihm 1933 nach dem Leben trachtete und die ihm – kaum mehr als 20 Jahre später – eine Prämie für seine Rückkehr bot, war für den unangepassten Lebenskünstler ein ideales Podium. Zunächst arbeitete er als Staubsaugervertreter und als Barkeeper in einer US-Kaserne. 1957 eröffnete er mit dem West-Berliner Startkapital in der Nestorstraße/Ecke Kurfürstendamm das erste Nachtlokal „Eden". Shimon, der sich nun offiziell Rolf Eden nannte, begründete damit die Nachtklubszene rund um den Kurfürstendamm und bildete mit seinen weiteren Etablissements den Kern des West-Berliner Nachtlebens zwischen Mauerbau und Mauerfall. Am bekanntesten war das „Big Eden", das er im März 1957 am Kurfürstendamm 202 eröffnete. Es galt als Prototyp der Diskotheken, wie sie sich dann zwischen 1960 und 1990 etablierten. Das „Big Eden" war ein gesellschaftlicher Mittelpunkt, wo sich auch internationale Größen wie Paul McCartney, die Rolling Stones, Liza Minnelli und auch Jack Lemmon amüsierten. Eden verkaufte die Diskothek 2002. Eine Wiedereröffnung scheiterte am Veto des Filmproduzenten Artur Brauner, dem das Gebäude gehörte. Brauner fürchtete um die Ruhe des dort eingerichteten Hotels. Während seiner Geschäftstätigkeit hatte Eden immer wieder kleinere Filmrollen angenommen, zum Beispiel in „Das Testament des Dr. Mabuse" (1962). In der Neuverfilmung des gleichnamigen Films von Fritz Lang (1933) wirkten Gert Fröbe, Senta Berger und Harald Juhnke mit. Eden spielte den „Jeton-Eddie". Produzent des erfolgreichen Films war Artur Brauner.

Rolf Eden legte sein Geld seit 1977 in Berliner Immobilien an. Er ist heute im Besitz von ca. 800 Mietwohnungen. Unterstützt werden davon unter anderem seine sieben Kinder von sieben Frauen. Die älteste Tochter Irit wurde 1949 in Israel geboren. Eden versorgte zwar alle Frauen und Kinder, er wollte aber grundsätzlich unabhängig sein. Sein von ihm selbst initiiertes Image ist das eines Playboys in zumeist weißen Anzügen in teuren Luxuslimousinen. Eden verstand sich stets und immer als Frauenheld, umgeben von jungen Fotomodels und Schauspielerinnen. Der Regisseur Peter Dörfler produzierte zu Edens Lebenswerk 2011 einen Dokumentarfilm.

Dass er zufällig in eine jüdische Familie hineingeboren war, spielte in seinem Leben für ihn und für andere keine Rolle. Zwar hat er als junger Mann in Israel gelebt, aber eine Synagoge habe er in seinem Leben nie betreten, und auch in der Jüdischen Gemeinde sei er nicht verankert gewesen. Anders als in anderen jüdischen Familien gab es in seiner Familie durch die rechtzeitige Emigration nach Palästina keine Toten zu beklagen. Berlin war, so Eden, in den 1950er-Jahren eine Alternative zu Paris gewesen. Nie habe er Ressentiments gegen sich verspürt, nie sei sein Leben auf seine jüdische Abstammung hin betrachtet worden.

Rolf Eden um 1995

Ruth Recknagel

Ruth Recknagel wurde am 26. April 1930 in Berlin-Neukölln geboren. Ihr Elternhaus befand sich in der Nähe des Tempelhofer Flugfeldes in der Emser Straße 68. Für die Eheschließung der Eltern 1929 in der Reformsynagoge in Berlin-Mitte war die protestantische Mutter Lucie zum Judentum konvertiert. Der Vater Alfred Schwersenz war als Maschinenbauer beim Bezirksamt Neukölln beschäftigt.

Nach dem Inkrafttreten der Nürnberger Rassengesetze 1935 war Ruth „Mischling 1. Grades". Sie musste die Schule verlassen und besuchte fortan die jüdische Joseph-Lehmann-Schule in der Joachimsthaler Straße 13 nahe dem Kurfürstendamm. Um ihre Tochter zu schützen, trat Lucie Schwersenz am 4. März 1940 aus der Jüdischen Gemeinde wieder aus. Ruth wurde im September 1941 evangelisch getauft und konnte zeitweilig die Luise-Henriette-Schule in Tempelhof besuchen. 1944 wurde sie in Neukölln konfirmiert.

Während ihre Großeltern und ein Onkel 1942 in die Vernichtungslager deportiert wurden, überlebte der Vater Alfred als Zwangsarbeiter in den Rüstungsbetrieben Berlins. Lucie und Ruth Schwersenz gehörten zu jenen mutigen Frauen und Mädchen, die am berühmten Rosenstraßenprotest teilnahmen, um ihre jüdischen Männer und Väter vor der drohenden Deportation zu bewahren – darunter auch Alfred.

Nach dem Zweiten Weltkrieg zählte Ruth Schwersenz zu den Gründungsstudenten der Freien Universität in Berlin-Dahlem. Nachdem sie Jura studiert hatte, war sie langjährige Richterin am Berliner Kammergericht. Außerdem stand sie als Direktorin den Berliner Wiedergutmachungsämtern vor, die formal dem Senator für Justiz unterstellt waren. Die Behörde war im ehemaligen Gewerkschaftshaus der IG Metall in der Kreuzberger Alten Jakobstraße 148–149 untergebracht. Der jüdische Architekt Erich Mendelsohn hatte selbst vor dieser Behörde den Kampf um Rückgabe seiner Immobilien geführt. Es ist Ruth Recknagel zu verdanken, dass nach Auflösung der Behörde alle wichtigen Akten in das Landesarchiv Berlin überführt wurden.

Ruth Recknagel besuchte zusammen mit dem israelischen Außenminister Silvan Schalom (links) am 19. Mai 2005 die Gedenkstätte „Gleis 17".

Literaturempfehlungen

ALLGEMEINE DARSTELLUNGEN ZUR GESCHICHTE DER JUDEN IN PREUSSEN UND DEUTSCHLAND

• Aly, Götz: Warum die Deutschen? – Warum die Juden?, Gleichheit, Neid und Rassenhass 1800–1933, Frankfurt/Main 2012.
• Bildarchiv Preußischer Kulturbesitz (Hg.): Juden in Preußen, Ein Kapitel deutscher Geschichte, Berlin 1981.
• Gidal, Nachum T.: Die Juden in Deutschland, Von der Römerzeit bis zur Weimarer Republik, Gütersloh 1988.
• Graupe, Heinz Mosche: Die Entstehung des modernen Judentums, 2. Auflage, Hamburg 1977.
• Jüdisches Museum Berlin (Hg.): Geschichten einer Ausstellung, Zwei Jahrtausende deutsch-jüdische Geschichte, 2. Auflage, Berlin 2002.
• Katz, Jacob: Aus dem Ghetto in die bürgerliche Gesellschaft, Jüdische Emanzipation 1770–1870, Frankfurt/Main 1986.
• Katz, Jacob: Vom Vorurteil bis zur Vernichtung, Der Antisemitismus 1700–1933, München 1989.
• Laqueur, Walter: Gesichter des Antisemitismus, Von den Anfängen bis heute, Berlin 2008.
• Militärgeschichtliches Forschungsamt (Hg.): Deutsche Jüdische Soldaten 1914–1945, Freiburg 1982.
• Nachama, Andreas und Julius H. Schoeps: Aufbau nach dem Untergang, Deutsch-Jüdische Geschichte nach 1945, Berlin 1992.
• Vogel, Rolf: Ein Stück von uns, Deutsche Juden in deutschen Armeen 1813–1876, Mainz 1977.

ALLGEMEINE DARSTELLUNGEN ZUR GESCHICHTE DER JUDEN IN BERLIN

• Awerbusch, Marianne und Stefi Jersch-Wenzel: Bild und Selbstbildnis der Juden Berlins zwischen Aufklärung und Romantik, Einzelveröffentlichung der Historischen Kommission zu Berlin, Band 75, Berlin 1992.
• Eckhardt, Ulrich und Andreas Nachama: Jüdische Orte in Berlin, Berlin 1996.
• Geiger, Ludwig: Geschichte der Juden in Berlin, Berlin 1871.
• Kaeber, Ernst: Beiträge zur Berliner Geschichte, Die Berliner Juden im Mittelalter, S. 46–60, Veröffentlichungen der Historischen Kommission zu Berlin, Band 14, Berlin 1964.
• Konrad-Adenauer-Stiftung (Hg.): Jüdisches Leben in Berlin, Reportagen und Porträts aus der Hauptstadt, St. Augustin 2005.
• Ribbe, Wolfgang (Hg.): Geschichte Berlins, 2 Bände, München 1987.
• Scheiger, Brigitte: Juden in Berlin, in: Stefi Jersch-Wenzel und Barbara John (Hg.): Von Zuwanderern zu Einheimischen, S. 153–491, Berlin 1990.
• Schultz, Helga: Berlin 1650–1800, Sozialgeschichte einer Residenz, Berlin (DDR) 1987.

EINZELDARSTELLUNGEN ZUR GESCHICHTE DER JUDEN IN BERLIN

• Aktives Museum Faschismus und Widerstand in Berlin e. V. (Hg.): Verraten und Verkauft, Jüdische Unternehmen in Berlin 1933–1945, Berlin 2008.
• Beradt, Martin: Die Straße der kleinen Ewigkeit, in: Hans Magnus Enzensberger (Hg.): Die Andere Bibliothek, Band 190, Frankfurt/Main 2000.
• Endlich, Stefanie: Gedenken und Lernen an historischen Orten, Ein Wegweiser zu Gedenkstätten für die Opfer des Nationalsozialismus in Berlin, Berlin 1995.
• Fehrs, Jörg H.: Von der Heidereutergasse zum Roseneck, Jüdische Schulen in Berlin 1712–1942, Berlin 1993.
• Fischer, Erika und Simone Ladwig-Winters: Die Wertheims, Geschichte einer Familie, Berlin 2004.
• Geisel, Eike: Im Scheunenviertel, 2. Auflage, Berlin 1981.
• Gesellschaft für Christlich-Jüdische Zusammenarbeit in Berlin e. V. (Hg.): 50 Jahre – Eine Festschrift, Berlin 1999.
• Gläser, Helga u. a. (Hg.): 100 Jahre Villenkolonie Grunewald 1889–1989, Berlin 1991.
• Hertz, Deborah: Die jüdischen Salons im alten Berlin, Frankfurt/Main 1991.
• Jochheim, Gernot: Frauenprotest in der Rosenstraße, Berlin 1993.

- Kotowski, Elke-Vera und Julius H. Schoeps: Vom Hekdesch zum Hightech, 250 Jahre Jüdisches Krankenhaus im Spiegel der Geschichte der Juden in Berlin, Berlin 2007.
- Melcher, Peter: Weissensee, Ein Friedhof als Spiegelbild Jüdischer Geschichte in Berlin, Berlin 1987.
- Mendelssohn, Peter de: Zeitungsstadt Berlin, überarbeitete und erweiterte Auflage, Frankfurt/Main und Berlin 1982.
- Ministerium für Kultur der DDR und des Staatssekretärs für Kirchenfragen (Hg.): „Und lehrt sie: Gedächtnis!", Ausstellungskatalog zum 50. Jahrestag des Novemberpogroms, Berlin (DDR) 1988.
- Nachama, Andreas und Julius H. Schoeps: Die Juden in Berlin, Berlin 2002.
- Offenberg, Ulrike: „Seid vorsichtig gegen die Machthaber", Die jüdischen Gemeinden in der SBZ und der DDR 1945 bis 1990, Berlin 1998.
- Simon, Hermann: Das Berliner Jüdische Museum in der Oranienburger Straße, Berlin (DDR) 1988.
- Strube, Rolf (Hg.): Sie saßen und tranken am Teetisch, Anfänge und Blütezeit der Berliner Salons 1789–1871, München 1991.

BIOGRAFIEN: SAMMEL- UND EINZELDARSTELLUNGEN

- Arendt, Hannah: Rahel Varnhagen, Lebensgeschichte einer deutschen Jüdin aus der Romantik, München 1959.
- Bauschinger, Siegrid: Die Cassirers, Berlin 2015.
- Berggruen, Heinz: Hauptweg und Nebenwege, Erinnerungen eines Kunstsammlers, Berlin 1996.
- Blumenthal, Michael W.: Die unsichtbare Mauer, München 1999.
- Braun, Helmuth F. und Michael Dorrmann: „Dem Deutschen Volke", Die Geschichte der Bronzegießerei Loevy, Berlin 2003.
- Breunig, Werner und Andreas Herbst: Biografisches Handbuch der Berliner Stadtverordneten und Abgeordneten 1946–1963, Berlin 2011.
- Bubis, Ignatz: Ich bin ein deutscher Staatsbürger jüdischen Glaubens, Köln 1993.
- Eckhardt, Ulrich und Andreas Nachama: Jüdische Berliner, Leben nach der Shoa, Berlin 2003.
- Heimann, Siegfried: Ernst Heilmann, Berlin 2010.
- Hensel, S.: Die Familie Mendelssohn 1729–1847, Nach Briefen und Tagebüchern, 3 Bände, Berlin 1879.
- Kemp, Friedhelm (Hg.): Rahel Varnhagen, Briefwechsel, 4 Bände, München 1979.
- Kleßmann, Eckart: Die Mendelssohns, Bilder aus einer deutschen Familie, 3. Auflage, Düsseldorf, Zürich 1997.
- Köhler, Wolfgang: Der Chefredakteur Theodor Wolff, Düsseldorf 1978.
- Kotowski, Elke-Vera (Hg.): Juden in Berlin, Biografien, Berlin 2005.
- Ladwig-Winters, Simone: Anwalt ohne Recht, Das Schicksal jüdischer Rechtsanwälte in Berlin nach 1933, Berlin 1998.
- Matthes, Olaf: James Simon – Mäzen im Wilhelminischen Zeitalter, Berlin 2000.
- Quack, Sybille: Cora Berliner, Gertrud Kolmar, Hannah Arendt, in: Hermann Simon (Hg.): Jüdische Miniaturen, Teetz 2005.
- Reich-Ranicki, Marcel: Mein Leben, München 1999.
- Ribbe, Wolfgang und Wolfgang Schäche (Hg.): Baumeister – Architekten – Stadtplaner, Biografien zur baulichen Entwicklung Berlins, Berlin 1987.
- Scheer, Regina: „Wir sind die Liebermanns", Die Geschichte einer Familie, Berlin 2006.
- Schmitz, Rainer (Hg.): Henriette Herz, In Erinnerungen, Briefen und Zeugnissen, in: Hans Magnus Enzensberger (Hg.): Die Andere Bibliothek, Band 347, Frankfurt/Main 2013.
- Schoeps, Julius H.: Die Mendelssohns, Das Erbe einer Familie, Frankfurt/Main 2009.
- Schulte, Christoph u. a. (Hg.): Moses Mendelssohn, Ausgewählte Werke, Studienausgabe, 2 Bände, Darmstadt 2009.
- Schumacher, Martin (Hg.): M.d.L., Das Ende der Parlamente 1933 und die Abgeordneten der Landtage und Bürgerschaften der Weimarer Republik in der Zeit des Nationalsozialismus, Politische Verfolgung, Emigration und Ausbürgerung 1933–1945, Bonn 1995.
- Wolbe, Eugen: Major Burg, Lebensbild eines jüdischen Offiziers, Berlin 1907.

VON DEN ANFÄNGEN BIS 1671

- nach 1215: Jüdisches Leben ist in Spandau nachweisbar.
- 28. Oktober 1295: Der Rat der Stadt Berlin untersagt christlich-jüdischen Handel. Das Dokument ist der erste urkundliche Beleg für die Anwesenheit von Juden in Berlin.
- 1307: Die erste überlieferte Urkunde gibt über die Anwesenheit von sesshaften Juden in Spandau Auskunft.
- 1324: In Spandau ist ein jüdischer Begräbnisplatz, der sogenannte Kiewer, nachweisbar.
- nach 1349: Infolge der Pest werden Juden sämtlich aus Berlin vertrieben, können aber spätestens 1351 zurückkehren.
- 1354: Auf markgräflichen Befehl hin nimmt nun auch die Schwesterstadt Cölln erstmals Juden in ihrem Stadtgebiet auf: Es siedeln sich sechs jüdische Familien und ein jüdischer Lehrer an.
- Dezember 1446: Es kommt zu einem größeren Pogrom gegen die Juden in Berlin. Kurfürst Friedrich II. „Eisenzahn" lässt alle Juden aus Berlin und Cölln ausweisen und ihr Vermögen einziehen.
- 1510: Der sogenannte Hostienschänderprozess gegen mindestens 51 Juden kostet zahlreiche Bewohner mosaischen Glaubens das Leben.
- 1573: Der Münzmeister Lippold Ben Chluchim wird wegen angeblicher Zauberei in Berlin hingerichtet. Mit der Vertreibung der Familie Lippold werden in den folgenden Tagen alle Juden aus Berlin und der Mark Brandenburg ausgewiesen. Für fast einhundert Jahre leben keine Juden mehr im Kurfürstentum.
- 1671: Unter dem Großen Kurfürsten dürfen Juden erstmals wieder in Berlin und Brandenburg Fuß fassen.

1671–1812

- um 1700: Bereits 117 jüdische Familien sind amtlich in Berlin registriert.
- 1712–14: Bau der „Großen Synagoge" in der Heidereutergasse 4
- 1745: Veitel Heine Ephraim wird von Friedrich dem Großen zum Hofjuwelier ernannt.
- 1754: Moses Mendelssohn, der Vater der Haskala, lernt in Berlin Gotthold Ephraim Lessing kennen.
- 1756: Die erste jüdische medizinische Versorgungsanstalt (Chewra Bikur Cholim) entsteht in der Oranienburger Straße 7/8.
- 1769–88: Alle Juden Preußens müssen nach einer Kabinettsorder zu Hochzeiten Porzellan der Königlichen Porzellanmanufaktur (KPM) erwerben, das sogenannte Juden-Porzellan.
- 1770–1806: Hochzeit der Berliner Salons. Zu den bekanntesten Salonnièren zählen Rahel Varnhagen von Ense, Henriette Herz sowie Amalie Beer.
- 1778: Der Seidenfabrikant David Friedländer, der Hofbankier Isaak Daniel Itzig sowie Moses Mendelssohn gründen die „Freyschule für jüdische Knaben", die der Haskala verpflichtet ist.
- 1780–83: Moses Mendelssohn übersetzt den Pentateuch ins Deutsche.
- 1782: Isaac Euchel gründet mit einigen Mitgliedern der Familie Friedländer die „Gesellschaft der hebräischen Literaturfreunde". Diese bringt die Zeitschrift „Hame'assef" heraus, eines der wichtigsten Organe der Haskala.
- 1781–83: Die juristische Abhandlung von Christian Wilhelm von Dohm „Über die bürgerliche Verbesserung der Juden" erscheint.
- 29. Januar 1792: Die Gesellschaft der Freunde wird nur wenige Meter von der Synagoge in der Heidereutergasse entfernt gegründet.
- 1795: Joseph Mendelssohn gründet das Bankhaus Mendelssohn & Co.
- 1804: Friedrich Schlegel heiratet Dorothea, geborene Brendel Mendelssohn. Die Beziehung zu ihr verarbeitet er in seinem Roman „Lucinde".
- März 1812: Das preußische Juden-Edikt bringt den Juden die rechtliche Gleichstellung.

1812–1900

- Februar 1815: Meno Burg erhält als erster Jude ein Offizierspatent.
- 1837: Valentin Manheimer eröffnet zusammen mit seinem Bruder David in Berlin den Textilbetrieb „Gebrüder Manheimer".
- 1841: Friedrich Wilhelm IV. ernennt Felix Mendelssohn Bartholdy zum Königlich Preußischen Kapellmeister.
- 1855: Gerson Bleichröder übernimmt die 1803 gegründete Privatbank Bleichröder.
- 1860: Die Jüdische Gemeinde verabschiedet ihr erstes Statut.
- 5. September 1866: Die Neue Synagoge in der Oranienburger Straße wird feierlich eröffnet.
- 1867: Rudolf Mosse gründet seine erste Annoncenexpedition in Berlin. 1871 ruft er die Zeitung „Berliner Tageblatt" ins Leben.
- 1876: Das Unternehmen Orenstein & Koppel spezialisiert sich auf die Produktion von Eisenbahnanlagen, Lokomotiven und Waggons.
- 28. Juli 1876: Lang anhaltende Spannungen in der Jüdischen Gemeinde führen zum Austritt strenggläubiger Juden. Der Rabbiner Esriel Hildesheimer baut die Gemeinde „Adass Jisroel".
- 1877: Leopold Ullstein gründet den Ullstein-Verlag.
- 15. November 1879: Es erscheint der Aufsatz von Heinrich von Treitschke mit dem verhängnisvollen Satz „Die Juden sind unser Unglück!".
- 1883: Emil Rathenau gründet die spätere Allgemeine Elektricitäts-Gesellschaft (AEG).
- ab 1885: Die Bronzegießerei Loevy wird von den Söhnen Samuels, Albert und Siegfried, zu höchster Blüte geführt.
- 1886: Samuel Fischer gründet den S.-Fischer-Verlag.
- um 1890: Zahlreiche verarmte russische und polnische Juden treffen in der deutschen Reichshauptstadt ein.
- 1890er-Jahre: Das Handelshaus der Gebrüder Simon steigt zum größten Baumwollunternehmen des europäischen Kontinents auf.
- 1899: Adolf Jandorf eröffnet das erste seiner sieben Berliner Warenhäuser am Blücherplatz 3. Das KaDeWe öffnet 1907 seine Pforten.

1900–1933

- 1901: Der Jüdische Verlag wird von namhaften jüdischen Intellektuellen gegründet, darunter Martin Buber und Chaim Weizmann.
- 1903: „Die Protokolle der Weisen von Zion" erscheinen zunächst in Russland.
- 1910: In Berlin leben mehr als 144 000 Juden.
- 1911: Fritz Haber wird Direktor des neu gegründeten Kaiser-Wilhelm-Instituts für Physikalische Chemie und Elektrochemie in Berlin-Dahlem.
- 1913: Die Ärztin Rahel Hirsch erhält als erste Frau Preußens den Professorentitel.
- 1914: Max Planck holt Albert Einstein nach Berlin, der 1916 seine allgemeine Relativitätstheorie veröffentlicht.
- 1916: In der Dragonergasse wird das Jüdische Volksheim eröffnet.
- 6. Juli 1919: Magnus Hirschfeld gründet das Institut für Sexualwissenschaften.
- 1917–23: Etwa 300 000 russische Exilanten kommen in die deutsche Reichshauptstadt.
- 1919: Ernst Rowohlt gründet den Rowohlt Verlag. Er verlegt zwei viel gelesene jüdische Autoren: Alfred Polgar und Kurt Tucholsky.
- 24. Juni 1922: Reichsaußenminister Walther Rathenau wird auf seinem Arbeitsweg erschossen.
- 1923: Franz Kafka folgt Dora Diamant nach Berlin, wo er bis März 1924 bleibt.
- 1924: Max Reinhardt gehört zu den Gründungsvätern der Komödie am Kurfürstendamm.
- 1924: Bertha Falkenberg führt den 1904 in Berlin gegründeten Jüdischen Frauenbund bis zu seiner Auflösung 1938.
- um 1925: Etwa 40 000 Juden – etwa ein Viertel aller Juden in Berlin – leben in den dicht bebauten Straßen des Scheunenviertels.
- 1930–32: Das legendäre Columbushaus am Potsdamer Platz wird nach Plänen von Erich Mendelsohn gebaut.
- 1930: Cora Berliner erhält einen Ruf als Professorin für Wirtschaftswissenschaften an das Berufspädagogische Institut der Berliner Universität.

1933–1945

- 1. April 1933: Jüdische Warenhäuser, Geschäfte und Dienstleistungsbetriebe werden beschmiert und beschädigt.
- 7. April 1933: Das „Gesetz zur Wiederherstellung des Berufsbeamtentums" erlaubt es, missliebige Beamte, darunter viele Juden, zu entlassen.
- 1935: Regina Jonas wird als erste Frau zur Rabbinerin ordiniert.
- 15. September 1935: Verabschiedung der Nürnberger Gesetze
- 4. April 1936: Ein Erlass der Gestapo verbietet den Gebrauch der hebräischen Sprache in Versammlungen.
- August 1936: Berlin ist Gastgeber der XI. Olympischen Sommerspiele.
- ab Frühjahr 1938: Verbot für Juden, Parkbänke in öffentlichen Grünanlagen zu benutzen
- ab August 1938: Juden sind verpflichtet, in ihren Ausweispapieren die Namen „Sarah" oder „Israel" anzunehmen.
- 30. September 1938: Jüdischen Ärzten wird per Gesetz die Approbation entzogen.
- 28. Oktober 1938: 17 000 Juden werden nach Polen abgeschoben, darunter der 18-jährige Marcel Reich.
- 9./10. November 1938: Reichspogromnacht
- ab Neujahr 1939: Juden dürfen keine Handwerks-, Handels- und Gewerbebetriebe mehr führen.
- 30. April 1939: „Gesetz über Mietverhältnisse mit Juden": Allen jüdischen Mietern ist fristlos zu kündigen.
- 1. September 1939: Überfall auf Polen, der Zweite Weltkrieg beginnt.
- Sommer 1941: Etwa 64 000 Juden befinden sich noch in Berlin.
- 19. September 1941: Juden müssen fortan den gelben Davidstern tragen. Alle Synagogen werden geschlossen.
- 18. Oktober 1941: Die ersten planmäßigen Deportationen beginnen vom Bahnhof Grunewald. Mehr als 35 000 Berliner Juden werden in insgesamt 61 „Osttransporten" deportiert und ermordet.
- 23. Oktober 1941: Auswanderungsverbot für das Reich
- 20. Januar 1942: Wannseekonferenz
- 20. Februar 1943: Die „Fabrikaktion" löst den Protest in der Rosenstraße aus.
- bis 1945: Berlin verliert 55 000 Einwohner durch den organisierten Massenmord.

1945 BIS HEUTE

- 6. Mai 1945: In der Kantstraße 158 wird der erste jüdische Gottesdienst nach der Schoah abgehalten.
- 1. Oktober 1945: Erster Vorsitzender der Jüdischen Gemeinde wird Erich Nelhans.
- 1946: Artur Brauner gründet die „Central Cinema Compagnie" (CCC)
- 1. März 1946: Die erste Ausgabe der von Galinski herausgegebenen Zeitschrift „Der Weg" erscheint.
- 22./23. Februar 1947: Gründung der Vereinigung der Verfolgten des Naziregimes (VVN) in der SBZ
- 30. September 1947: Der Violinist Yehudi Menuhin gibt ein umstrittenes Konzert mit dem Berliner Philharmonischen Orchester unter Wilhelm Furtwängler.
- März 1948: Nelhans wird verhaftet und in die Sowjetunion verbracht, wo er 1950 in einem Gefangenenlager stirbt.
- April 1949: Heinz Galinski übernimmt den Vorsitz der Jüdischen Gemeinde bis zu seinem Tod 1992.
- 24. November 1949: Gründung der Gesellschaft für Christlich-Jüdische Zusammenarbeit
- 1955: Infolge der Teilung der Stadt wird der jüdische Friedhof an der Heerstraße im Westteil Berlins eingeweiht.
- September 1959: Feierliche Einweihung der neu gebauten Synagoge in der Fasanenstraße
- 1967: Cécile Lowenthal-Hensel gründet die Mendelssohn-Gesellschaft.
- 18. Dezember 1989: Adass Jisroel wird auf Beschluss der Regierung der DDR unter Lothar de Maizière wiedergegründet.
- 1999: Mit dem Abraham Geiger Kolleg in Potsdam öffnet das erste Rabbinerseminar europaweit nach der Schoah.
- 2001: Das neue Jüdische Museum, ergänzt um einen Neubau des Architekten Daniel Libeskind, wird eröffnet.
- Mai 2005: Das Denkmal für die ermordeten Juden Europas wird eingeweiht.
- 2012: Gideon Joffe übernimmt zum zweiten Mal den Vorsitz der Jüdischen Gemeinde mit etwa 10 500 Mitgliedern.
- Juli/August 2015: Zum ersten Mal seit 1933 finden wieder die Europäischen Makkabi-Spiele in Berlin statt.

Bildnachweis

Der Elsengold Verlag dankt dem Jüdischen Museum Berlin, insbesondere Stefanie Haupt und Valeska Wolfgram, für die Unterstützung bei der Bildredaktion und die Bereitstellung von Bildern für dieses Buch.

JMB = Jüdisches Museum Berlin

Cover: 1. Reihe v. l. n. r.: Kathleen Jaedtke/www.travelcats.de; akg-images; Wikimedia Commons/Doris Antony; 2 x akg-images; 2. Reihe: Wikimedia Commons/Ansgar Koreng/CC BY-SA 4.0; 3. und 4. Reihe: akg-images

2: akg-images/dpa/picture-alliance; **7**: akg-images/Doris Poklekowski; **9**: akg-images/Album/Prisma; **10**: Manuel Cohen/akg-images; **12**: JMB, Ankauf aus Mitteln der Stiftung Deutsche Klassenlotterie Berlin; **13**: akg-images; **14/15**: JMB; **16–17**: akg-images; **18**: Museum Humpis-Quartier, Foto: Wynrich Zlomke; **20–24**: akg-images; **27**: JMB, Schenkung von Ruth Ziegler, Foto: Jens Ziehe; **28**: JMB; **29**: JMB, Ankauf aus Mitteln der Stiftung Deutsche Klassenlotterie Berlin, Foto: Jens Ziehe; **30/31**: akg-images/Bildarchiv Steffens; **32–34**: JMB; **35**: akg-images/Dr. Enrico Straub; **36**: JMB, Schenkung von Elke Wulk-Voltmer; **38 l.**: JMB, Dauerleihgabe des Israel Museums an das JMB, Foto: Jens Ziehe; **38 r.**: akg-images; **39**: JMB; **40**: JMB, Dauerleihgabe des Israel Museums an das JMB, Foto: Jens Ziehe; **41**: JMB, Ankauf aus Mitteln der Stiftung Deutsche Klassenlotterie Berlin, Foto: Hans-Joachim Bartsch; **42**: JMB, Dauerleihgabe des Israel Museums an das JMB, Foto: Jens Ziehe; **43**: Bildarchiv Pisarek/akg-images; **45**: fotolia/Production Perig; **46**: akg-images; **47**: JMB, Schenkung von Dr. Walter Borchardt-Ott und Ruth Jarecki geb. Borchardt-Ott; **48**: akg-images/Blanc Kunstverlag; **49**: JMB, Schenkung von Michael Karl Heidemann, Foto: Jens Ziehe; **50–51**: akg-images; **52**: JMB, Ankauf aus Mitteln der Stiftung Deutsche Klassenlotterie Berlin, Foto: Jens Ziehe; **54**: JMB, Schenkung von Barbara Schneider aus dem Nachlass von Max Abraham, Foto: Jens Ziehe; **56/57**: akg-images; **58**: JMB, Ankauf aus Mitteln der Stiftung Deutsche Klassenlotterie Berlin, Foto: Jens Ziehe; **59**: JMB, Schenkung von Renate Haake Soybel; **61–62**: JMB; **63**: JMB, Schenkung des Lions-Club Alexanderplatz, Foto: Jens Ziehe; **64**: JMB; **65**: JMB, Foto: Jens Ziehe; **66–69**: akg-images; **70**: JMB, Ankauf durch die Gesellschaft für ein Jüdisches Museum Berlin, Foto: Jens Ziehe; **71**: Ullstein Bild Berlin; **73**: akg-images; **74/75**: JMB, Schenkung von Mary Blaschko, Foto: Jens Ziehe; **77**: Bildarchiv Pisarek/akg-images; **78–79**: akg-images; **80**: JMB; **82**: akg-images; **84**: Bildarchiv Pisarek/akg-images; **85–86**: JMB; **87**: Landesarchiv Berlin, F Rep.240 Acc.1396 Nr.18; **89**: akg-images/TT News Agency; **91**: JMB; **92**: Bildarchiv Pisarek/akg-images; **93**: akg-images/TT News Agency; **95**: Landesarchiv; **96**: akg-images/arkivi; **97**: akg-images/Dr. Enrico Straub; **98**: JMB, Ankauf aus Mitteln der Dresdner Bank, Foto: Jens Ziehe; **99**: akg-images/arkivi; **100**: Wikimedia Commons/OTFW; **101**: Bildarchiv Pisarek/akg-images; **103**: akg-images/dpa/picture-alliance; **104**: akg-images; **106**: JMB; **107**: JMB, Foto: Herbert Sonnenfeld, Ankauf aus Mitteln der Stiftung Deutsche Klassenlotterie Berlin; **108**: IAM/akg-images/World History Archive; **109**: akg-images; **111**: Stiftung Neue Synagoge Berlin – Centrum Judaicum; **112**: JMB, Foto: Herbert Sonnenfeld, Ankauf aus Mitteln der Stiftung Deutsche Klassenlotterie Berlin; **113**: akg-images/dpa/picture-alliance; **115**: akg-images; **116**: JMB, Schenkung von Roselotte Winterfeldt, geb. Lehmann, Foto: Jens Ziehe; **117**: JMB, Foto: Herbert Sonnenfeld, Ankauf aus Mitteln der Stiftung Deutsche Klassenlotterie Berlin; **118**: JMB, Schenkung von Paul Norbert Pulvermann; **119**: Ute Schörner, Foto: Elsengold; **120**: JMB, Schenkung von Peter Scholz; **122**: Stiftung Gedenkstätte Deutscher Widerstand; **123**: akg-images/Bruni Meya; **124**: JMB, Foto: Herbert Sonnenfeld, Ankauf aus Mitteln der Stiftung Deutsche Klassenlotterie Berlin; **125**: Bildarchiv Pisarek/akg-images; **126**: JMB, Schenkung von Wolfgang Hamburger; **127**: Bildarchiv Pisarek/akg-images; **128**: akg-images/ddrbildarchiv.de; **129**: Bildarchiv Pisarek/akg-images; **131**: akg-images/dpa/picture-alliance; **132**: Wikimedia Commons/OTFW; **133**: JMB, Schenkung von Hannelore Mintscheff; **134–135**: JMB; **136**: JMB, Schenkung von Klaus Behrend; **137**: JMB, Schenkung von Barbara und Peter Waßmund; **138**: Wikimedia Commons/Manfred Brückels; **140**: Wikimedia Commons/Angela M. Arnold, Berlin; **141**: Bundesarchiv, Plak 005-041-002, 1952; **142**: akg-images/Schiwy; **143**: akg-images/Dieter E. Hoppe; **144**: akg-images; **145**: fotolia/Stefan Balk; **146**: akg-images/Christine Jackob-Marks; **147–152**: akg-images/dpa/picture-alliance; **153**: JMB, Foto: Jens Ziehe; **155**: akg-images/picture-alliance/Günter Bratke; **156**: JBM, Foto: Michael Kerstgens; **157**: akg-images/picture-alliance/Volkmar Hoffmann; **158**: JBM, Foto: Michael Kerstgens; **159–161**: akg-images/dpa/picture-alliance; **162**: akg-images/Udo Hesse; **163**: akg-images/dpa/picture-alliance

Impressum

Gestaltung und Satz: Felgner & Zierke, Berlin
Printed in Slovenia

ISBN 978-3-944594-47-7
www.elsengold.de